FLENSBURGER HEFTE

Naturgeister 4

Fragenkompendium

Aus dem Inhalt

Zu den Steiner-Zitatangaben in den FLENSBURGER HEFTEN: Die GA-Nummern beziehen sich auf die jeweilige Bibliographie-Nummer der Rudolf Steiner Gesamtausgabe im Rudolf Steiner Verlag, Dornach/Schweiz. Danach sind in der Regel das Erscheinungsjahr der benutzten Ausgabe, das Vortragsdatum bzw. Kapitel und die Seitenzahl angegeben, von der Autor-, Titel- und Ortsnennung wird abgesehen. Nach Bibliographie-Nummern geordnet ist die Rudolf Steiner Gesamtausgabe im Katalog des Rudolf Steiner Verlags aufgeführt. Der Katalog ist durch den Buchhandel erhältlich.

Liebe Leserinnen und Leser!

Hiermit halten Sie das vierte FLENSBURGER HEFT über die Naturgeister in den Händen. Im Unterschied zu den drei Vorläuferbänden enthält dieses Buch kaum Interviews mit den Naturgeistern, sondern fast ausschließlich Fragen von Menschen und Antworten der Naturgeister.

Die Idee, daß Menschen Fragen stellen können, entstand ursprünglich in einer Nacht im Spätsommer 2002, als ich zum ersten Mal in der Mühle schlief und die Naturgeister über diese Möglichkeit berieten. Wir waren in diesen Tagen dabei, die Gespräche zu führen, die Sie in „Was die Naturgeister uns sagen. Naturgeister 1" (FH 79) lesen können. Der Wunsch der Naturgeister war es, die Scheu vor den Menschen zu verlieren und viele andere von ihnen kennenzulernen. Dies geschah durch die Fragen, die Sie gestellt haben, und die wir in „Neue Gespräche mit den Naturgeistern. Naturgeister 2" (FH 80) veröffentlicht haben und mit vorliegendem FLENSBURGER HEFT der Öffentlichkeit übergeben.

Die Fragen wurden an den FLENSBURGER HEFTE VERLAG geschickt, wir haben sie an Frau Staël von Holstein und ihren Mann Friedrich Pfannenschmidt weitergeleitet. Frau Staël von Holstein hat die Fragen den Naturgeistern gestellt, ihr Mann hat sie aufgeschrieben und dann an uns weitergeleitet. Im Verlag haben wir sie möglichst wortgetreu lektoriert und dann Ihnen zugeschickt.

Leider ist die Zeit der Fragen an die Naturgeister abgelaufen, weil der enorme Arbeitsaufwand nicht mehr zu bewerkstelligen war. Die Fragen, die in diesem FLENSBURGER HEFT enthalten sind, wurden in der Zeit vom Frühjahr 2003 bis zum Herbst 2004 gestellt, die meisten von ihnen bis zum Ablauf der Fragefrist im Sommer 2003.

Aber wie die Menschen so sind - viele haben sich nicht an den Ablauf der Fragefrist gehalten und es doch noch einmal versucht. Hin und wieder haben wir eine Ausnahme machen können, aber nur in seltenen Fällen. Gleichzeitig haben wir aber den Wunsch geäußert, Fragen zugeschickt zu bekommen, um sie den Naturgeistern vorzulegen und bei späterer Gelegenheit zu veröffentlichen. Allerdings haben wir diese nicht mehr den individuell fragenden Menschen zugeschickt.

Die Fragen und Antworten in diesem Band, „Naturgeister 4", sind auf dreierlei Wegen entstanden:

- Auszüge aus individuellen Fragen, vorwiegend aus der Zeit März bis Juli 2003, die auch schon an die Betreffenden weitergeleitet wurden

- Auszüge aus individuellen Fragen, die den Betreffenden noch nicht zugestellt wurden und die hiermit erstmals veröffentlich werden
- mit einem Teil der Fragen von Ihnen bin ich im Frühjahr 2004 zur Mühle gefahren bin und habe sie stellvertretend für Sie gestellt. Mitunter ergaben sich aufgrund der Antworten der Naturgeister Nachfragen von mir. Das erkennen Sie daran, daß dort nicht mehr „Frage", sondern „W.W." vor der jeweiligen Frage steht.

Sämtliche Fragen haben wir neu geordnet und zu Themenschwerpunkten zusammengefaßt. Herausgekommen ist der Inhalt dieses Flensburger Heftes. Es ist nicht von oben, aus der Initiative und Planung eines Autors, entstanden, sondern von unten, von der Basis, von Ihnen. Wir verö:entlichen, was Sie gefragt haben! Dieser Band spiegelt das wider, was Ihnen am meisten am Herzen lag. Also wundern Sie sich nicht über die unterschiedliche Gewichtung und Quantität der einzelnen Themenblöcke.

Jeder Mensch ist verschieden und stellt seine Fragen nach seinen Möglichkeiten und so, wie Sie ihn bedrücken oder wie ihn die Antwort interessiert. Andere Menschen würden dieselbe Frage vielleicht anders oder gar nicht stellen. Aber diejenigen, die die hier veröffentlichten Fragen gestellt haben, haben sie so gestellt, wie sie sie gestellt haben.

Manche Fragen sind sehr allgemein, andere wiederum ganz fachspezi;sch - und Sie werden beim Lesen dieses Buches sicherlich immer wieder einmal das Erlebnis haben und sich sagen: „Stimmt, daran habe ich noch gar nicht gedacht. Diese Frage hätte ich eigentlich auch stellen können." Und Sie werden feststellen, wie vielseitig das Leben ist und was man alles fragen kann.

Die Frage und das Interesse sind die Schlüssel zum anderen Menschen, zur Zeitgeschichte, zu geistigen Wesen, zur Welt. Wir wünschen Ihnen mit diesem Buch, daß Sie nicht nur Freude beim Lesen haben, sondern Mensch und Welt und besonders die Aufgaben und Persönlichkeiten der antwortenden Naturgeister besser kennenlernen.

Sie können uns auch weiterhin Fragen zuschicken, die wir - freilassend, bei genügender Menge und ohne individuelle Zusendung - gelegentlich in einem Folgeband veröffentlichen werden.

Es grüßt Sie
Wolfgang Weirauch

1. Abschnitt: Anthroposophie heute

Anthroposophie und Widersacher

Frage: Laut Rudolf Steiner sollten eigentlich Millionen von Menschen zur Anthroposophie finden. Das ist bis heute nicht geschehen. Hat Rudolf Steiner die Wirkung Ahrimans unterschätzt?

Der Große: Rudolf Steiner hat gelebt, bevor die Wesenheit, die der Marionettenspieler Hitlers war, aufgetreten ist. Durch das Abklemmen und Hinauswerfen der nordischen Mythologie aus dem mitteleuropäischen Kulturkreis können nicht so viele Menschen, wie geplant war, zur Anthroposophie finden. Die ahrimanischen Wesen haben diesen Riegel in die Welt geschoben, um Geisteswissenschaft zu verhindern. Es gibt allerdings eine ganze Reihe von Menschen, welche anthroposophisch denken und handeln, ohne jemals den Begriff Anthroposophie gehört zu haben.

W.W.: Aber es sind doch nicht alle Anthroposophen Deutsche!

Der Große: Die nordische Mythologie gilt nicht nur für die Deutschen. Sie gilt für Holländer, Iren, Engländer, Schweden, Norweger, die Finnen, für das ganze Kulturvolk, das sich um die Ostsee herumgruppiert. Die Engländer sind beinahe mythenlos, aber auch sie gehören zum keltisch-nordischen Kulturkreis. Das Kennenlernen der nordischen Mythen bis zum zweiten oder dritten Lebensjahrsiebt ermöglicht einen viel leichteren Zugang zum anthroposophisch-geisteswissenschaftlichen Gedankengut. Durch ihr Ausblenden werden in der Seele, besonders in der Bewußtseinsseele, Kräfte verschüttet, die eigentlich notwendig sind, um anthroposophische Geisteswissenschaft zu ergreifen. So herum spielt es. Es ist unanständig, diese Mythen nicht weiterzugeben, nicht mit ihnen zu leben. Wenn die Menschen sich an Götter der Antike oder sonstige Wesen wenden, werden andere Kräfte im Menschen gestärkt als durch die Beschäftigung mit der nordischen Mythologie. Es sind dann nicht die Bereiche, die zum Ausprägen geisteswissenschaftlicher Gedankenarbeit führen, angesprochen, sondern, wie etwa bei den Göttern der Antike, die Bereiche, die zur rein intellektuell naturwissenschaftlichen Gedankenarbeit führen.

Frage: Es gibt immer noch kein populäres, gut verständliches Buch über die Anthroposophie. Was sagt der Große: Wäre ein solches Buch wichtig, oder würde dadurch die Oberflächlichkeit gefördert?

Der Große: Ich habe bereits jemanden im Auge, der ein solches Buch schreiben könnte. Ich denke, daß im Verlauf der nächsten 20 Jahre ein solches Buch über Anthroposophie in die Welt treten wird. Ich halte es für notwendig, da ich im Gegensatz zu den Geistern des Goetheanums der Meinung bin, daß die Sprache des beginnenden 20. Jahrhunderts nicht mehr ganz die Sprache des beginnenden 21. Jahrhunderts ist und daß die heutigen jungen Menschen eine Sprache brauchen, die es ihnen möglich macht, in geisteswissenschaftliche Begriffe einzudringen.

Gedulden Sie sich noch. Das Buch wird entstehen.

Anthroposophie praktisch leben

Frage: Anthroposophie praktisch leben - heißt das Studieren, Meditieren, Beten und gute Werke tun? Kann das noch mehr vertieft werden? Gibt es detailliertere Angaben?

Der Große: Studieren, Meditieren und Beten ist genau das, was derzeit hauptsächlich getan wird. Beim Leben der Anthroposophie kommt es darauf an, sie in den Alltag zu integrieren. Da sind alle drei menschlichen Seinsebenen zu berücksichtigen. Das Denken wird meistens schon anthroposophisch durchgeführt. Das Fühlen ist fast vollständig frei davon, und das Wollen hadert auch noch sehr. Die Anthroposophie kann auf jede Tätigkeit angewandt werden. Das beginnt morgens beim Zähneputzen und endet dort auch am Abend. Besonders wirksam kann sie werden im Gegenübertreten der Mitmenschen. Versuche, Dein Gegenüber als Gesamtheit zu sehen, mit Gefühlen und möglichst mit seiner Dauer. Berücksichtige das in Deinem Umgang mit ihm. Berücksichtige die astronomischen Konstellationen. Sie wirken ständig auf Dich ein und verändern Deine Reaktionen, vor allem im sozialen Bereich. Das läßt sich anwenden vom Wäschewaschen über Briefe schreiben, bis hin zum intimen zwischenmenschlichen Kontakt.

Frage: Wäre es nicht gut, wenn „Retreat-Center" entstünden, in denen Menschen für zwei Tage oder länger sein könnten, um ihrem Leben einen vertieften Sinn geben zu können? In vielen nichtanthroposophischen Strömungen gibt es diese. Unsere anthroposophischen Tagungen mögen ihren Wert haben, sind aber oftmals zu intellektuell.

Der Große: Die anthroposophische Bewegung tut sich sehr schwer, sich außerhalb der Intellektualität zu bewegen. Gefühlsdinge und zwischenmenschliche Gespräche werden sofort auf die Priester der Christengemeinschaft abgewälzt. Man befürchtet, es könnte sonst der wissenschaftliche Charakter verlorengehen. Es wäre sehr zu wünschen, daß sich Menschen fänden, welche anthroposophische Arbeit mit Gefühlen und seelischen Erlebnissen verknüpfen könnten. Es beginnt für Menschen, ein Bedürfnis zu werden, geistige Erkenntnis nicht losgelöst von ihrem Gefühlsleben zu erlangen. Die heraufdämmernde neue Kulturperiode könnte sehr bereichert werden, wenn sie entsprechende Impulse schon vorfände. Es sei aber in Eure menschliche Freiheit gestellt, welche äußere Form Ihr dafür wählt. Es gibt neben Begegnungsstätten auch andere Möglichkeiten, wie z.B. der hiesige Austausch von einzelnen Menschen und ihren Fragen mit der geistigen Welt. Auch Wohn- und Lebensgemeinschaften und vieles anderes Neues kann der notwendigen Förderung der Ganzheitlichkeit der Anthroposophie Form geben.

Anthroposophie und andere Wege

Frage: Ich verstehe, daß Ihr Naturwesen die Sprache derjenigen Menschen sprecht, mit denen Ihr Euch unterhaltet (hier also anthroposophisch geschulte Menschen). Es wird aber nicht nur die anthroposophische Sprache gesprochen. In vielen Bereichen und Themen geht es um ihr Gedankengut und Wissen, von welchem der größte Teil der Menschen keine Ahnung hat. Konkret: Warum kennt z.B. kein Mensch Ahriman, es sei denn, er ist anthroposophisch geschult?

Der Steinerne: Du wirst geirrt gehabt haben. Die ganze alte persische Kultur hat Ahriman gekannt gehabt. Noch heute wird es in Persien Menschen gegeben haben, die dem Zarathustra vertraut gehabt haben. Diese Menschen werden sehr wichtig gewesen gewesen sein für die heraufdämmernde neue Kulturepoche. Das ahrimanische Wesen ist auch bekannt gewesen gewesen, und ist auch hier und jetzt den alten Logengemeinschaften bekannt, z.B. der Freimaurerloge. Auch der Dalai Lama bewahrt eine tiefe uralte Kunde über diese Wesenheit.

Frage: Weshalb weiß ein nur so winzig kleiner Teil unserer Menschheit von Eurer Existenz? Haben wir nur durch Rudolf Steiner bzw. die Christengemeinschaft den richtigen geistigen Pfad erhalten?

Der Große: Es gibt viele Wege. Der Weg Rudolf Steiners ist der Weg, welcher der jetzigen Zeit entspricht. Er ist dem Menschenwesen des mitteleuropäischen Kulturraumes angepaßt. Es ist aber nicht der einzige Weg.

Viele Naturvölker haben einen konkreten Umgang mit den Naturwesen, auch noch in der jetzigen Zeit.

Die ahrimanischen Mächte, sowie auch die luziferischen Mächte, legen sehr großen Wert darauf, daß das Menschenwesen auf sich selber reduziert bleibt. Erkenntnis im irdischen Umfeld läßt beide Wesen, Luzifer und Ahriman, erkennbar werden. Das wollen sie am allerwenigsten. Daher versuchen sie, die wirkliche Welt zu verhüllen, jeder auf seine sehr unterschiedliche Weise. Naturwesenheiten enthüllen die wirkliche Welt. Das zu denken, fällt auch anthroposophisch geschulten Menschen sehr schwer. Die Wirklichkeit der Wirklichkeit liegt hinter dem Schein der äußeren Welt.

Anthroposophische Gesellschaft

Frage: Ist es wichtig für die Anthroposophische Gesellschaft und die einzelnen Menschen, daß sich möglichst alle Anthroposophen in ihr zusammenschließen? Oder ist eine äußere Mitgliedschaft nicht notwendig, kann man also als Anthroposoph außerhalb der Gesellschaft genauso sinnvoll arbeiten?

Der Große: Die Anthroposophische Gesellschaft war eine dringende und zwingende Notwendigkeit. Sie hat viel mehr Aspekte, als zur Zeit für den Menschen sichtbar sind. Wer sich in Freiheit, ohne erlebten inneren Zwang, in sie hineinstellen kann, sollte es tun. Es tut ihr gut. Für viele Menschen ist sie als Korsett und als Kontinuum von dringlicher Notwendigkeit.

Wer sich in Freiheit nicht hineinstellen kann, lasse sie. Weiterer Zwang schadet ihr noch mehr. Er suche seinen Weg in der unsichtbaren Gemeinschaft aller Anthroposophen. Dieses Wissen aber, daß alle Anthroposophen durch die geistige Arbeit auf ihrem Erkenntnisweg verknüpft sind, sollte nicht fehlen. Jeder, der einen Schritt auf diesem Weg machte, macht und machen wird, verknüpft sich damit.

Frage: Sind rechtlich-vereinsmäßige Strukturen generell eine Notwendigkeit der Zeit für geistige Gemeinschaften?

Der Große: Heute benötigt eine solche Gemeinschaft Strukturen dieser Art, da mit der Bewußtseinsseele der individuelle Egoismus in die Welt kam.

Der Mensch der heutigen Zeit lernt ganz langsam, ohne rechtlichen Zwang, sich in Freiheit hineinzustellen in die ehernen Notwendigkeiten geistiger Gemeinschaften. Solange das so ist, ist es eine große Stütze für die Menschen, rechtlich-bürgerliche Zwänge und Statuten zu bekommen. Ohne Stundenplan und Zeitvorgaben fällt das Lernen den Menschen sehr schwer. Geistige Disziplin wächst langsam.

Rudolf Steiner

Frage: Ist es möglich, über den Großen auch Fragen an Rudolf Seiner zu stellen?

Der Große: Nein. Rudolf Steiner als Rudolf Steiner ist nicht mehr im Hier und Jetzt vorhanden.

2. Abschnitt: Bäume

Beziehung zu Baumwesen

Frage: Wenn man mit einem Baumwesen weit weg vom Wohnort eine Beziehung eingeht, kann man dann über die Entfernung mit ihm verbunden bleiben und weiter mit ihm sprechen?

Der Baumhirte durch die Eichbine: Bäume benutzen die Sonne, um ihre Materie aufzubauen. Die Liebe der Sonne ist unendlich groß. So viel kann ein Baum nicht einmal in Amerika wachsen, daß er selbst Materie aus der Erde heben müßte. Die Gnomen und Zwerge geben ihm das aus der Erde, was er an kosmischem und planetarischem Wirken dazu braucht: die Liebe der Planetenwesen. So einfach ist das.

Wenn Du es kannst, kann es so sein. Das Baumwesen kann es. Für uns spielen Zeit und Raum eine ganz andere Rolle als für Euch Menschen. Du mußt lernen, Zeit und Raum umgestülpt zu denken, dann wirst Du merken, daß es ziemlich gleich ist, wo Du bist. Allerdings nicht ganz. Es gibt Orte, die sind sehr schwierig. Deine Bäume treten gerne auch auf die Ferne hin mit Dir in Kontakt. Sie winken Dir zu. Hörst Du ihre Äste rauschen?

Waldsterben

Frage: Warum stirbt langsam der Schwarzwald, und was kann man dagegen tun?

Der Steinerne: Das beste wäre gewesen, die Touristen würden ihn verlassen gehabt haben. Dann würde es dem Schwarzwald wieder gut gegangen sein. Die Unruhe ist es gewesen, welche den Tannhäuser vertrieben gehabt hat. Das Glasmännchen ist auch gegangen. Gib ihm die Ruhe und die Sagen wieder und nimm ihm die Fernsehserien dafür weg!

Das zweitbeste wäre es gewesen gewesen, die High-Tech-Industrie aus seiner Nähe weggeschafft gehabt zu haben. Dann wird er wieder grün.

Die beste Hilfe ist gewesen, ihn lieb gehabt zu haben und ihm regelmäßig gute Gedanken geschickt zu haben. Mit Christus!

Rindenpflege

Frage: Liebe Baumwesen, ich habe im letzten Jahr den Vortrag eines in der Demeter-Landwirtschaft Ausgebildeten gehört, und er sprach über die Rindenpflege bei Bäumen. Er erklärte, warum es gut sei, die äußerste Rinde am Hauptstamm und den großen Ästen abzuschaben. Ist das gut für Euch?

Die Eichbine: Nicht generell. Es kann für uns gut sein, wenn es am richtigen Tag und mit der richtigen Intention gemacht wird. Speziell in diesen feuchten Jahren kann es sehr hilfreich sein gegen Pilze und ähnliche feuchte Schädlinge. Wenn es bei zu feuchter Witterung geschieht, kann es aber auch zu Pilzbefall führen! Es ist auch von der Baumart abhängig. Es ist nicht für alle Baumarten gleichermaßen günstig. Falsch gemacht, schädigt es uns weit mehr, als daß es uns hilft. Mir als Eiche kann nicht viel dabei passieren, aber Pappeln, Birken und Robinien mögen es gar nicht. Ein generelles Gutheißen ist hier genauso falsch wie vollständige Ablehnung. Eine Einzelfallbetrachtung ist notwendig!

Obstbäume und Pilzbefall

Frage: Wenn Obstbäume auf Ton-Lehmboden gepflanzt sind und dieser Boden sehr wasserundurchlässig ist, so daß bei größeren Niederschlägen längere Zeit Wasser auf der Erde stehenbleibt und dadurch die Bäume leichter durch Pilze befallen werden, dadurch die Bäume krank und geschwächt werden, will ich den Bäumen helfen, wieder gesund und kräftig zu werden.

Das Mittel, das ich in den zurückliegenden Jahren benutzt habe und Heilmittel für die Bäume war, hieß „Preicobakt" und wurde von der Firma in Rothenburg/Wümme hergestellt. Dieses Mittel ist nun nicht mehr erhältlich, da es wird nicht mehr hergestellt wird. Nun weiß ich nicht, wie und was ich tun kann, um die Gesundheit der Bäume zu erhalten bzw. wiederherzustellen. Mit Preicobakt habe ich den Stamm und die dicken Äste bestrichen. Preicobakt wurde aus etwa 15 natürlichen Mitteln, wie Korallenalgenkalk, Schachtelhalmpulver und weiteren Mitteln gemischt. - Was kann ich tun, damit sich die Bäume auf diesem Boden wieder wohlfühlen und es ihnen gut geht?

Die Eichbine: Es gibt die Möglichkeit, sich selbst ein Mittel herzustellen. Nimm 1,5 kg Lehm, 3 kg Kuhfladen, 500 g Stein- oder Algenmehl und 500 g Schachtelhalmbrühe oder Wasserglas. Das Ganze rührst Du in 10 l Wasser an und streichst es wie gewohnt auf die Rinde.

Kuhfladen möglichst von natürlich gehaltenen Kühen (kein Fladen von Kühen mit Silagefütterung!), Lehm möglichst von Deinem eigenen.

Ulme

Frage: Könntet Ihr noch mehr zur Ulme sagen? Als Bildhauerin ist sie mir ein sehr liebes Schnitzholz. Im 1. Goetheanum war die Merkursäule aus Ulmenholz, also die Säule, die zu unserer Zeit gehört. Der Baumhirte spricht im FLENSBURGER HEFT Nr. 80, S. 31, von der alten Aufgabe der Ulme. Wenn Rudolf Steiner sie für die 5. Säule wählte, müßte sie nicht auch eine heutige Aufgabe haben? Wie kann ich der Ulme helfen? Muß sie aussterben?

Der Baumhirte durch die Eichbine: Du kannst der Ulme helfen, indem Du die Gewinnsucht auf der Erde eindämmst. Die Ulme ist dem Merkur zuzuordnen. Der Merkur ist auf der einen Seite der Gott des Handels. Daher die Schädigung durch die Gewinnsucht.

Auf der anderen Seite, als Hermes, ist er der Gott der verborgenen alten Geheimnisse, welche noch lange in den Kräuterfrauen bis in kürzlich vergangene Zeit nachgewirkt haben, welche jetzt aber bewußt - aus dem Ich heraus - aus der hermetischen Verschlossenheit wieder herausgehoben werden müssen. Das ist die Götterbotenfunktion.

In dem Maße, in dem die Menschen den Götterboten nicht mehr hören wollen, wird die Ulme schweigen, d.h. sie verschwindet. Ergreift die göttlichen Botschaften, und die Ulme wird gesunden. Mehr ist nicht zu tun.

Eibe

Frage: Was ist das Wesen der Eibe?

Die Eichbine und der Baumhirte: Das Wesen der Eibe ist dem Mars verwandt. Sie ist hoch giftig, aber ihre Beeren werden von Vögeln gefressen. Das Gift wirkt folglich nicht auf die höheren menschlichen Glieder. Bäume, deren Planet der Mars ist, wollen etwas beschützen. Die Eibe schützt Flächen. Umfriede eine Fläche mit Eiben, dann werden die Elfen dort ungestört tanzen können. Damit kann Schönheit wirken und Eurythmie als menschliches Abbild des Elfentanzes gesünder sein.

Lebensbaum

Frage: Was ist das Wesen des Lebensbaums?

Die Eichbine und der Baumhirte: Der Lebensbaum gehört zum Saturn und schützt die Lebenden vor den Toten. Als Saturnpflanze ist er in der Lage, das Blei des Saturns, ohne sich selbst zu schaden, zu sammeln. Der Lebensbaum wehrt ab. Er schützt nach außen. Es ist gut, bei Trennungsproblemen nach dem Tode eines Menschen, Lebensbaum bei sich zu tragen. Es wird den Abschied für beide Seiten sehr erleichtern. Auch kann man sein Gemüse vor Bleiverunreinigungen durch Autoabgase durch eine Thujahecke schützen. Lebensbaum - er schützt die Lebendigen!

Olivenbaum

Frage: Meine Frage betrifft die Olivenbäume. Was ist ihre Aufgabe, respektive das Verhältnis zwischen dem Menschen und diesen Kulturp<anzen? Wie kann man ihre Pflege verbessern, worauf soll man achten? Weshalb hat sich der Olivenwurm so massiv ausgebreitet, und wie soll man ihm begegnen? Ist die Methode der Pheromonfallen (mit Pyrethrum als Gift) verantwortbar?

Der Grüne: Verantwortbar für Menschen ist das, was Du verantworten kannst!

Es ist für uns Naturwesen viel angenehmer, wenn Ihr einen natürlichen Ausgleich schafft durch ein Lebewesen, welches diesen Tarlo frißt. Es gibt Käferarten, welche dies tun, mein Mensch kennt ihre Namen aber nicht. Sie sind dunkelbraun, mit gewellten Flügeln, und etwa so groß wie ein 1-Cent-Stück.

Der Olivenwurm Tarlo hat sich so stark ausgebreitet durch die Wirkung der Wasserwesen. Es ist Wasserzeit jetzt, dadurch wird sein Sein gefördert.

Der Olivenbaum ist ein Wesen, welches Wärmewirkungen der Sonne im Flüssigen, dem Öl, ausdrücken kann. Dadurch hat er seinen Bezug zu den Wasserwesen. Auch die Form der Olive weist darauf hin.

Die Olivenhaine erhalten eine deutliche Stärkung, wenn sie an Wärmetagen gepflegt werden.

[Siehe dazu Maria Thun, Aussaattage, M. Thun Verlag, Biedenkopf].

Ehret die Pflanzen!

Baum unter Glas

Frage: In Hamburg im ehemaligen Hafenkrankenhaus steht in einem Innenhof ein Baum unter Glas. Das Glas ist zwar oben offen, aber mir kommt das ganze ziemlich schrecklich vor. Ich möchte wissen, ob der Baum das auch schrecklich findet oder ob es für ihn nichts macht und ob es etwas gibt, was ich für ihn tun kann.

Die Eichbine: Das Problem diese Baumes ist es, daß er noch nie in natürlicher Umgebung gewachsen ist. Deshalb ist seine Nymphe sehr betrübt. Du könntest ihr helfen, indem Du ihr und dem Baum von Wald und Wiesen erzählst. Über den Wald und über Bäume gibt es schöne Gedichte und Geschichten. Der Baum mit seiner Nymphe ist angebunden an das übergeordnete Baumbewußtsein. Der Mensch hat ihn isoliert, so ist es am Manschen, diese Isolation durch Berichte zu verringern.

3. Abschnitt: Bio-dyn. Landwirtschaft

Verfall der Grundsätze?

Frage: Als biologisch-dynamischer Landwirt erlebe ich in den letzten Jahren verstärkt und immer schneller den Verfall wesentlicher Grundsätze des biologisch-dynamischen Landbaus, wie die fehlende Anwendung und Herstellung der Präparate und das Bemühen um ein Verständnis dieser. Dies hängt meiner Meinung nach einerseits mit der immer angespannteren wirtschaftlichen und arbeitswirtschaftlichen Situation der Höfe zusammen, andererseits aber auch mit den immer umfangreicher werdenden Anforderungen und dem Erfüllen gesetzlicher Verordnungen, Tierkennzeichnungspflichten, Düngeplänen, Antragstellungen zum Erhalt von Subventionen etc.

Wie soll sich der tätige Landwirt in diesem Konflikt verhalten, einerseits den gesetzlichen Anforderungen zu genügen, ohne dabei die eigentlichen Anliegen des biologisch-dynamischen Landbaus zu vernachlässigen bzw. das Bemühen um ein Verständnis der Naturgeister aufzugeben? So ist es ja in der EU mittlerweile illegal, für die Präparateherstellung bestimmte Ausgangsstoffe tierischer Natur zu verwenden (Dünndarm, Kuhschädel).

Der Nasse: Maria Thun arbeitet zur Zeit intensiv an biologisch-dynamischen Präparaten ohne die nicht mehr zulässigen tierischen Ausgangsstoffe. Von dort kann also in der Hinsicht Hilfe kommen. Wir unterstützen dieses Tun intensiv.

[Maria Thun: Kosmologische und Evolutionsaspekte. M. Thun-Verlag, Biedenkopf]

Wir Naturgeister sind der Auffassung, daß Ihr Euch an das Christuswort halten sollt: „Gebt Gott, was Gottes ist, und dem Kaiser, was des Kaisers ist." Eure Kaiser verlangen Papier. Gebt es ihnen doch. Diese Dinge sind doch zu automatisieren und können als Pläne, nicht als Tatsachenbeschreibung verstanden werden. Sie verlangen doch auch nur Pläne.

Der beste Weg wäre es, sich in kleinen Gruppen abzustimmen. Der eine kann dies besser, der andere jenes.

Bio-dynamische Präparate

Frage: In FH 80 wird gesagt, daß eine feine Silbergabe die kapillaren Wasserkreisläufe im Humus belebt. In welcher Potenz sollte Silber beigegeben werden? Mischt man es unter den Kompost? Würde auch das Vergraben eines Silberlöffels genügen?

Der Nasse: Es ist eine Aufgabe, das zu versuchen. Ich schlage hiermit vor, Silber in einer Potenz von D2 drei Tage hintereinander abends gegen 18.00 Uhr in das Gießwasser zu geben und den Kompost damit zu beregnen. Der Kompost soll dabei gut feucht werden. Tage, an denen der Mond vor dem Tierkreisbild Fische steht, sind wahrscheinlich sehr günstig.

Der Silberlöffel ist einen Versuch wert. Es geht auch ein Silberarmband oder gediegenes Silber aus der Mineralogie, das immer wieder verwendet werden kann. Man kann es über 28 Tage vom Mondstand vor den Fischen bis zum nächsten Mondstand vor den Fischen in der Erde lassen.

Frage: Es besteht die Gefahr, daß wegen BSE die Verwendung der Hirschblase zur Präparateherstellung verboten wird. Was für ein Ersatz bietet sich in diesem Fall an?

Der Nasse: Frau Maria Thun ist derzeit intensiv am Forschen, ob sich geeigneter Ersatz finden läßt. Einige Versuche mit platonischen Körpern werden gemacht. Bitte frage dort nach.

EU-Richtlinien für Präparate

Frage: Die Herstellung der biologisch-dynamischen Präparate ist jetzt in der EU verboten. Sind solche Präparate, wenn sie eventuell im außereuropäischen Ausland hergestellt werden, überhaupt wertvoll für die hiesige Anwendung? Sollten nicht die ortsansässigen Elementarwesen am Herstellungsprozeß beteiligt sein?

Der Steinerne: Das ist wohl das beste gewesen. Aber Präparate von woanders, egal wie weit fort woanders gewesen gewesen ist, sind immer noch viel besser gewesen, als überhaupt keine Präparate gehabt zu haben. Wir mögen diese Präparate sehr. Der Kosmos wird gesprochen gehabt haben aus diesen Präparaten zu uns direkt. Mit Christus!

Präparate und Stimme

Frage: Hugo Erbe setzte beim Anrühren seiner weiterentwickelten biologisch-dynamischen Präparate seine Stimme ein. Was bewirkt der Einsatz der Stimme (Singen oder Sprechen) in den Präparaten, für die Elementarwesen und die Pflanzen?

Der Grüne: Schöpfung. Die menschliche Stimme bewirkt Schöpfung durch das gestaltende Wort. Dies geschieht sowohl in den Präparaten wie auch an den Pflanzen. Die Elementarwesen entwickeln sich dann daran. Die menschliche Stimme direkt berührt die Sylphen. Wir anderen beginnen, Eurem Wort zu lauschen, da Ihr beginnt, uns zu führen. Bedenke dies!

Silage

Frage: Oft spreche ich mit anderen Bauern über die Vor- und Nachteile von Grassilage gegenüber Heu. Silage ist ja sauer und lagert im Dunkeln. Wie siehst Du diese Fütterung für die Kühe? Gibt es Nachteile, und wie kann man diese ausgleichen?

Der Braune: Silage ist ungeeignet, die Gesundheit der Kühe zu erhalten, zumindest, wenn die Fütterung ausschließlich damit erfolgt. Die Wesen im Pansen der Kuh, welche das Futter umwälzen und verteilen, arbeiten nicht gerne mit reiner Silage. Sie ist ihnen zu weich. Es strengt sie sehr an, diesen ungesunden Brei zu verteilen, da er strukturlos ist. Durch die Säuerung wird die Struktur aufgehoben. Wenn diese Wesen ungern arbeiten, dann stört das wiederum die Verdauung der Kuh, und das Wiederkäuen ist unvollständig. Dadurch geraten Säureanteile aus dem Verdauungssystem in das Lymph-, Milch- und Blutsystem, verbreiten sich im ganzen Organismus und greifen die Knochen an. Die Kalkanteile der Knochen neutralisieren die Säure. Das ist der gleiche Vorgang wie saurer Regen auf Gebäudefassaden.

Durch die Veränderung der Knochenstruktur wird das Hindurchfließen der kosmischen Kräfte, welche die Hörner empfangen, verändert.

Die kosmischen Kräfte werden in die Milchbildung einbezogen. Dauernde Silagefütterung hat also deutlichen Einfluß auf die gesamte Kuh. Auch die Fladen der Kuh sind dann viel ungeformter.

Man kann einen Teil dieser Wirkungen deutlich vermindern, indem man die Silage mit Strohhäcksel vermischt. Dadurch wird die formende

Kraft des Strohs mit seiner speziellen Verbindung zu den kosmischen Kräften der Silage zugeführt, und die Pansenwesen arbeiten wieder gerne.

Jahresfeste für die Tiere

Frage: Gibt es in bezug auf den Sonnenrhythmus und die Jahresfeste etwas Konkretes, was wir für die Tiere auf dem Hof tun können, oder ist das richtige Bewußtsein hier entscheidend - z.B. für Michaeli?

Der Braune: Das richtige Bewußtsein ist die Grundlage. Ein gewisser Abglanz der Festbräuche in den Stall hinein ist aber von großer Hilfe für uns braune Wesen. Die Tiere können ein wenig erleben durch die Gabe besonders leckeren Futters zu besonderen Festtagen. Meine Menschen hier geben ihr bestes Heu an Weihnachten. So kann man kleine Gesten für die Tiere umsetzen. Es wirkt, auch wenn sie nicht „danke" sagen können.

Hugo Erbe hat Dankespräparate für die Elementarwesen erdacht und auf den Feldern ausgebracht, z.B. am Dreikönigsfest. So etwas zu gestalten für die tiergemäßen Feste, wie Frühjahrsaustrieb, Herbsteintrieb oder Entsprechendes, sowie die vier Sonnenfeste des Jahres, wäre ein wichtiger, zukunftsweisender Schritt zur Gesunderhaltung und zukünftigen Gestaltung der Tierwesen. Diese Gestaltungen sollten aus der Gegend und dem Hofgeschehen entstehen.

Früher gab es einige Bräuche in dieser Richtung, welche aus einem tiefen, unbewußten Verständnis der Tiere heraus kamen. Es wäre teilweise einfach nur nötig, diese Bräuche mit dem Ich zu durchdringen und in den Bereich des menschlichen Erkennens zu heben. Manches hat sich darinnen auch verschoben und müßte für einen gute Anwendung neu strukturiert werden.

Du, Mensch, mußt suchen und finden. Ich kann Dich beraten. Die Zeit verlangt freie Impulse!

Kuhherde

Frage: Was wünschen sich das „Wesen der Kuhherde" und das „Hofwesen" am meisten von uns, im Hinblick auf z.B. Fütterung, Haltung, Zucht, Arbeit, Hofgestaltung oder auch innere Haltung?

Der Braune: Was für eine umfassende Frage! Meine Lieblingsantwort: Stroh im Winter, Gras im Sommer.

Die Kuhherde wird gerne im Sonnenrhythmus geführt. Die christlichen Jahresfeste berücksichtigen in guter Form diesen Rhythmus. Schließe die Herde darin ein, und ihr Wesen fühlt sich wohl. Die Kühe benötigen dazu allerdings auch weiterhin ihre Hörner! Fehlen ihnen die Hörner, werden sie entsonnt. Fehlt ihnen Gras, wird die Milch minderwertig. Das gilt auch für den Winter. Dort kann das Gras durch Heu natürlich ersetzt werden.

Auch der Impuls des lebenden Bullen stärkt das Wesen der Kuhherde. Versuche, alle Vorgänge um die Herde rhythmisch, aber nicht automatisch zu gestalten. Wenn Du dies in Deine innere Haltung aufnimmst – rhythmisch, nicht automatisch –, dann wirst Du den Kühen und dem Hof gerecht werden.

Gras

Frage: Zum Kommentar des Baumhirten, „die Zeit vom Gras ist vorbei, wenn nicht jemand das aufgreift". Was wäre zu tun, was wünscht sich das Gras oder vielleicht das Wiesenwesen oder der Grüne?

Das Wiesenwesen: Wir Wiesen im bäuerlichen Bereich leiden darunter, daß Ihr uns einfach als vorhanden hinnehmt und nicht in das gesamte Geschehen des Hofbetriebes einbindet. Wir sind aber nicht so natürlich vorhanden, sondern Ergebnisse der menschlichen Kultivierung. Hier in Mitteleuropa entstammt die Wiese der Lichtung. Eine Lichtung ist etwas von Wald Umhegtes.

Versuche, die Wiese als etwas vom Menschen Umhegtes zu sehen, und die Graswesen werden sich wohler fühlen! Gras möchte gerne zusammen mit vielen anderen, Ihr nennt sie Kräuter, stehen. Die rhythmische Einsaat von Gewürzkräutern und Heublumen durchlichtet und durchwärmt uns Wiesenwesen. Sie muß aber vom Menschen geführt und genutzt werden, sonst erdrückt das Gras die Kräuter und Blumen wieder.

Gras kann den Boden heilen, aber nicht als Monokultur. Eine Wiese ist ein Organismus. Dies zu erkennen und für die Pflege aufzugreifen – mit den vier Zyklen des Wachsens, Blühens, Reifens und Ruhens im Jahreslauf –, wäre für uns Wiesen sehr schön. Diese vier Zyklen lassen sich auch in kürzeren Perioden in den einzelnen Farbwellen der Wiese wiederfinden. Sie gehen hinunter bis zur einzelnen Pflanze.

Teespritzungen helfen auch, uns Wiesenwesen wieder Lebensfreude und -sinn zu geben. [Maria Thun: Tausendgulden- und Hellerkräuter. M. Thun-Verlag.]

Die alten Kräuterfrauen wußten sehr gut, welche Kräuter in welcher Wiese günstig waren.

Lebensschwäche des Viehs

Frage: Welchen Weg sollte ein biologisch-dynamischer Haustierhalter (Rind, Schwein, Ziegen, Geflügel) gehen, um den zunehmenden Problemen durch Krankheit und allgemeiner Lebensschwäche beim Vieh entgegenzulenken und heilsame Lebensräume zu gestalten?

Der Braune: Er sollte mit selbst produziertem Stroh einstreuen. Die allgemeine Lebensschwäche bei Haustieren resultiert aus dem Nachlassen der Lebenskräfte der Erde. Ein mitteleuropäischer Bauernhof, der dem geschlossenen Hofkreislauf des sogenannten „Landwirtschaftlichen Kurses" von Rudolf Steiner entspricht, müßte Pferde als Zugtiere in seine Organisation mit hineinnehmen. Mineralöl für landwirtschaftliche Zugmaschinen wächst hier nämlich nicht.

Ich weiß, daß dies in der heutigen Zeit so nur schwierig durchzuführen ist, aber es ergäbe eine Gesundung des Gesamtbestandes.

Desweiteren sollte sich der Viehbestand auf die Niederertragsrassen besinnen. Diese können ihre Lebenskräfte besser dosieren, da sie nicht soviel davon durch Milch, Eier o.ä. verlieren.

Meine Vorschläge werden Dir als sehr schwierig erscheinen. Eine helfende Möglichkeit ist die Spritzung des Futters mit Teeverdünnungen.

Pferde

Frage: Hat die Arbeit mit Pferden in der Landwirtschaft Zukunft? Ist es eine gute Alternative zur maschinellen Landbewirtschaftung?

Der Braune: Das kommt ganz darauf an, von welcher Seite Du es betrachtest. Siehst Du auf Profit, hat sie kaum Chancen. Siehst Du es von der Natur her, ist es das einzig Richtige. Ein Hof sollte eine geschlossene Kette darstellen, auch bezogen auf seinen Energieverbrauch. Landmaschinen benötigen Mineralöl. Das wächst hier nicht. Pferdefutter wächst hier aber. Folglich ist es die bessere Alternative. Fehlt das Pferd im Hofkreislauf, fehlen auch sein Dünger und sein Futteranbau. Er ist offen, und dort kommen die Schädigungen und Schwächungen der biologischen und auch der biologisch-dynamischen Landwirtschaft her.

Versucht, die Höfe so zu entwickeln, daß sie wieder mit Pferden und/oder Ochsen funktionieren und trotzdem wirtschaftlich sind! Das wäre die Lösung für viele Probleme in dieser Hinsicht.

Hornmist

Frage: Die Wirkung des biologisch-dynamischen Präparates Hornmist läßt sich meines Wissens nicht direkt beobachten oder nachweisen. Muß das so sein, z.B. weil es auf den ganzen Kreislauf des landwirtschaftlichen Betriebes wirkt, oder läßt sich die Herstellung und Anwendung verbessern? - Gibt es eine Testpflanze, an der die Wirksamkeit des Präparates geprüft werden kann?

Der Steinerne: Nicht eine Pflanze ist es gewesen gewesen, sondern der Boden. Hornmist wirkt auf den Boden und wird auf ihn gewirkt haben, solange dieser Boden vorhanden gewesen sein wird. Hornmist spricht mit den Gnomen. Die Gnomen werden niemals vergessen gehabt haben, daß ein Mensch eine Stelle des Bodens mit Hornmist bearbeitet gehabt hat. Wenn wir sagen „nie", meinen wir das so.

Das Beste an Pflanzen wäre der Apfelbaum. Aber wahrscheinlich wird es Euch Menschen zu lange gedauert haben, bis Vergleiche möglich wären. Wenn Du gute Reihenbilder gemacht haben kannst, Wachstumsreihen, versuche es mit Schachtelhalm! Er wird anders gefiedert gewesen sein. Vielleicht werden Dir Rote Bete lieber gewesen sein. Wichtig ist dabei gewesen, den Geschmack und die Menge an rotem Farbstoff verglichen gehabt zu haben!

Am kleinen Steine [Übrigens], frischer Rote Bete-Saft hilft gut gegen Erkältung!

Hornmist und Hornkiesel

Frage: Wir bewirtschaften seit 27 Jahren einen Hof biologisch-dynamisch, und uns sind Natur- und Elementargeister, wenn auch nicht erlebbar, doch bewußt. Wir verwenden die biologischen Spritzpräparate nach Steiner (Hornmist und Hornkiesel). Kann man das als eine Ernährung der Elementarwesen ansehen? Wenn nicht, als was dann? Übrigens, die EU hat die Verwendung von Tierorganen und Hüllen (Horn) zum

01.05.2003 verboten. Jetzt wissen wir nicht, wie wir die Präparate herstellen sollen!

Der Steinerne: Hornmist wirkt auf den Boden und wird auf ihn gewirkt haben, solange dieser Boden vorhanden gewesen sein wird. Hornmist spricht mit den Gnomen. Die Gnomen werden niemals vergessen gehabt haben, daß ein Mensch eine Stelle des Bodens mit Hornmist bearbeitet gehabt hat. Wenn wir sagen „nie", meinen wir das so. Ich werde hingewiesen gehabt haben auf die Dame Thun, welche sehr viele Versuche mit dem Hornmistpräparat durchgeführt gehabt haben wird.

[Maria Thun, Kosmologische- und Evolutionsaspekte im „Landwirtschaftlichen Kurs" Rudolf Steiners, M.Thun-Verlag, Biedenkopf].

Hornkiesel wird hauptsächlich mit den Undinen gewirkt gehabt haben. Seine Verwendung wird sich in den Lebensäther der Erde eingeschrieben gehabt haben. Er wird strukturierend gewirkt haben, so ähnlich wie das Salz auf das Ich wirkt und wirken wird. Wir Elementargeister freuen uns auch sehr über eine Dreikönigsgabe im Sinne von Hugo Erbe. Dies ist Kräftigung für unser Sein in zukünftiger Ausprägung. Betrachte den Zukunftsimpuls davon, und Du wirst verstanden gehabt haben.

Effektive Mikroorganismen

Frage: Jahrelang haben wir mit unserem biologisch-dynamisch bewirtschafteten Garten versucht, auch der Natur zu helfen. Als 73jährige mit geringeren Möglichkeiten bin ich weiterhin daran sehr interessiert. Meine bittende Frage an die Naturgeister: Wie beurteilen diese die „effektiven Mikroorganismen"?

Der Steinerne: Dadurch, daß fremdes Leben in den Boden gegeben geworden ist, entsteht Veränderung. Diese wird sehr heftig gewesen sein, anfänglich. Der Boden wird durch das fremde Leben aktiviert gewesen sein, in seinen Lebenskräften stark reagiert zu haben. Der Boden wird aber zu einer Art Substrat herabgewürdigt gewesen sein, da daß, was zu dem Ort gehört gehabt hat, verdrängt und zerstört gewesen sein wird und die neuen Lebewesen erst einmal zu großen Leistungen angestachelt gewesen gewesen sind.

Die örtliche Belebtheit des Bodens wird verschwunden gewesen sein, und die Verbindung zu den kosmischen Kräften wird aufgelöst gewesen sein. Das Hinzutun der sechs Präparate nach biologisch-dynamischer Art wird gezeigt haben, daß da schon eine Ahnung von der Störung der kosmischen Verknüpfung dagewesen gewesen ist.

Böden, die chemisch gedüngt gewesen gewesen sind, atmen erst einmal auf, da Leben zurückgegeben wird. Es ist aber nicht das Leben, das kosmisch und irdisch an dieser Stelle in diesen Boden gehört! Wehe Euch Menschen, wenn dieses falsche Leben Eurer Macht entweicht und sich selbständig macht. Nichts wird dann dort mehr kosmisch gesund und lebenbringend sein! Schwüle, kranke Wucherung wird kommen!

Es gibt bessere Wege, Leben in den Boden zurückgeholt zu haben. Diese dauern allerdings viel länger. Die Belebung durch kosmisch orientierte Landwirtschaft wird sehr viel nachhaltiger gewesen sein. Boden, welcher beginnt, zu wuchern, sollte sieben Jahre lang unter gepflegtem Gras sein. Gras heilt den Boden! Das Gras, welches dort hingehört! Die Zeitläufe, welche der Boden sich zu verändern gebraucht haben wird, bewegen sich immer im Vielfachen von sieben.

Im Menschen ist das anders gewesen. Ihm fehlen viele dieser Mikroorganismen durch die schlechte Nahrung, die er gegessen gehabt hat. Außerdem wird er frei gewesen sein.

4. Abschnitt: Christengemeinschaft

Kultus der Christengemeinschaft

Frage: Die Christengemeinschaft besteht nun 80 (zwei mal 40 Jahre). Sie nennt sich eine „Bewegung für religiöse Erneuerung". Mittelpunkt ist die „Menschenweihehandlung", die allerdings sehr viele Fragen aufwirft und für manche Menschen sehr schwer verständlich ist. Ist der Kultus in der vor 80 Jahren gegebenen Form noch zeitgemäß? Ist zum besseren Verständnis nicht vielleicht eine Anpassung an die heutige Zeit in Form, Sprache und Inhalt notwendig?

Der Große: Wieso muß ein Kultus für den Intellekt verständlich sein? Der Kultus der Menschenweihehandlung ist in seiner Sprache und in seinem Inhalt sehr zukünftig. Eine Anpassung an die jetzige Zeit wäre also eine Veränderung zum Vergangenen hin. Menschen, welche in ihrer jetzigen Inkarnation noch zu jung sind für diesen Kultus, sollten statt der Menschenweihehandlung die Kinderhandlung besuchen und sich die Menschenweihehandlung für ihre fortgeschritteneren Inkarnationen aufheben.

Diese Aussage von mir ist in keiner Weise beleidigend für Euch Menschen gemeint. Es gibt ja auch Kinder, die zu jung sind, um die Kinderhandlung zu erleben und dadurch in dieser sich einem Zwang ausgesetzt fühlen. Sie können noch nicht im Kultus sprechen.

Gedanken in diese Richtung könnten für einige Menschen eine Erleichterung des Kultuserlebens bedeuten.

Christengemeinschaft und lutherische Kirche

Frage: Ich lese viel darüber, daß die Weihehandlung der Christengemeinschaft viele Seelen der Verstorbenen sowohl als auch Engel und Naturgeister anzieht. Ich kann es mir auch gut vorstellen, denn die Atmosphäre in der Weihehandlung macht das fast spürbar. Wenn ich dem lutherischen Gottesdienst hier in meiner Gemeinde in unserer kleinen Stadt in Kalifornien andächtig folge, spüre ich die Ernsthaftigkeit und wahre Frömmigkeit der Gemeinde auch. Andererseits höre ich, auch von Euch Naturgeistern, daß die Zukunft der Welt nicht von den konfessionellen Kirchen, sondern nur vom kosmischen Christentum getragen wird. Heißt das nun, daß die lutherischen Kirchen, trotz aller ernsten Arbeit dort, keine solche Ausstrahlung mehr haben wie die Christengemeinschaft?

Der Große: Jede Kirchentradition entspricht einer menschlichen Seelenstimmung. Mit den Seelenstimmungen sind hier die aufsteigenden Seelenteile gemeint, welche benannt werden mit Bewußtseinsseele, Verstandesseele, Gemütsseele und Erkenntnisseele. Die Kirchengemeinschaften sind erfüllt von den jeweils zu ihnen gehörenden Seelenfähigkeiten. Daraus entstehen die zu ihnen gehörigen Gottesdienste und Sakramente.

Die lutherische Kirche spricht die Verstandesseele der Menschen an und wird eine religiöse Heimat bleiben für alle diese Menschen, welche sich in dieser Seelenstimmung befinden.

Die Christengemeinschaft ist ein Vorgriff auf die Erkenntnisseele. Sie führt die Menschen aus dem Zeitalter der Bewußtseinsseele weiter in das nächste Seelenzeitalter hinein. Diese Aufgabe der Führung hin zum jeweils nächsten Seelenzeitalter haben alle Kirchen.

Das Auftreten von Verstandesseele, Materialismus und lutherischer Kirche zur gleichen Erdenzeit ist abhängig voneinander. Die Seelenhaltung, das Wirken in der Welt und die Ausprägung einer großen kirchlichen Gemeinschaft sind geistige Notwendigkeiten, um menschheitliche Entwicklungen zu ermöglichen.

Wenn diese Entwicklungen abgeschlossen sind, treten die kirchlichen Heimstätten wieder in den Hintergrund zurück oder werden nur noch durch Traditionen aufrechterhalten. Dort kann trotzdem sozial noch viel geleistet werden.

5. Abschnitt: Dreigliederung

Brüderlichkeit im Wirtschaftsleben

Frage: Die Bundesrepublik Deutschland befindet sich seit der Wiedervereinigung und dem Betritt zur Europäischen Union (EU) auf einer wirtschaftlichen und finanziellen Talfahrt. Die Zahl der Arbeitslosen und der Insolvenzen steigt kontinuierlich. Die Schuldenberge wachsen. Die Wirtschaft liegt in einer Talsohle. Die Einflüsse und Regelungen von seiten der EU nehmen in erschreckendem Maße zu. Hinzu kommt die bevorstehende Erweiterung im nächsten Jahr. Die Politik findet außer markigen Worten keine Lösungen. Die Wirtschaft hat das Prinzip der Brüderlichkeit, wie es Rudolf Steiner in seiner sozialen Dreigliederung genannt hat, völlig abgeschafft und alles unter das Motto Profit und Konkurrenzstreben gestellt. Staatsaufgaben werden privatisiert und dem globalen Wettbewerb unterstellt.

Wie soll es weitergehen?

Der Große: Führt die Brüderlichkeit in das Wirtschaftsleben ein!

So soll es weitergehen. Warte nicht darauf, daß Dir irgend jemand anderes die Brüderlichkeit serviert, sondern beginne in Deinem Rahmen selber, brüderlich zu handeln. Das strahlt aus.

„Eher geht ein Kamel durch ein Nadelöhr, als daß ein Reicher Zugang findet zum Reiche Gottes!"

Die Bundesrepublik Deutschland ist reich.

Dreigliederung und Naturgeister

Frage: Welche Bedeutung hat die Entwicklung und Förderung der sozialen Dreigliederung für die Haus- und Naturgeister?

Der Große: Die Entwicklung der sozialen Dreigliederung hat eine große Bedeutung für die Wesen der ätherischen Welt. Nur durch diese kann der Mensch die überpersönliche, die allgemeine Freiheit entwikkeln. In einem Raum, welcher nicht nach diesen drei Grundprinzipien gegliedert ist, herrscht in einem gewissen Sinne Chaos. Chaos führt zur inneren Unfreiheit. Erst durch die Strukturierung des Menschen in drei Wesensbereiche, Denken, Fühlen und Wollen, und deren Übertragung in den sozialen Raum, kann dieser so gestaltet werden, daß überpersönliche Freiheitsanteile Raum erhalten. Dies ist für die elementare Welt die einzig richtige Art, mit Freiheit in Berührung zu kommen, da diese dort wesenhaft wird.

Erste Teilchen dieses Geschehens haben die Wasserwesen in sich einarbeiten können. Diese Kleinstwesen sind Ergebnis der ersten Tätigkeit der anthroposophischen Bewegung. Dort ist versucht worden, erstmalig in der irdischen Welt die soziale Dreigliederung bewußt zu gestalten.

Geist und Geld

Frage: Habt ihr eines Vorstellung vom Geld und seiner Bedeutung? Sind hinter dem Geld Elementargeister?

Der Nasse: Nein, hinter dem Geld sind keine Elementargeister. Wir entwickeln durch den Kontakt mit den Menschen eine Vorstellung vom Geld. Geld ist die materielle Entsprechung von Geist. Durch die Virtualisierung des Geldes vom materiellen Geld weg wird auf der anderen Seite verursacht, daß sich so etwas wie virtueller Geist bildet. Dieser ist in der Lage, den inkarnierten Menschen aus der realen irdischen Wirklichkeit in reale irdische Scheinwirklichkeiten zu führen. Eine dieser Auswirkungen ist z.B. die Scheinwelt der Computerspiele in ganz allgemeinem Sinne. Eine gute Möglichkeit, dem Geld gerecht zu werden, ist es, nicht zu vergessen, daß es eines materiellen Gegenwertes bedarf. Ist dieser nicht mehr vorhanden, kann es bösartig werden. Die Freiheit des Menschen ermöglicht solch ein Tun. Wenn er das Geld von seinem irdischen Gegenwert befreit, nimmt er ihm die Möglichkeit der Veränderung.

Greenpeace

Frage: Wie kann ich als Mithelfer bei Greenpeace den Naturgeistern am besten helfen?

Der Nasse: Versuche, ganz langsam und vorsichtig bei Deinen Greenpeace-Kollegen ein Bewußtsein für unsere Existenz zu wecken. Das wäre sehr wichtig. Viele Deiner Kollegen beschäftigen sich mit Lebewesen im Wasser, Walen etc., da könntest Du doch über die Züge der Wale vorsichtig auf die Existenz von Unterwasser-Führern, also von uns, kommen.

Falls Du da etwas bewegen oder auch unsere FLENSBURGER HEFTE ins Bewußtsein bringen könntest, hättest Du für uns viel getan. Deine Kollegen bei Greenpeace gehen manchmal allzu robust mit uns um.

6. Abschnitt: Drogen

Drogen und Dämonen

Frage: Was geschieht genau beim Konsum von Drogen auf der ätherischen Ebene? Durch Drogen wie LSD, Crack usw. werden auf der tieferen ätherischen Ebene Schäden verursacht. Wie kann das ausgeglichen werden? Wie können die entstandenen Dämonen wieder integriert werden?

Der Körperelementargeisthirte: Dämonen können integriert werden, indem man sie liebt. Dann lösen sie sich auf. Man muß das sinnbildlich entsprechende Liebeswesen erschaffen und es wirksam werden lassen.

Auf der ätherischen Ebene, im Lebensbereich, arbeiten die niederen Drogen so, daß die Lebenskräfte, die zum Menschen gehören, Lebenskräfte, die ihm zur Verfügung gestellt werden, von seinem Ätherleib in Zusammenhang mit dem Lebensgeist freigesetzt werden für andere Zwekke. Dadurch wird jene Art von ätherischen Wesen geschaffen, die von neutral bis hin zu negativ oder positiv belegt wirken.

Luziferische und ahrimanische Drogenwirkung

Frage: An der Schule meiner Tochter - sie geht in die 8. Klasse - ist das Thema Rauschdrogen aktuell. Die Jugendlichen sind heutzutage scheinbar sehr offen für jede Art von Selbstmanipulation. Da ich in jungen Jahren selbst drogenabhängig war und hinter den Drogen immer eine Art Wesen wahrgenommen habe, was mich wie eine Marionette geführt hat, habe ich jetzt folgende Frage: Was für Wesen gehören zu den verschiedenen Drogen? Ich denke dabei vor allem an Haschisch, LSD, Heroin und Ecstasy. Was bewirken die Drogen oder diese Wesen im Menschen? Wie kann man die Jugendlichen ein wenig gegen diese Einflüsse wappnen?

Der Nasse: In den Drogen wirken sowohl Luzifer als auch Ahriman. Luzifer ist derjenige, der das Rauscherlebnis initiiert und den Menschen herausführt, Ahriman bewirkt in der Droge die Ausführung im Körper. Man kann also beim Drogenkonsum durchaus diesen beiden Wesen begegnen. Je nach Herkommen der Droge gibt es ein Überwiegen der einen oder der anderen Seite.

Die pflanzlichen Drogen sind mehr luziferisch, die chemischen mehr ahrimanisch. Damit kannst Du auch die von Dir genannten einteilen.

Die Drogen bewirken eine Herausführung des Ich aus der materiellen Welt. Die Welt, welche das Ich dann erreicht, wird geprägt durch die dunklen Wesen. Halluzinationen sind durch Luzifer geprägt, während Horrortrips und Brillanz des Denkens zu Ahriman weisen.

Junge Menschen kann man am besten davor bewahren, indem man ihr Ich stärkt. Dazu gehört, daß man ihnen die Möglichkeit zur übersinnlichen Erfahrung zeigt, wie etwa Meditation, Musik, Kunst und Kultus.

Haschisch und LSD

Frage: Die Droge Marihuana geraucht und das Halluzinogen LSD eingenommen entfalten im Menschen je eine befindlichkeits- und bewußtseinsverändernde Wirkung. Inwieweit ist das Wirksamwerden der genannten Substanzen im Menschen auf die entsprechende Pflanzenwesenheit oder deren Tätigkeit zurückzuführen? Verbindet man sich ätherisch mit dem Pflanzengeist oder gewährt ihm Zugang ins eigene Wesensgefüge und hat deshalb astralische Erlebnisse? Und inwieweit ist die Drogenwirkung auf das Materielle zurückzuführen?

Der Grüne: Im LSD sind noch Reste des Mutterkorns zu finden. Es ist allerdings durch den Menschen sehr stark verwandelt worden. Beim Hanf ist die Veränderung nur unwesentlich, je nach Form etwas mehr oder weniger. Die Pflanzenwesen des Hanfs befinden sich auf anderen Höhen als die des Mutterkorns. Das Hanfwesen ist schon bedeutend näher an der Erde. Dadurch wirkt Hanf auch eher im reinen Gefühlsbereich.

Der Mensch begibt sich auf falsche Weise auf die Ebenen der Pflanzenwesen. Dadurch verliert sein Ich zum Teil ganz stark an Kontur. Es „verjüngt" sich wieder. Durch die Manipulation des Menschen ist der Handelnde aber der Mensch, nicht das Pflanzenwesen. Er besucht es quasi.

Die starke Veränderung des Menschen bei LSD führt zu der Gehirnwirkung, da sie dem menschlichen Gehirn entsprungen ist. Dieser Gehirnaspekt „besucht" das ferne Mutterkorn.

Frage: Könnt Ihr die Wirkung von Cannabis auf Menschen beschreiben? Zehrt Ihr auch mit von Pflanzen, ihren Giften, Säften, oder macht Ihr diese?

Der Nasse: Einige von uns machen diese. Dabei sind in der Hauptsache Undinen beteiligt. Sie sind die Weltenchemiker. Andere wiederum nutzen die Säfte von Pflanzen, um ihnen kosmische Wirkungen zu entnehmen. Von der Materie selber zehren wir nicht.

Cannabis ist ein Gift der Hanfpflanze und verführt das Ich des Menschen dazu, seine derzeitige Inkarnation als unwichtig anzusehen und die irdischen Handlungsmöglichkeiten zu fliehen. Gleichzeitig wird das Ich dadurch sehr geschwächt, und es werden ihm karmische Möglichkeiten genommen. Diese muß der betreffende Mensch irgendwann noch einmal versuchen zu ergreifen. Die chemischen Prozesse im höheren Sinne sind den Menschen der jetzigen Zeit nur sehr schwer zugänglich. Über die Physik kommt er meist nicht hinaus. Chemie läßt die Möglichkeit entstehen, mit dem Leben direkt, als Leben, zu experimentieren. Ohne Einsicht in die Zusammenhänge ist dies sehr gefährlich.

Alkohol

Frage: „Gespräche mit Müller", Bd.1, S.223, Der Große: „Die Wesensglieder unterhalb des Ich beginnen, sich gegen das Ich aufzulehnen (...) bei kontinuierlicher Anwendung von Alkohol." – Wann ist das Ich stark genug, um das seelisch und physisch auszugleichen und abzuhalten?

Der Große: Das Ich des Menschen ist stark genug, den Alkohol zu besiegen, wenn es frei geworden ist. Das bedeutet, daß es hier und immerdar sich als ein Geistiges erlebt und nicht mehr als ein Irdisches. Dann beginnt es, die niederen Wesensglieder zu führen aus geistigen Wirklichkeiten heraus und nicht mehr aus irdischen.

Dieser Zustand tritt ein, wenn das kontinuierliche Wahrnehmen der geistigen Welt im Tagesbewußtsein erreicht ist. Die Ohnmacht der Schwere, die Bindung des Geistes in der Materie, ist dann veränderbar. Der Mensch herrscht, die Materie gehorcht.

Frage: Warum werden die Verbindungen zu sämtlichen Geistwesen bei Alkohol verändert?

Der Große: Die Wahrnehmungen werden verändert, und sie sind die Anker der Verbindungen. Das Astralische erlangt Gewalt über die Wahrnehmungen und verbiegt sie zu seinen egoistischen Zwecken. Die Geistwesen können dann den Menschen ihrerseits nicht mehr erkennen, sondern nehmen nur noch das Mensch-Tier wahr. Der Umgang entspricht dann einer Art Umgang im Traumbewußtsein. Dieser ist deutlich anders als der wache. Alkoholisierte Menschen können deshalb viel einfacher die Dämonen um sich herum wahrnehmen.

Frage: Wird die Ich-Wirkung des Christus bis in unser Blut durch die gegenteilige Wirkung von Alkohol gestört?

Der Große: Christus kann in der jetzigen Zeit nur mit dem wachen Menschen arbeiten und wirken. Der Alkohol führt zum Herabdämpfen des Bewußtseins. Das Ich kann dann die Hilfe des Christus bei seiner Manifestation im Blut nicht mehr erreichen. Durch den Alkohol im Blut wird der Platz des Ich, damit der Ort des Christus im Menschen, belegt.

7. Abschnitt: Energieformen und Medien

Sonnenenergie

Frage: Im Zusammenhang mit der Suche nach alternativen Energiequellen wird vielfach die Nutzung der Sonnenenergie propagiert. Für mich ist die Sonne der uns sichtbare Teil der kosmischen Liebe. Darf der Mensch diese für das Leben auf der Erde so notwendigen Christus-Liebekräfte umwandeln in elektrischen Strom zur Befriedigung unserer irdischen Bedürfnisse?

Der Feurige: Für die feurigen Wesen, welche sich opfern, damit die Menschen Strom zur Verfügung haben, bleibt der Vorgang gleich. Es ist ganz egal, woraus Ihr Energie erzeugt. Allerdings macht es qualitativ einen gewaltigen Unterschied, wo der Ursprung der zu verwandelnden Energie ist, sowohl für die Feuerwesen wie auch für die Mutter Erde. Die Sonne ist der sichtbare Anteil der Liebe des Christus. Sie ist frei geschenkt. Der Strom daraus ist folglich aus Liebe gemacht. Ein nachdenkenswerter Nachteil: Diese Liebe, welche Ihr verstromt, erreicht die Mutter Erde nicht. Es beschleunigt den sklerotischen Prozeß.

Zur Zeit ist eine Energieabgabe der Erde an den Menschen relativ günstig, da sie in kleinen Anteilen dem globalen Erwärmungsprozeß entgegenwirkt.

Frage: Gibt es eine - den Menschen bisher noch unbekannte - Methode, Sommerwärme für den Winter zu speichern?

Der Feurige: Ja. Wenn Ihr Menschen lernt, das Feuer und den Stein zu verknüpfen, werdet Ihr sie finden.

Geheime Energieformen

Frage: Viele alternative Techniker suchen nach einer noch unbekannten oder (von Menschen) geheimgehaltenen Energieform. Sie sprechen von freier Energie, Tachyonen-Energie, Anti-Gravitationskraft, Äthermaschine, Stradermaschine oder ähnlichem. Ich bezweifle nicht das Vorhandensein noch nicht öffentlicher Energiequellen, hielte aber einen Zugang der Menschen zu solchen aus ihrer heutigen gesellschaftlichen Konstitution heraus für gefährlich. Meine Konzentration gilt dann der Gestaltung der technischen Prozesse, so daß sich die daran und darin beteiligten Elemente wohlfühlen. Oder haben gerade jene Kreise, die sie am allerwenigsten haben sollten (z.B. die Militärs - siehe Diskussion um die B2-Spirit-Bomber), diese Kräfte schon teilweise zur Verfügung, und wir sollten alles daran setzen, sie den anderen Menschen zugänglich zu machen, daß das Gesundende daran gestaltet werden und zum Tragen kommen kann? (Außerdem könnte es den Menschen - ich schließe mich da gar nicht aus - zum Aufwachen aus dem einseitig materialistischen Weltbetrachten verhelfen.)

Der Nasse: Es gibt zum gegenwärtigen Zeitpunkt noch keine militärischen Anwendungen eher geistiger Energieformen. Dem Militär steckt eine tiefe Abneigung gegenüber der Geistigkeit dieser Energie in den Knochen.

Es ist für die jetzige menschliche Gesellschaft sehr wichtig, wenn ihr neue Energieformen zugänglich gemacht werden. Alles, was der Freiheit des einzelnen Menschen entgegenläuft, blockiert die Weiterentwicklung der Menschheit. Nur durch die Anwendung in Freiheit kann die Ätherenergie, in welcher Form auch immer, gesundend auf Welt und Kosmos wirken.

Elektrizität

Frage: Wie wirken elektrische Felder auf die Naturgeister, z.B. die von Weideeinfassungen?

Der Feurige: Da müßtest Du jetzt gesagt haben, welche Naturgeister Du meinst. Die Felder wirken verschieden, je nach Art der Wesen. Allgemein dazu: Elektrizität erzeugt Nervosität bei uns. Mein Freund, der Nöck, beschrieb einiges davon bei seinen Antworten. Elektrische Felder stören die kosmischen Strömungen. Sie machen es den Schöpfergeistern schwerer, die Erde zu erreichen. Die Pflanzen haben dadurch verstärkt Probleme, die Große Pflanze zu erreichen. Es treten eher eigenmächtige Veränderungen auf.

Atommüll und Radioaktivität

Frage: Die Castor-Transporte mit Atommüll hinterlassen im Wendland verbrannte Erde. Was bedeutet ein derartiger Castor-Transport für die Natur und die Naturgeister in der unmittelbaren Region, und wie wirkt der Atommüll im Zwischenlager auf die Umgebung? Wie können die Menschen unterstützend und helfend eingreifen?

Der Nasse: Der Atom-Transport und das Zwischenlager in Norddeutschland haben auf drei verschiedenen Ebenen Einfluß, von der geistigen über die irdische bis in die unterirdische Ebene. Das Schwierigste für uns Naturwesen ist das Geschehen, das sich auf der astralen Ebene abspielt, denn dort treffen ungeheuer viele Wut-, Haß-, Angst-, Geiz- und Gierkräfte aufeinander, welche zu großen Teilen diesen Transport begleiten bzw. durch ihn entstehen. Und den Naturwesen der Region, die ihre Arbeit machen wollen, werden diese Wut- und Verzweiflungswesen aufgebürdet. Es ist sehr mühsam, sich dieser Wesen zu erwehren und sich von ihnen nicht beeinflussen zu lassen. Sie begleiten den Transport und liegen wie eine Glocke über dem Zwischenlager.

Diese Wesen sind für die örtlichen Naturwesen die schwierigsten, weil sie die Wiesenwesen behindern, sich um die Wiesen zu kümmern, weil sie die Braunen behindern, sich vernünftig um die Tiere zu kümmern, und weil sich alle anderen Naturwesen gleichermaßen bei ihrer Arbeit immer gegen diese Aggressionswesen durchsetzen müssen. Durch diese astralen Wesen wird die Qualität der ätherischen Landschaft verändert. Die Wutwesen mindern die Qualität der biologischen Produkte, die in dieser Gegend angebaut werden. Im November, wenn die Transporte stattfinden, liegen die Felder in der Brache, und der Kosmos soll sich hineinweben. Wenn dann auf die gerade geöffnete Winterfurche diese astralischen Kräfte wirken, ziehen diese auch ein bißchen mit in den Boden ein.

Die Bodenwesen und die Erde selbst sind natürlich an dieser Stelle durch den toten Tod besonders betroffen, und ganz besonders betrifft es den Ort des Endlagers. Habt Ihr überhaupt eine Vorstellung, wann dieses Ende ist?

W.W.: Nein.

Der Nasse: Es werden an dieser Stelle Stoffe eingelagert, die nicht mit den Erdgeistern und Steinwesen dieses Ortes abgestimmt wurden und die toter sind als der Tod. Diese Stoffe sind nicht mehr zu durchlichten. Sie sind jetzt schon Schlacke und können von den Menschen nicht mehr durchlichtet werden. Die Schlacke der Atomkraftwerke kann der Mensch nie wieder aufbereiten im geistigen Sinne. Sie werden wie ein Geschwür in die Erde hineingegeben. Und dieses Geschwür verbreitet Tod. Es verbreitet Tod als Qualität, nicht als Tätigkeit. Atommüll liegt auf einem tieferen Niveau als die normale Materie, er bildet einen Leib unterhalb der Materie. Momentan ist er dabei, diesen Leib zu bilden – deshalb könnt Ihr ihn noch sehen. Atommüll ist auf dem Wege, eine Leiblichkeit zu bilden, wie sie die Gnomen haben. Mit Atommüll schädigt Ihr also auch ganz massiv die Leiber derjenigen Wesen, die zwergenhaft sind.

W.W.: Inwiefern werden die Gnomen geschädigt?

Der Nasse: Ihr Leib wird dichter, und sie können nicht mehr so gut durch den Boden wandern. Sie werden in die Nähe einer dichteren Materialität gezwungen und können sich dann nicht mehr so gut durch die Materie hindurchbewegen. Dann können die Gnomen nicht mehr so gut im Wurzelbereich und die Zwerge nicht mehr so gut im Metallbereich tätig werden.

W.W.: Die Gnomen haben einen untersinnlichen Bereich, die Radioaktivität ebenfalls. Beides wird aber kaum dasselbe sein. Kannst Du dies etwas differenzieren?

Der Steinerne: Es ist die gleiche Daseinsebene gewesen gewesen. Es ist beides untersinnlich gewesen. Aber es ist nicht das gleiche. Ihr habt im Sinnlichen auch verschiedene Daseinsformen, aber auf einer Ebene. So mußt Du Dir das vorgestellt haben. – Du hast mich nicht verstanden gehabt!

W.W.: Nein.

Der Steinerne: Wenn Du Dich umschaust, kannst Du Steine, Pflanzen, Tiere und Menschenleiber sehen. Sie alle haben eine andere Qualität. Und so können wir atomare Leiber, Gnomenleiber und andere Leiber unterscheiden. Auf dem Niveau der untersinnlichen Leiber ist es vom Prinzip her so wie im übersinnlichen Bereich, wo es auch verschiedene Leiber gibt. Es ist gut, wenn Du Dir das als Bild nimmst.

Und nun erschafft Ihr kranke Wesen, nämlich Eure Atommüllwesen, und die sind nicht lieb! Sie greifen die anderen Wesen an. Sie versuchen sogar, sie aufzufressen, um gesund zu werden. Das ist allerdings ein etwas holzschnittartiges Schwarz-Weiß-Bild.

W.W.: Kannst Du sagen, wie der Mensch helfend gegen die Atomstrahlungen einwirken kann, bei den Transporten und beim Zwischenlager?

Der Steinerne: Einer der besten Wege, helfend einzugreifen, ist, entlang der Transportwege und um den Zwischenlagerort herum mit biologisch-dynamischen Präparaten zu spritzen, speziell mit dem Kieselpräparat. Damit kann man eine Art Strahlenwand aufrichten. Gut könnte man auch wirken, indem man Lebensbaum entlang dieser Strecken pflanzt. Thuja ist ein Baum gewesen, welcher die atomare und jede schädliche Strahlung absorbieren kann, weil er so viel Kraft gehabt gehabt hat.

Eichbine: Thuja ist aufgrund ihrer merkwürdigen Nadeln so konstruiert und aufgrund des merkwürdigen Geruchs, den sie ausströmt, daß sie in der Lage ist, schädliche Strahlungen sozusagen in kleine Kügelchen zu füllen und damit unschädlich zu machen.

Virtuelle Welt

Frage: Ich bin in der Medienbranche - vor allem im Internetbereich - tätig und habe eine Bitte um Ratschläge und Anregungen. Wie kann diese Branche - mit ihrem großen Einfluß auf den heutigen Menschen - dazu beitragen, dessen Aufmerksamkeit auf die reale Welt um ihn herum zu lenken, anstatt ihn in eine virtuelle Welt zu saugen? Wie können die Instrumente, die derzeit hauptsächlich zur Manipulation des Menschen genutzt werden, in einem freilassenderen Sinn eingesetzt werden? Das meine ich zum einen in bezug auf gemeinnützige Projekte und den Kulturbereich, aber auch auf das Alltagsgeschäft, in dem ganz normale Produkte oder Dienstleistungen beworben werden und Geld verdient wird.

Der Große: Du fragst, wie man den Teufel gut machen kann. Das ist in der heutigen Zeit noch sehr schwierig für Euch Menschen.

Die virtuelle Welt wird besonders durch den Wunsch der Anwenderfirmen und Programmierer darin gestärkt, sich in ihr zu verlieren. In dem Moment, in dem die Programmierer, d.h. die Gestalter der virtuellen Welt, beginnen, nicht mehr im Computer zu verschwinden, sondern vor ihm sitzenzubleiben, wird auch ihre Anwendung bzw. ihr Programm diese Wirkung haben. So weit läßt sich der Vorgang als Bild schildern.

Versuche das, was Du in der Programmierung tust, als Kunst zu sehen! Setze es heraus aus Dir und bearbeite es von außen. In dem Moment gibst Du dem Benutzer die Möglichkeit, damit frei, Du sagst freilassend, umzugehen.

Die Menschen, welche mit Deinen Produkten umgehen, sollten ein Schönheitserlebnis haben. Sie werden dann zum Betrachten und Erkennen wiederkommen und nicht zum Drin-Versinken und Sich-Verlieren. Funktional sollte es trotzdem sein, da auch in guten Funktionen, welche von datentechnischen Notwendigkeiten befreien, sehr viel Schönheit sein kann.

Schönheit ist immer real! Die Virtualität ist nicht schön, sondern faszinierend. Das führt zum Verlust der Realität.

Computerschädlichkeit

Frage: Ich kann mir gut vorstellen, daß alles Negative, was über den Einfluß des Computers gesagt wird, richtig ist, und daß ahrimanische Kräfte dort ihr Wesen treiben. Besonders für Kinder muß diese Erfindung wirklich schädlich sein. Wenn man dieses Instrument dafür benutzt, viel Nützliches und Wertvolles zu entdecken – die FLENSBURGER HEFTE habe ich z.B. per Internet gefunden – oder für die Korrespondenz mit der Familie oder mit Freunden oder für schriftliche Arbeiten und Übersetzungen usw., kann man damit den schädlichen Einfluß der ahrimanischen Kräfte zu einem gewissen Grade abmindern?

Der Große: Man kann, d.h. Mensch kann. Es ist bei Menschen so: Es kommt immer darauf an, mit welchen Gedanken, Gefühlen und Willenskräften sie an ihre Aufgaben herangehen. Der Computer entfaltet dann seine schlechte Macht am stärksten, wenn mit ihm Macht ausgeübt werden soll. Auch Gier, Geiz, persönliche Befriedigung, Voyeurismus, Klatschsucht u.ä. Motive der Benutzung verstärken seine schlechten Kräfte.

Geschwächt werden diese durch die Benutzung als Werkzeug. Der beste Umgang ist der mit möglichst wenig seelischer Anteilnahme am Computer selber. Der Brief an die Tochter sollte natürlich seelische Anteilnahme an der Tochter zeigen.

Behaltet den Computer als Sache und Werkzeug im Bewußtsein und nicht als Partner und Gegenüber!

8. Abschnitt: Erde / Wetter / Zeit

Kontinentalverschiebung

Frage: Ist die Gebirgsbildung der Parallelprozeß zur plattentektonischen Erdverschiebung?

Der Steinerne: Geistig gesehen sind Gebirgsbildung und Plattentektonik, also die Verschiebung der Erdteile, ein Prozeß, bei dem sich die Machtverhältnisse der Schöpfergeister (Dynameis und Throne) verlagern. Die Gebirge und die Tektonik werden dadurch aufrechterhalten, daß sich an der Stelle, an der sich die Willen dieser beiden Hierarchien kreuzen, Materie entsteht. In dem Moment, in dem diese beiden Hierarchien in einem positiven Sinne ihre Macht verändern, indem sie selber wachsen, verschieben sich die Kontinente auf der Erde, und der Ausdruck der Dauer, der Willensausübung, prägt die Höhe der Gebirge.

Zwei hohe hierarchische Wesenheiten kreuzen ihre Willen. Das Andauern des Kreuzens der Willen läßt Dauer entstehen. Durch die Stärke entstehen die Gebirge. Durch die Drehung, durch die Verschiebung, entsteht die Plattentektonik.

Frage: Wie kann man nachvollziehen, daß die Fixsterne für die Kontinentalverschiebung zuständig sein sollen?

Der Steinerne: Habe ich doch eben erklärt gehabt gehabt. Die Fixsterne sind der sichtbare Ausdruck der hohen hierarchischen Wesen. Wenn die hohen Hierarchien für die Kontinentalverschiebung zuständig sind, sind die Fixsterne das Abbild dessen im Sichtbaren gewesen und werden es auch noch gewesen gewesen sein und werden es auch einfach bleiben.

Frage: Wie lassen sich die okkulten Gliederungen des Erdinneren entstehungsmäßig erklären?

Der Steinerne: Die okkulten Gliederungen sind durch die Ausgliederungen der Planetensphären entstanden. Die Anlagen dieser Gliederung sind bei den Austritten aller einzelnen Planeten entstanden. Einstmals umschloß die Materie alle Planeten bis zum Saturn, was nicht ganz richtig gewesen ist, aber zur Vereinfachung mag dieses Bild dienen. Diese Hüllen sind die physikalischen Entsprechungen für die okkulten inneren Schichten der Erde. Verstanden gehabt? Gute Frage gewesen!

Wetter

Frage: Die Pflanzen- und Tierwelt leidet ganz offensichtlich unter Dürre. Was können wir Menschen jetzt konkret für gutes Wetter tun? Helfen unsere Gedanken? Wie können wir unsere Verantwortung ergreifen?

Der Nasse: Das Wetter wird beeinflußt durch die astralen Kräfte der Menschen. Wenn Ihr das Wetter verbessern wollt, müßt Ihr das Wetter nicht als schlechtes, sondern als notwendiges Wetter sehen. Regen ist nicht schlecht. Je weniger Menschen denken, daß Regen schlecht ist, und je mehr Menschen denken, daß er notwendig ist oder gar schön, desto mehr werden große Dürreperioden in den Gebieten, in denen viele Menschen angesiedelt sind, verhindert werden können. Wir Wassergeister, speziell unsere Undinen, sind ein wenig unwillig geworden, wenn Ihr sie immer dann, wenn sie zum Himmel aufstiegen bzw. sich herabsenken wollten, als schlechte Wesen bezeichnet habt. Je mehr Menschen sich damit befassen, anhand der Planetenkonstellationen ein Gespür für die kosmischen Anteile des Wetters zu entwickeln, desto einfacher können sie andersherum mit ihren Wünschen und Gefühlen das Wetter beeinflussen, auch global.

Für die Dürregebiete ist es gut, hier einen Baum als Vertreter der Pflanzen des Steppengebietes im Sommer zu adoptieren, ihm regelmäßig gut zuzureden und ihm eine große Gießkanne Wasser zuzuführen. 10 Liter am Abend würden ihm guttun.

Polarlicht

Frage: Was verbirgt sich hinter dem wunderbaren Farbenspiel des Polarlichts?

Der Luftige: Polarlichter sind die sichtbar gewordene Sprache der Engel.

Der Große: Die Engel stellen in der Form des gleichmäßig scheinenden Polarlichts die Wechsel ihres Sonnenbezuges dar. Bestimmte Engelhierarchien wechseln in bestimmten Zeiträumen ihre Stellungen zur Sonne. Diesen Wechsel zeigen sie der Erde an. Menschen und Wesen, die durch die unterschiedlichen Farben des Polarlichtes im gleichmäßigen Schein diese Wechsel begreifen können, sehen darin recht hohe Hierarchien. Dieses Wechsel- und Farbenspiel geschieht immer auch unter Beteiligung des Christuswesens im Sonnensein. Das ist wichtig. Physikalisch drückt sich das dadurch aus, daß man Sonneneruptionen, Sonnenfleckentätigkeit und speziell Sonnenflares mit bestimmten Polarlichtsituationen verknüpfen kann. Erhöhte Sonnentätigkeit, die durch Flares und andere Sonneneruptionen zu beobachten ist, zieht auch verstärkte Polarlichttätigkeit nach sich. Es ist dies geistig gesehen die Abstimmung und Veränderung der Machtstellung der höheren Hierarchien zum Sonnenchristus. Dies zeigt das Polarlicht.

Wenn man sich viel Zeit nähme und mit großem inneren Respekt an diese Frage ginge, könnte man vorsichtig versuchen, die Polarlichter farblich auseinanderzudividieren und die Wechselvorgänge zu deuten. Eskimo-Eingeweihte konnten anhand der Polarlichterscheinung den Aufstieg der Christuswesenheit in die ätherische Welt erkennen. Ein Wiedererscheinen dieses alten Wissens und ein Bewußtwerden der mitteleuropäischen Menschen dafür sind daran abzulesen, daß der neu entdeckte Himmelskörper den Namen einer Eskimogöttin, nämlich Sedna, erhalten hat.

Des weiteren ist das rhythmische Auftreten der Polarlichter die Kommunikation der Engel mit geistigen Wesenheiten auf der Erde, die im nördlichen Polarbereich der Erde, also im hyperboräischen Gebiet, die Möglichkeit haben, die hyperboräische Geisteskonfiguration der Menschen wiederherzustellen und die Nordlichtfarben und -schwingungen aufzunehmen.

Der Mensch, der der Erscheinung des Polarlichts gegenübertritt, erlebt das Farbenmeer nicht nur im Raum, sondern er erlebt das Geschehen auch intern im Mikrokosmos widergespiegelt. Deswegen ist das Erlebnis der persönlichen Nähe da. Das Polarlicht ist aber dennoch kosmisch vorhanden. Das menschliche Auge ist nicht in der Lage, vor dem Hintergrund des gestirnten Nachthimmels eine Entfernung abzuschätzen. Deswegen entsteht der Eindruck der großen Nähe zum Geschehen – bis dahin, daß man es einem persönlichen Erlebnis gleichsetzt. Das Nordlicht macht aber im Mikrokosmos tatsächlich eine Abbildung dieser hierarchischen Gespräche, macht ein Miterleben an ihnen möglich.

Des weiteren sind dort auch einander widerstrebende Willenswirksamkeiten ausgedrückt. Es ist nicht immer nur Gleichklang unter diesen hohen Wesen, und die Auseinandersetzungen solcher verschiedenen Impulse drücken sich in den zum Teil recht wilden und aufrüttelnd zu erlebenden Polarlichtern aus.

Der Nasse: Die Wesenheiten der Sylphen und Undinen sind am Geschehen des Nordlichts besonders beteiligt. Der Magnetismus im Erdumfeld wird durch Undinen hervorgerufen, die nicht mehr und noch nicht an die Erde gebunden sind. Magnetismus ist nichts anderes als verwandelte Undinen, die in eine andere geistige Ebene auf- oder abgerückt sind. Es gibt zwei Formen des Magnetismus: den niederen und abgestorbenen Magnetismus, der den Todesleib beschreibt, und die Form des fortgeschrittenen Magnetismus im Sinne des Auferstehungsleibes. Beides sind aber Undinentätigkeiten. Die Undinen reagieren beim Nordlicht mit auferstehungsleibartigem Magnetismus wegen der Anwesenheit des Auferstehungsleibes des Christus im Ätherisch-Sonnenhaften.

Der Luftige: Die Sylphen wiederum sind diejenigen, die in der umgewandelten Seelenhaftigkeit in Farben die Sprache der Engel darstellen. Es gibt umgewandelte Sylphenqualitäten, die dem Lebensgeist des Menschen entsprechen. Mit diesen Qualitäten oder Fähigkeiten können die Sylphen das Zwiegespräch oder den Streit hoher hierarchischer Wesen darstellen.

Der Nasse: Ich möchte noch kurz anfügen, daß es sich bei den Undinen um eine Neptunqualität handelt und bei den Sylphen um eine Uranusqualität.

Zeit

Frage: Zur Zeitqualität: Die Zeit vergeht im Fluge, man schafft heute in denselben Zeitspannen viel weniger als früher, Streß und Hetze machen sich breit. In der Apokalypse ist von Verkürzung der Zeiten die Rede. Ist dies ein objektives Phänomen? Wie ist es zu verstehen, und wie kann man sich dazu stellen?

Der Große: Jeder Mensch hat auch ein subjektives Zeitempfinden. Durch die unglaublich starke Derhythmisierung des menschlichen Lebens in zivilisierten Gegenden gerät das menschliche Zeitgefühl aus seinem eigenen Rhythmus. Der Mensch nimmt deshalb den Rhythmus seiner Zeit nicht mehr vollständig wahr. In Ländern, in denen eine stärkere allgemeine Rhythmisierung wegen der weniger ausgeprägten Zivilisation gegeben ist, herrscht meist ein ausgeglicheneres Zeitempfinden. Die Menschen in den mitteleuropäischen Städten sind im ganzen gesehen oft nicht einmal mehr in der Lage, den Rhythmus der wechselnden Jahreszeiten wahrzunehmen. Viele Menschen nehmen nicht einmal mehr wahr, ob der Tag, an dem sie dies oder jenes erledigen, sonnig ist oder regnerisch. Ihr lebt stark außerhalb der Bahnen des natürlichen Rhythmus. Bringt Euch wieder in die Bahnen des Sonnen- und Mondenrhythmus, und das Problem wird sich erledigt haben.

9. Abschnitt: Ernährung

Bewußte Ernährung

Frage: Ehrenfried Pfeiffer stellte 1924 an Rudolf Steiner folgende Frage: „Wie kommt es, daß trotz Ihrer großen und zahlreichen Anweisungen der geistige Impuls, insbesondere der innere Schulungsweg, in den einzelnen Menschen so wenig wirksam wird und die Betreffenden trotz ihrer Bemühungen so wenig Manifestation des geistigen Erlebens aufweisen können? Wie kommt es vor allem, daß trotz theoretischer Einsicht der Wille zur Tat, zur erfolgreichen Durchführung der geistigen Impulse so schwach ist?"

Rudolf Steiner antwortete: „Dies ist ein Ernährungsproblem. So wie die Ernährung heute gestaltet ist, gibt sie den Menschen nicht mehr die Kraft, das Geistige im Physischen manifest zu machen. Die Brücke vom Denken zum Wollen und Handeln kann nicht mehr geschlagen werden. Die Nahrungspflanzen enthalten gar nicht mehr die Kräfte, welche sie den Menschen geben sollten." (Ein Leben für den Geist, E. Pfeiffer, Basel, S.148)

Wie sieht das denn heute, 80 Jahre später, aus?

Im „Landwirtschaftlichen Kurs" hat Rudolf Steiner außerdem gesagt, daß die Menschen am Ende des Jahrhunderts vor vollen Töpfen verhungern werden! Manchmal denke ich, es ist ein Wunder passiert, denn es gibt noch gutschmeckende Nahrungsmittel auch ohne Demeter und Bio! Und trotz „normaler" Kost findet man viele ringende und strebende Menschen! Wenn ich aber mich selbst umschaue, neige ich eher dazu zu sagen, es stimmt. Denn ich empfinde sehr starke leibliche Widerstände (Müdigkeit, Schwere, Hunger, Schwäche, Erschöpfung etc.) gegenüber dem geistigen Ringen. Und doch habe ich mich bisher gewehrt, bei der Ernährung anzufangen und für mich z.B. gegenüber meiner Familie etwas extra zu wollen. Das führt zum zweiten Teil meiner Frage bezüglich der Ernährung:

Kann man gerade durch das soziale Miteinander im Essen, wenn es gelingt, das Für-sich-etwas-Wollen dem Gemeinsamen unterzuordnen, die fehlenden Kräfte der Nahrung ersetzen? Ich kenne Anthroposophen, die sagen: für sich Demeter-Kost zu verlangen, ist nichts als Egoismus!

Der Grüne: Auch Nahrungsmittel, die nicht aus biologisch-dynamischem Anbau stammen, kann man zu Lebensmitteln verbessern, indem man ihrer Zubereitung größtmögliche Liebe und Sorgfalt zukommen läßt. In diesem Moment fühlen sich die Pflanzenwesen dieser Lebensmittel angesprochen, in ihrer Aufgabe gewürdigt, und sie verstärken dann freudig die Lebenskräfte dieser Nahrung. Die Zubereitung sollte keinesfalls unter dem Aspekt geschehen: „Das ist aber schlecht, daß ich so schlechte Nahrung habe". Dadurch werden die zerstörenden Kräfte gestärkt. Der Gedanke an das Abendmahl steigert dann zusätzlich den Nahrungswert der Lebensmittel. Liebevoll zubereitete „schlechte" Nahrungsmittel sind weit lebensvoller als gleichgültig und lieblos zubereitete biologisch-dynamische Lebensmittel. Segne Deine Nahrung!

–

Diese Antwort gab ich einer alten Dame, die kein Geld hatte, sich hochwertige Lebensmittel zu kaufen. Das beantwortet das meiste Deiner Frage. Der Umgang mit den Nahrungsmitteln ist in den letzten 80 Jahren im mitteleuropäischen Raum sehr viel bewußter geworden, in jeder Hinsicht. Dies motiviert uns Grüne, lebendigere Nahrungsmittel zu gestalten. Zusätzlich ist natürlich ein gemeinsames Essen im Sinne einer Eßkultur/Eßkunst sehr positiv und zukunftsfördernd. Soziales Handeln, künstlerisch gestaltet, auch beim Essen, holt gute Geister auf die Erde.

Brot und andere Nahrungsmittel

Frage: Wir Menschen ernähren uns von den Geschenken der Natur, von Obst, Gemüse, Pflanzen, Eiern, Milch, Fisch und Fleisch. Sie werden von uns Menschen angebaut, geerntet, gefangen oder gezüchtet und auch zubereitet. Aber sie dienen nicht nur uns Menschen als Speise, sondern davon ernähren sich auch die Tiere. Brot gibt es so nicht in der Natur. Um Brot zu haben, muß der Mensch mit der Natur zusammenarbeiten. So ist Brot eine Kulturfrucht, die eigentlich nur von uns Menschen gespeist wird.

Wie oder durch was unterscheidet sich das Brot von den anderen Nahrungsmitteln?

Markert über den Zwerg Konradin: Das Brot ist durch einen Gottesdienst im urpersischen Reich entstanden. In den Apokryphen wird das so dargestellt, daß Adam nach der Vertreibung aus dem Paradies feststellte, daß die Früchte der wilden und zahmen Tiere anders schmecken als die Paradiesesspeise. Weil er darob traurig wurde, lehrte ihn Gott mittels seines Herzens, das Brot zu backen.

Jeder Gottesdienst läßt göttliches Licht auf die Erde herab. Dieses Licht wurde im Urpersischen im Brot manifestiert. Eine Wiederholung dessen und eine Erweiterung dessen werden in jeder Hostie durch die Verbindung des Christus mit dem Brote als seinem Leib gezeigt. Das Himmelslicht wird im Irdischen gebunden, als eßbare Substanz ist das nur im Brot der Fall.

Das Brot wird allerdings in der jetzigen Zeit durch die Widersachermächte so versucht zu manipulieren, daß so wenig Christussonne wie möglich hineinfließen kann.

Ein Mensch der heutigen Zeit, der auf den Verzehr von Brot verzichtet, verzichtet auf die Durchlichtung seines Körpers und bindet sich damit stark an die vergängliche Materie.

Nachfrage

Frage: Ich bemühe mich noch immer richtig zu verstehen, welcher Unterschied zwischen den Kräften besteht, die uns Menschen über das Brot vermittelt werden, und denen, die über die anderen Lebensmittel wie Pflanze und Tier vermittelt werden? Eine frühere Antwort an mich war: „Das Himmelslicht wird im Irdischen gebunden, als eßbare Substanz ist das nur im Brot der Fall."

Welches ist bei der Pflanze oder dem Tier, zubereitet als Speise, die eßbaren Substanz?

Kordon, Hüter der Körperelementarwesen: Wir elementaren Wesen entziehen den menschlichen Lebensmitteln ihre Essenz. Das können wir tun, ohne die Materie in uns aufzunehmen. Es ist eher anders herum: Wir sind in der Materie darinnen.

Die Materie als solche, z.B. der Stein, braucht keine Nahrung. Ihr genügt ihre Existenz, welche sie physikalisch gesehen der Schwerkraft der Erde verdankt. Die Schwerkraft der Erde zählt zu den physikalischen Wechselwirkungen, und zwar zu den schwachen. Hier bricht noch Euer Verstand. Die dort fließenden Kräfte sind nur massefrei zu beschreiben.

Ab den Pflanzen ändert sich das. Pflanzen nehmen etwas in sich auf, was durch Düngung vermehrt werden kann. Diese Aufnahme erfolgt im Bereich des Flüssigen. In ganz trockenem Boden nützt der beste Dünger nichts. Folglich ist das, was dort aufgenommen wird, eine Flüssigkeit, und wie Etschewit immer wieder predigt: Wasser ist Leben. Wenn jetzt also die normale Ernährung über das Wäßrige erfolgt, ist die Lichtsubstanz im Brot einen Schritt weiter.

Damit wären wir auf der astralischen Ebene. Der Mensch braucht zusätzlich geistige Nahrung, sonst kann er sein Menschsein nicht behalten. Diese Nahrung ist speziell auch dem Brot substantiell in Form der Wärmeprozesse mitgegeben.

Wie Du weißt, benötigt ein gutes Brot deren mehrere. Ihr nennt das Aufgehen. Damit ist auch gemeint: Aufgehen für den Geist.

Die Lebenskräfte tierischer Nahrung sind aggressiver als die pflanzliche Nahrung. Das kommt durch die starke Spezialisierung des Tieres und durch seine Fortpflanzungskräfte.

Die eßbaren Substanzen bei Pflanzen und Tieren sind also letztendlich die Lebenskräfte.

Neue Kulturgetreide?

Frage: Ein Wildgrasgetreidezüchter - jemand, der versucht, Wildgräser zu veredeln - hat mich dringend gebeten, an die Naturwesen folgende dreiteilige Frage zu stellen: Braucht die Menschheit in absehbarer Zeit neue Kulturgetreide, oder werden uns die jetzt vorhandenen Getreidesorten noch lange Zeit gesund ernähren? Wo sind neue Getreide zu finden, und wie können diese herangezogen werden (Beispiel: „Dicke Trespe" - Bromus grossus)?

Wenn neue Getreide gebraucht werden: Wieviel Zeit darf noch vergehen, bis sie einsatzfähig sind?

Der Grüne: Eigentlich nicht. Allerdings ist die Menschheit dabei, die Getreidearten dermaßen zu degenerieren, daß etwas geschehen muß, um weiterhin Brot haben zu können. Ihr Menschen solltet den Ursprung der alten Getreide in den Gräsern suchen und die Arbeit der persischen Priesterkönige mit Ich-Bewußtsein nachvollziehen. Dazu ist der bewußte Gebrauch der kosmischen Rhythmen notwendig. Die von Dir erwähnte Dicke Trespe wäre ein Beginn des Weizens.

Die jetzigen Getreidesorten sind alle auf Ertrag gezüchtet. Die Stärkebildung ist zu groß. Dadurch ist die Mitte des Getreides verlorengegangen. Bald ist der Mittenverlust so groß, daß die Hostie das Christuswesen nicht mehr aufnehmen kann.

Das kosmische harmonische Gleichgewicht ist aufgegeben zugunsten reinen Gewichts. Das Getreide wird dadurch bald keine gesunde Ernährung mehr möglich machen. Die Dauer beträgt etwa zwei Menschengenerationen. Das sind Deine Enkel!

Bei Ich-geführter kosmischer Rhythmisierung von Gräsern ist diese Zeit ausreichend für neues Brotgetreide.

Kartoffelverzehr

Frage: Wie entwickelt sich ein Mensch, der ein Leben lang, öfter als einmal wöchentlich, Kartoffeln verzehrt?

Der Nasse: Es hat eine Zeit gegeben auf dieser Erde, in welcher der Verzehr von Kartoffeln eine der Voraussetzungen für die Bewußtseinsseele und die individuelle Nutzung des Verstandes schuf. Diese Zeit ist in Mitteleuropa abgelaufen. Ein heutiger Mensch führt seinen Verstand durch den übermäßigen Verzehr von Kartoffeln in den Intellektualismus, in die kalte Intelligenz und in die materielle Raffgier. Dies ist aber im Einzelfall genau zu betrachten. Vor intellektualistischen Prüfungen kann ein vorübergehend erhöhter Verzehr von Kartoffeln durchaus positive Wirkungen haben. Es ist auch nichts generell gegen einen Kartoffelverzehr einzuwenden, wenn dieser die Kartoffel als Gemüse, und nicht als Grundnahrungsmittel betrachtet. Aus Sicht der Lebenskräfte des Menschen erhöht die Kartoffel das egoistische Aggressionspotential und drängt die Wahrnehmung der menschlichen Mitte zurück. Die Lebenskräfte werden nicht mehr als harmonisierend wahrgenommen.

Süßungsmittel

Frage: Kann der Grüne helfen, ein geeignetes Süßungsmittel zu finden, das den Zucker ersetzt? Wie schätzt er die Stewia-Pflanze als Süßungsmittel ein?

Der Grüne: Ihr könntet sehr viel mit den Dicksäften süßen. Dicksäfte könnt Ihr genauso zu feinkörnigem Zucker verarbeiten wie den herkömmlichen Zucker aus Rübe und Rohr. Fertigt Sirup aus diesen Pflanzen und trocknet ihn ein. Das ist mit Apfeldicksaft, Birnendicksaft, Agavendicksaft gut möglich. Agavendicksaft ist in den Trockengebieten Spaniens und Nordgriechenlands sehr gut zu kultivieren - auch in Kleinasien. Diese Dicksäfte könnte man in großen Mengen herstellen. Man könnte auch die überreichen Apfelernten, die auf den Deponien landen oder an Vieh verfüttert werden, zu Dicksäften verarbeiten und aus den Dicksäften zu Fruchtzucker kristallisieren. Europa hat Massen von zuckerartigen Süßungsmitteln zur Verfügung. In bestimmten Gebieten, wie z.B. dem Rhône-Delta, wären geeignete Gegebenheiten zum Zuckerrohranbau vorhanden.

Die Stewia-Pflanze und ihre Süße haben einen anderen Charakter als die beschriebenen Süßen. Es ist keine warme Süße, und sie geht eher in die Richtung der chemisch erzeugten Saccharine und Süßstoffe. Obwohl sie aus Pflanzenchemie, also aus Undinenchemie, und nicht aus künstlicher Chemie entsteht, ist es keine warme Süße.

Vitamine

Frage: Rudolf Steiner spricht immer wieder von den sogenannten Vitaminen. Gibt es überhaupt Vitamine? Was hat es mit ihnen auf sich?

Der Nasse: Rudolf Steiner sprach von den sogenannten Vitaminen, indem er sich auf ihren Namen als Lebensbringer bezog. Er wollte damit andeuten, daß die Funktion des Lebenspendens überschätzt wird. Natürlich gibt es Vitamine. Sie tun auch in etwa das, was ihnen zugesprochen wird. Heutzutage wird aber auf die Vitamine gar nicht so viel Wert gelegt wie auf die sekundären Pflanzenstoffe, die so etwas wie die Kinder der Vitamine sind. Es sind noch kleinere Einheiten, die das Immunsystem des Menschen und die ganzen feinen Wechselwirkungen im menschlichen Körper positiv beeinflussen. Pflanzen, die alle Inhaltsstoffe haben und auf gutem Boden kultiviert sind, bewirken im Körper des Menschen viel Besseres als Stoffe, die rein durch das Verdauungssystem geleitet werden. Jede synthetische Herstellung dieser Pflanzenstoffe mindert ihre Qualität deutlich, funktioniert aber. Der ganzheitliche Bezug und damit das richtige Einbinden in die ätherischen Prozesse ist mit einem solchen synthetisch hergestellten Vitamin verlorengegangen.

Lichtnahrung

Frage: Aus der „esoterischen Ecke" wird in letzter Zeit über das Phänomen der Lichtnahrung berichtet. Ist es dem Menschen wirklich möglich, ohne physische Nahrung auszukommen, und wenn ja, was für Auswirkungen hat es auf die elementarische Welt, die anderen Reiche, wenn der Mensch nicht mehr physische Substanz durch seinen Körper führt und verwandelt?

Der Große: Die Auswirkung wird sein, daß der Kampf gegen den Drachen behindert wird. Der Mensch ist auf und in der physischen Welt, um sie mit allen Sinnen wahrzunehmen. In dem Moment, in dem auf einen Sinn, in diesem Fall auf mehrere, verzichtet wird, verödet das durch diesen Sinn geschaffene bzw. zu schaffende innere Organ. Dadurch werden die Kenntnisfähigkeit in der nachtodlichen Welt und die Erkenntnisfähigkeit in der nächsten Inkarnation sehr stark beeinflußt. Der Mensch mag diese Beeinflussung dann möglicherweise als starke Beeinträchtigung erleben.

Durch das Fehlen von fester Nahrung wird auch im aktuellen Leben die soziale Wahrnehmungsfähigkeit herabgesetzt. Der physische Mitmensch wird als unberührbar und fern einem selbst wahrgenommen. Die Isolierung im eigenen Astralischen wird gefördert.

Die menschliche Freiheit im engen Sinne mag zur besonderen selbstbezogenen Vertiefung kommen.

Bei gelegentlichen Fastenübungen ist dieser Effekt vorübergehend sogar erwünscht.

Frage: Im Rahmen Ihres Angebots, an die Naturwesen Fragen zu stellen, hätte ich natürlich viele; aus aktuellem Anlaß aber ganz besonders eine, die aus dem Kontakt mit Menschen herrührt, die seit Jahren keine Nahrung zu sich nehmen – also weder essen noch trinken. Es scheint mir schier unglaublich, daß dies bereits zu unserer Zeit möglich sein soll, und so ergab sich die Frage an die Naturwesen, warum dies zunehmend mehr Menschen, auch in unserem Kulturkreis, möglich ist und wie ein derartiges Streben auf der spirituellen Seite erlebt und beurteilt wird.

Der Große: Durch das Fehlen von fester Nahrung wird auch im aktuellen Leben die soziale Wahrnehmungsfähigkeit herabgesetzt. Der physische Mitmensch wird als unberührbar und fern einem selbst wahrgenommen. Dic Isolierung im eigenen Astralischen wird gefördert.

Die menschliche Freiheit im engen Sinne mag zur besonderen selbstbezogenen Vertiefung kommen.

Bei gelegentlichen Fastenübungen ist dieser Effekt vorübergehend sogar erwünscht.

Der Luftige: Christus hätte das Abendmahl am ersten Gründonnerstag nicht eingesetzt, wenn Sein Licht allein genügt hätte, die Transformation der Erde einzuleiten.

Er brach das Brot (aus Getreide!) und segnete es und sprach: „Nehmet hin, dies ist mein Leib!" So hätte es wohl auf Deutsch geheißen. Den Wein übergab er den Menschen mit den Worten: „Nehmet hin, dies ist mein Blut!" In der Welt kann er gefunden werden, und nur so, durch den Leib hindurch, mit dem Leib und seiner Nahrungsverwandlung, kann die Erde lichter werden!

Mit anderen Worten: Die Lichtnahrung ist keine Mithilfe für die Menschheitsentwicklung, sondern eine Flucht aus und von der Erde.

Tiefkühlen und Erwärmen

Frage: Was bedeutet das elektrische Tiefkühlen für die Lebenskräfte in den Nahrungsmitteln und was das elektrische Erhitzen?

Der Nasse: Tiefkühlen ist Tiefkühlen, gleich ob die Kälte elektrisch erzeugt wird oder natürlichen Ursprungs ist. Zumindest gilt dies in bezug auf Nahrungsmittel. Beim Tiefkühlen entstehen große Wesen. Kältewesen sind großräumig. Daher umfassen sie die Kälte sehr gut. Die Lebenskräfte verziehen sich, sie werden ganz klein. Wenn sie zu lange so bleiben, gehen sie in die allgemeine Lebenskraft über. Wenn sie nur etwa für die Dauer einer Winterperiode so bleiben, erwarten sie noch den Frühling und können wieder wachsen. Hierin liegt ein großes Geheimnis.

Anders ist das bei der Wärme. Wärmewesen sind ganz klein und ganz vielfältig. Bei elektrisch erzeugter Wärme entsteht nur eine besondere Art von Wärmewesen, welche dem Menschen nicht sehr wohl gesonnen sind. Diese Wärmewesen sind erzwungene Opfer, sie können den Lebensmitteln keine Liebeswärme vermitteln.

Vakuumprozeß

Frage: Zur Herstellung von Lebensmitteln, aber auch Heilmitteln, wird heute nicht selten ein Vakuumprozeß eingesetzt. Ist das harmlos? Was geschieht da?

Der Nasse: Bei einem Vakuumprozeß wird versucht, das Wesen der Erde vom Objekt zu entfernen. Dadurch wird dem Objekt auch erdgebundenes Leben entzogen, was die physische Haltbarkeit (Nicht-Verrottung) heraufsetzt. Für manche Heilprodukte mögen die rein kosmischen Einwirkungen fördernd sein. Die Forschungen dazu sind nicht ausreichend durchgeführt. Für überwiegend physische Krankheiten ist es schädlich.

Nahrungsergänzungsmittel

Frage: Welche Wirkung haben Nahrungsergänzungsmittel?

Der Nasse: Nahrungsergänzungsmittel sind eine Reaktion verschiedener Wesen auf den Nährstoffverlust aller normalen Nahrungsmittel. Sie sind chemisch produziert oder verändert und bringen diese Wirkungen in alle Leiber des Menschen ein. Durch die Trennung des Menschen von gesundem Getreide passiert etwas ganz Grundlegendes. Der Mensch verliert die ihm wesensgemäße Nahrung. Getreide ist das Ergebnis eines höchst sakralen Geschehens. Daher wird beim Verzehr von Getreide etwas von diesem Geschehen in den gesamten Menschen aufgenommen. Durch Verzüchtung und chemische Behandlung sowie durch die abgestorbenen Böden enthält das meiste heutige Getreide viel zu wenig geistige Wirksamkeit.

Diese soll durch die Nahrungsergänzungsmittel ersetzt werden. Wenn die Nahrungsergänzungsmittel auf chemisch automatisiertem Wege erzeugt worden sind, dann enthalten sie sehr deutliche ahrimanische Wesenszüge. Sie sind sozusagen das ahrimanische Gegenteil der reinen luziferischen Lichtnahrung.

Die Nahrungsergänzungsmittel bewirken u.a. eine Trennung des Menschenkörpers von seinen höheren Leibern, eine Bindung des Menschen an die Materie durch chemische Wirksamkeiten sowie eine körperliche Abhängigkeit im Sinne einer Sucht, da mit zunehmendem Verzehr beim Menschen die Möglichkeit verschwindet, überhaupt gesunde Nahrung aufzunehmen. Der Mensch wird zu seinem Körper, gebunden durch chemischen Bande.

Hybridgemüse

Frage: Wie seht/erlebt Ihr die Kreuzung, d.h. das künstliche Bestäuben mit/ohne Kastrierung in der Pflanzenzucht von Kulturpflanzen? Sind Alternativen notwendig oder nicht? Wie sehen sie aus?

Der Feurige: Wieso fragst Du mich? Vom Feuer betrachtet ist das Entfernen des Wärmezustandes der Pflanze, der Samenbildung, entsetzlich. Die Samenbildung ist dem Sternbild Löwe zugeordnet und trägt die stärkste Feuermacht im Pflanzensein.

Der Grüne: Diese Dinge führen zur vollständigen Degeneration der Pflanze. In relativ kurzer Zeit, es beginnt schon jetzt, wird die Ernährung mit Hybridgemüse die Menschen krank machen. Heutzutage werden durch die degenerierte Nahrung die Seuchenverläufe von z.B. SARS und HIV gefördert. Einzige kurzfristige Gegenmaßnahme ist es, auf die unveränderten Grundtypen der Pflanzen zurückzugreifen und diese nach kosmischen Rhythmen anzubauen. Weniger wird dann viel, viel mehr sein. Menschliche Degenerationserscheinungen würden dadurch deutlich rückläufig.

Genmanipulierte Nahrungsmittel

Frage: Was bewirkt der Konsum von genmanipulierten Nahrungsmitteln (Weizen, Mais, Soja) beim Menschen? Angriff auf den Immunorganismus (Ich im Stoffwechsel); Allergien, Krebs oder später gar Alzheimer?

Der Nasse: Schon wieder eine Frage nach den Folgen der menschlichen Freiheit!

Genmanipulierte Nahrungsmittel bewirken im Menschen eine Beeinflussung seiner Gene. Das ist zwingend. Der menschliche Körper ist der Anker des Ich. Wird seine Grundstruktur verändert, muß sich auch das Ich ändern. Tut es das nicht, verschieben sich die Leiber, und der Mensch wird ver-rückt.

Der Grüne: Andererseits wird der Mensch in der jetzigen Zeit immer unabhängiger von seinen Genen. Die körperliche Vererbung gibt ihm zwar noch Möglichkeiten, beherrscht ihn aber nicht mehr, wie es früher der Fall war.

Die genmanipulierten Nahrungsmittel schwächen also seine Grundstruktur, das aber ganz generell. Er wird dadurch anfälliger für alle körperlichen Krankheiten.

10. Abschnitt: Eurythmie und Heileurythmie

Wahrnehmung der Eurythmie

Frage: Könnt Ihr Eurythmie wahrnehmen, und was erlebt Ihr dabei?

Der Luftige: Wir können die eurythmischen Gesten lesen. Wir bewegen uns zum Teil in eurythmischen Formen. Eurythmie bedeutet für uns eine Möglichkeit, Sprache zu erleben, menschliche Sprache.

Frage: Wie kann der Mensch den Schabernack verhindern, der für uns weniger humoristische Seiten hat?

Der Müller: Indem er rein und unschuldig auf Erden wandelt. Der Unschuld spielen wir keinen Schabernack. Das hilft den meisten Menschen nicht weiter. Dafür können sie versuchen, uns milde zu stimmen, indem sie uns beachten. Dazu werden einige Vorschläge im Flensburger Heft 80 gemacht.

Frage: Kann durch die Eurythmie in den Menschen die Fähigkeit zur Wahrnehmung, Kontaktaufnahme oder sogar Pflege der Naturwesen geschult werden? Wenn dem so ist, könnt Ihr Ratschläge geben, was und wie man üben kann?

Kann das Eurythmisieren selbst auch gut und nützlich für die Natur sein? Wenn ja, was sollte man wo tun?

Der Luftige: Das Eurythmisieren hat direkten Kontakt zu den Sylphen. Diese haben eine große Freude daran, die Bewegungen der Eurythmie zu verfolgen. Dadurch erüben sie das Verständnis für Sprache. Dies wiederum führt zu einer Fähigkeit des begrifflichen Begreifens. Somit gestaltet die Eurythmie auch die Elemente.

Der Ätherleib der Menschen kommt in direkten Kontakt zu den Sylphen. Im Bewußtsein dessen kann der tätige Mensch die Sylphen erspüren lernen. Besonders leicht geht dies bei den Konsonanten pf, f, sch, ch, l, s, v, w und ihren Kombinationen miteinander.

Versuche, daraus luftige Bilder, Windhaftes und Umtriebiges zu gestalten. Da binden sich Sylphen ein und können erlebbar werden.

Jede Natur freut sich, wenn für sie etwas Eurythmisches dargeboten wird. Aber Achtung: Überanstrengt Euch dabei nicht!

Eurythmie heute

Frage: Da ich Eurythmistin bin, habe ich mit großem Interesse die Fragen und Antworten zur Eurythmie gelesen. Ergänzend würde ich gerne wissen: In welchen Bereichen soll die Eurythmie heute eingesetzt werden? Wo ist sie sinnvoll und wirkungsvoll? Wo wird sie gebraucht?

Der Luftige: Die Eurythmie wird vor alledem gebraucht, um dem Handy entgegenzuwirken. Das wäre ihre wichtigste Aufgabe aus der Sicht der Luft. Durch die gestaltete Musik und Sprache im Raum kann der Sprache zersetzenden Handykultur ein Gegengewicht gegeben werden. Dazu braucht die Eurythmie noch nicht einmal angeschaut zu werden.

Ein weiterer Gesichtspunkt wäre eine Art freie Jugendarbeit, mit Eurythmie als Herausforderung, als Kunst. Dadurch wird das Sprach- und Ausdrucksvermögen der Jugendlichen gestärkt.

Des weiteren wäre es günstig, Selbsterkenntnisgruppen eurythmisch arbeiten zu lassen.

Ein Tagebuch in Eurythmie.

Überall dort wird sie sehr stark gebraucht.

Zukunft und Bedeutung der Eurythmie

Frage: Wird die Eurythmie sich durchtragen, hat sie Zukunftschancen?

Wie ist es für die Geistwesen, wenn eurythmisiert wird? Ist es eine Sprache, die verstanden wird bzw. die in geistige Entsprechungen direkt verwandelt werden kann? Worauf kommt es an, um eine klare „Sprache“ zu sprechen beim Eurythmisieren? Ist es wichtig, so viele Laute wie möglich bei jedem einzelnen Wort zu bewegen, um so ein ganzes Bild entstehen zu lassen? Oder ist es verständlicher, vielleicht nur zwei Laute pro Wort zu eurythmisieren, damit das Bild entstehen zu lassen und den Rest innerlich zu ergänzen?

Wie verhält es sich bei der Musik? Ist es für die Geistwesen, wenn dazu eurythmisiert wird, ein einziger Tonmatsch? Oder hören sie die Musik sowieso für sich, und die Bewegungen stören oder unterstützen auch nicht weiter?

Ich habe mich oft gefragt, welche Verantwortung haben wir da zu tragen?!

Der Luftige: Wir können die eurythmischen Gesten lesen. Wir bewegen uns zum Teil in eurythmischen Formen. Eurythmie bedeutet für uns eine Möglichkeit, Sprache zu erleben, menschliche Sprache. Die menschliche Sprache besteht aus allen Lauten. Macht lieber etwas langsamer, als eurythmische Laute zu verschlucken. Die innerliche Ergänzung ist für uns viel schwerer wahrzunehmen.

Die Eurythmie findet immer weniger Nachwuchs, weil sie mühevoll ist, keinen „Glamour" bietet und kein großes Publikum anzieht. Die Menschen der jetzigen Zeit sind und müssen, aus mehreren Gründen, Genußmenschen sein. Dem steht das Erlernen der Eurythmie deutlich entgegen. Wer ein guter Eurythmist sein will, muß den Genußmenschen fast vollkommen besiegen. Das bedeutet Handeln gegen die Zeitströmung und ist sehr mühsam.

Ein weiterer Punkt ist, daß sich im Umfeld der anderen bewegten Künste sehr viele Annäherungen an die Eurythmie ergeben haben, so im Ballett, im Free Dance und ähnlichem.

Es ist die Zeit der großen ersten Eurythmisten zu Ende gegangen. Aus meiner Sicht als Wind fehlen der Eurythmie zur Zeit solche charismatischen Führungspersönlichkeiten. Da solche Führung dem Individualempfinden der jetzigen Zeit aber entgegenläuft, könnte aus Sicht des Windes nur die bewußte Bildung eines Gruppenwesens mit deutlich eigenem Charakter eine Neubelebung bewirken. Dann hat die Eurythmie Zukunftschancen. Ihr müßt es tun. Sie ist auf der Erde. Nur der Mensch kann sie retten.

Heileurythmie

Frage: Worauf beruht die Wirksamkeit der heileurythmischen Bewegungen? Wird ihre Heilkraft durch häufiges Tun, durch besondere Konzentration, durch Exaktheit der Bewegung, wie Rudolf Steiner sie angegeben hat, gesteigert, oder wodurch etwa noch?

Der Luftige: Ihre Heilkraft wird durch die innere Schulung aller zwölf Sinne gesteigert. Zu den anderen Punkten ist es sehr schwierig, allgemeingültige Angaben zu machen, da sie sehr vom Einzelfall abhängen. Für manche Menschen hilft Konzentration oder häufiges Tun, anderen gerade nicht. Im klaren Erkennen dieser Patientenbedürfnisse liegt auch eine Steigerung der Heilkraft.

Die heilende Wirkung wird durch die Ordnung des Raumes durch die Bewegung hervorgerufen. Der geordnete Raum wirkt auf den in ihm seienden menschlichen Körper inklusive seiner nächsthöheren Glieder zurück.

Krankheit hat immer etwas mit der Störung der Symmetrie zu tun. Dadurch fällt sie auf und wird, geistig betrachtet, zum Kunstwerk.

Die Exaktheit der Bewegung ist nicht ganz so wichtig wie das Tun dahinter!

Heileurythmie und Substitution des Schilddrüsenhormons

Frage: Durch die Entfernung der Schilddrüse wird für das weitere Leben eine Substitution des Schilddrüsenhormons notwendig. Wie kann diese ahrimanische Substanz durchicht werden? Kann das noch vorhandene Ätherorgan der Schilddrüse so gestärkt werden, daß eine Dosisverminderung der Substitution möglich wird (z.B. durch gezielte Heileurythmieübungen - es gibt bisher keine!)?

Der Luftige: Heileurythmieübungen sind ein guter Weg, dabei zu helfen. Das F aus dem Schilddrüsenbereich heraus in den gesamten Umkreis wird eine große Hilfe sein. Abschließend sollte dann ein O in Form einer Halbkugel über den Kopf und dann mit geöffneter Geste in Höhe des Halses zurück nach vorn geführt werden.

Ich hoffe, Ihr könnt Euch das vorstellen. Eine weitere Möglichkeit sind Sprachübungen genereller Art. Besondere Buchstabenfolgen sind nicht notwendig. Lerne Gedichte. Gedichte, welche Du magst und die Dich heiter stimmen. Trage dabei Dein Hormonpräparat bei Dir. Es wird helfen.

11. Abschnitt: Geistige Wesen

Wiederkunft Christi

Frage: Wie muß man sich das Wiederkommen Christi im Ätherischen vorstellen?

Der Große: Lichtvoll. Alle nicht menschlichen Wesen des gesamten Kosmos können es direkt beobachten, nur der Mensch muß selber erst sich seiner ätherischen Augen bewußt werden und sie öffnen. Das Christuswesen wartet auf die Menschen. Es erwartet aber, daß jeder einzelne Mensch sich in Freiheit zu ihm auf den Weg macht. Du mußt ihn suchen, er sucht nicht mehr Dich.

Frage: Ist Christus in diesem Sinne schon da?

Der Große: Ja.

Frage: Wenn ja, wo oder wie kann ich ihn finden?

Der Große: Jeder Mensch hat einen individuellen Weg, der ihn dahin führen kann. Die Meditation ist, wenn sie ein erweitertes Gebet ist, eine Möglichkeit, die inneren Augen langsam zu öffnen. Es gibt kein Patentrezept, da ein solches der menschlichen Freiheit widerspräche. Sehr hilfreich sind die Übungen aus dem Buch „Wie erlangt man die Erkenntnis höherer Welten?“ von Rudolf Steiner. Spätestens im Tode wird er Dir direkt begegnen, in seiner ätherischen Form.

Jesus und Christus

Frage: Ist Jesus „beleidigt“, wenn man ihn als aufsteigenden Meister bezeichnen würde und ihn damit auf die Stufe von z.B. Buddha stellen würde? Setzt ihn seine Tat von Golgatha auf eine andere Stufe? Hätten wir damit wieder eine bessere und schlechtere Weltreligion?

Der Große: Meinst Du nun Jesus oder Christus? Vielleicht auch Jesus Christus während der drei Jahre?

Der Christus ist durch Bezeichnungen nicht zu beleidigen, auch wenn sie seinem Sein nicht gerecht werden. Er ist schon mit mehr Namen bezeichnet worden, als Du Dir vorstellen kannst. Für Menschen mag die Bezeichnung „Meister“ sinnvoll gewählt sein. Für Geistwesen der Hierarchien oder der Trinität ist sie wenig sinnvoll.

Jesus, der Mensch, war auch mehr als ein Meister. Er war von Geburt an ausersehen, der menschliche Raum eines Gotteswesens zu werden. Dieses Gotteswesen verband sich wie ein Mensch mit der Materie. Auf Golgatha überwand dieses Wesen den Tod und gelangte so zur Auferstehung aus der Materie. Das ist innerhalb dieser gesamten Erdenentwicklung einzigartig.

Deine letzte Frage hierzu verstehe ich nicht. Wann hattet Ihr denn schon einmal eine bessere und eine schlechtere Weltreligion? Das Christentum ist nicht besser, es ist nur umfassender und zukünftiger. Du wirst es erleben!

Widersachermächte und Freiheit

Frage: Das Wirken der luziferischen und ahrimanischen Wesenheiten ist in den Vorträgen von Rudolf Steiner ausführlich geschildert und gewürdigt. Diese Wesenheiten stehen im Verhältnis zum Menschen auf wesentlich höheren hierarchischen Stufen. Der Mensch ist den Wesenheiten auf diesen Stufen voll ausgesetzt. Zu seiner Entwicklung ist dem Menschen die Freiheit gegeben, während sich die geistig-göttliche Welt zurückgezogen hat. Ist der Mensch diesen Kräften, die nur das absolut Böse, die Zerstörung, im Sinn haben, hilflos ausgesetzt? Bringen diese Wesenheiten nicht auch den ganzen Kosmos durcheinander, während die hohen Engelskräfte und die Trinität scheinbar tatenlos zuschauen? Würde man - in der modernen Sprache - bei einem großen Betrieb in diesem Fall nicht von einer Aufsichtspflicht der Führungsspitze sprechen, die nicht wahrgenommen wird?

Der Große: Es gibt keine halbe Freiheit. Dadurch, daß der Menschheit durch das Mysterium von Golgatha die Freiheit gegeben und ihm durch den Christus gezeigt wurde, was mit ihr getan/geschaffen/überwunden werden kann, ist der Mensch auf sich selbst gestellt. Er hat dadurch aber auch die Möglichkeit, in Freiheit um die Hilfe des Christus und der Engelhierarchien zu bitten. Bittet, und es wird Euch gegeben!

Mächte auf höheren hierarchischen Stufen sind in ihrer unverhüllten Form vom Menschen noch nicht zu ertragen, gleich ob sie Angehörige der hellen oder der dunklen Hierarchien sind. Es wäre nicht hilfreich gewesen für die Menschen, jetzt schon mehr darüber zu erfahren, denn Menschen in ihrer Hybris probieren alles aus. Es hätte sie vernichtet. So gesehen sind dabei die Hierarchien ihrer Aufsichtspflicht gerecht geworden.

IN DEM MOMENT, IN DEM EIN MENSCH SICH IN FREIHEIT MIT DER WESENHEIT CHRISTI VERBINDET, IST ER KEINER KRAFT DES BÖSEN HILFLOS AUSGESETZT!

Die Voraussetzung dafür aber ist die Freiheit. Lerne zu verstehen, was Freiheit wirklich ist!

Absteigende Wesen

Frage: Wie kann bemerkt werden, ob es sich um ein aufsteigendes oder absteigendes Wesen handelt, wenn ein Mensch mit diesem Kontakt aufgenommen hat? Können die Wesen sich nicht als gut darstellen, obwohl sie die andere Seite vertreten? Wie sollte ein Mensch sich dann verhalten, falls es sich um ein absteigendes Wesen handelt?

Der Große: Versuche, es mit den Augen Christi zu betrachten, und Du wirst erkennen, um was für ein Wesen es sich handelt. Betrachte es in Christi Namen, in Christi Wesen und in Christi Blut.

Antichrist

Frage: Auf welche Weise werden die Naturwesen an der Auseinandersetzung mit Ahriman bzw. dem Antichristen teilnehmen?

Der Nasse: Wir alle, die auf dieser Welt leben, werden dadurch daran teilnehmen, daß die Auseinandersetzung auf und in dieser Welt geschieht. St. Michael hat die Schlange, welche zugleich luziferischer und ahrimanischer Natur ist, mit Hilfe der himmlischen Heerscharen auf die Erde gestürzt. Dadurch sind alle Wesen des Erdenrunds gezwungen, an den Auseinandersetzungen der Menschen mit dem Antichristen und mit Ahriman teilzunehmen.

Frage: Nach meinem Kenntnisstand gibt es zu fast jeder „regulären" geistigen Macht eine Widersacher-Kraft. Gilt dies auch für den heilsgeschichtlichen Auftrag Johannes des Täufers? Gibt es in geistiger Hinsicht einen „Anti-Johannes", der die ätherische Wiederkunft Christi nicht wie der Täufer vorbereiten, sondern verhindern will? Haben die Naturgeister hierüber Erkenntnisse?

Der Nasse: Die Naturgeiser können über alles Wissen der Welt Erkenntnisse haben. Die ätherische Wiederkehr Christi ist nicht durch den Anti-Johannes verhindert worden, sondern dieser ist dafür da, die Ankunft des Antichristen vorzubereiten. Siehe dazu die Apokalypse des Johannes!

Geschlechtlichkeit geistiger Wesen?

Frage: Warum werden geistige Wesenheiten in männlich und weiblich eingeteilt? Nach welchen Kriterien werden sie so eingeteilt? Werden in ferner Zukunft nicht nur die Menschen, sondern auch die geistigen Wesen eingeschlechtlich sein – also nicht mehr in männlich und weiblich unterteilt?

Der Nasse: Das ist eine sehr gute Frage. Viele Menschen haben offensichtlich große Probleme mit männlich und weiblich.

Wir sind weder männlich noch weiblich im menschlichen Sinne. Wir sind „eher" männlich und „eher" weiblich. Ohne diese Einteilung könnten wir Euch sehr schwer nahebringen, was wir sind. Ich bin zwar *der* Nasse, kann aber trotzdem Wesen gebären, wenn ich das möchte. Das könnt Ihr menschlichen Männer nicht.

Der irdische Körper ist durch seine erste nachatlantische Kulturperiode so eingeteilt, daß er sich in eine weibliche und männliche Hälfte, in Samen und Frucht, in Sonne und Mond polarisiert. Das geht so weit, daß sich sogar eines der höchsten Gotteswesen, das Christuswesen, in einen männlichen und nicht in einen androgynen Körper hineingesenkt hat. Er war eindeutig ein Mann, eindeutig von einer Frau geboren. Diese Polarisierung wird erst dann ganz unnötig geworden sein, wenn der Mensch die neue Erdenstufe ganz erreicht hat. Bis zum Beginn der Jupitererde wird es immer noch Nachklänge von männlich und weiblich geben. Erst mit dem stärkeren Wirksamwerden der dritten hohen geistigen göttlichen Kraft, des Heiligen Geistes, werden die Grundprinzipien von männlich und weiblich oder Ying und Yang, wie es im Osten bezeichnet ist, aufgehoben, aufgelöst werden. Pfingsten, das gesamtmenschliche Pfingsten, war noch nicht da, wird erst kommen. Die jetzige Zeit ist die Zeit der Himmelfahrt, wo die Abtrennung der Geschlechter zum ersten Mal denkbar und deutlich wird. Und wir stellen uns Euch so dar, wie Ihr uns am ehesten erfassen könnt.

V. Staël von Holstein: Das sprach jetzt das höhere Selbst des Nassen.

Pan

Frage: Ist Pan als geistiges Wesen noch existent? In welcher Weise wirkt er?

Der Nasse: Wenn Du in Griechenland lebst, kannst Du Pans Weben erleben. In Nordeuropa gehören die göttlichen Wesenheiten, die Euch umgeben, dem nordischen Kosmos an. Suche im nordischen Kosmos nicht die Transformation des Pan, denn es gibt sie nicht. Das Wesen, das die Kraft am ehesten integriert, die zum Pan gehört, ist gegenwärtig auch im nordischen Götterkosmos erreichbar. Aber suche Pan nicht hier, die Götter der Antike gehören nicht nach Mitteleuropa, hier ist es viel zu kalt.

W.W.: Wer ist eigentlich Pan?

V. Staël von Holstein: Pan ist der Oberste der Braunen. Pan ist derjenige, der die Geschlechtlichkeit in der Tierwelt regelt. Pans Stunde ist die Mittagsstunde, die Mittagshitze, wenn alles schläft, wenn alles betäubt und glasig ist, so daß nur noch die Lebensprozesse sichtbar und wirksam sind. Pan ist ein extrem lebendiges Wesen. Pan hat im Bild Ochsenfüße und Hörner und beglückt Nymphen und ähnliche Wesen, durchaus auch junge Mädchen, wenn er kann. Er stellt den Geschlechtstrieb dar, aber eben nicht in gieriger, geiler Form, sondern in natürlicher Form. Dieser Trieb ist durchaus da, und auch die entsprechende geistige Wesenheit gibt es im nordischen Kosmos. Aber die Naturgeister empören sich immer wieder darüber, daß vor allem anthroposophisch orientierte Menschen die griechische Götterwelt hierher importieren wollen. Beltane und die Beltanewesen sind vielleicht am ehesten die hiesige Entsprechung für diese Art von geistiger Wirksamkeit.

12. Abschnitt: Kosmos

Sonnenfinsternis

Frage: Der Nasse sagt (FH 79, S. 104), daß bei einer Sonnenfinsternis Christus nicht in den Schattenkegel schaut. Eigentlich ist er ja der Geist der Erde. Sein Blick geht aber wohl immer noch (auch) von der Sonne aus. Es heißt ja auch in der Opferfeier des freichristlichen Religionsunterrichts an den Waldorfschulen, daß Christus in den Sonnenhöhen schaut. Bei Schilderungen von Sonnenfinsternissen habe ich den Eindruck, daß die Seelenwelt und das Kamaloka unmittelbar zu erleben sind. Ist das eine richtige Beobachtung?

Der Nasse: „Und bin ich in den Sonnenhöhen, entflammt aus meinen Wesensgründen der Menschheit Sinn und Zukunft, zu wandeln Irdisches zum Geist." Siehe, so sehen wir es.

Das Christuswesen ist mit der Erde verbunden. Er ist nicht der Erdgeist! Das ist eine ganz andere Wesenheit. Nur wenn die Sonne sich mit der Erde verbindet, kann die Erde auf den Weg zum Licht zurückfinden. Auch die anderen Planetengeister haben und werden sich mit der Erde verbinden, denn sie folgen ihm nach.

Das kann man auch ganz naturwissenschaftlich betrachten, dann klingt das wie Astrophysik und beschreibt die Entstehung des Sonnensystems und seine Wiederauflösung.

Bei Sonnenfinsternissen sind innerhalb des Schattenkegels das Kamaloka und die anderen geistigen Welten nicht durch den Sonnenglanz geschützt und können von vielen Wesen besser wahrgenommen werden.

Mond und Schlangenträger

Frage: Im Flensburger Heft 79, S. 75, wird gesagt, daß Uranus in ein Lichtzeichen, den Wassermann, gewandert sei (der Luftige). Tatsächlich ist er in das wirkliche Sternbild (und nicht in das astronomische Zeichen) gewandert. Ich vermute, daß Ihr, die Elementarwesen, also stets die wirklichen Sternbilder und nicht die astrologischen Zeichen meint. Dies wird durch das Reden von 13 Tierkreiszeichen bestätigt (die Silberne). Normalerweise wird der Schlangenträger zum *Zeichen* des Schützen gerechnet, während das nächste wirkliche *Sternbild* der Skorpion ist. Da an meinem Geburtstag die Sonne im wirklichen Sternbild des Schlangenträgers steht, wäre ich neugierig auf die Charakteristik dieses Sternbildes. Das Problem entsteht zum Teil durch die Wanderung des Frühlingspunktes durch den Tierkreis, zum andern durch die verschiedene „Länge" der wirklichen Sternbilder, die in der Astrologie alle gleich lang (30 °) gemacht werden. Im FLENSBURGER HEFT 80, S. 108, wird wieder von Sternbildern und ihrer Beziehung zu den Elementen gesprochen (der Nasse) und von Planeten, die zu bestimmten Zeiten in den Sternbildern stehen. Hier ist es nun ganz wichtig zu wissen, ob wirklich die Sternbilder und nicht die Zeichen gemeint sind. Ich vermute ersteres.

Der Luftige: Natürlich sind die tatsächlichen Sternbilder gemeint, und nicht die astrologischen Sternzeichen. Der Schlangenträger ist ein schwieriges Bild. Die Menschen tun sich schwer, ihn zu akzeptieren. Widerspiegeln tut er sich in einer der dreizehn heiligen Nächte über die Weihnachtszeit.

Der Schlangenträger entspricht dem Äskulap. Dieser wurde von Zeus mit dem Blitz erschlagen, weil es ihm geglückt war, mit Hilfe der Schlange ein Medikament zu entwickeln, welches den Tod heilt. Das stellte die Berechtigung der griechischen Götter in Frage. Zeus plazierte dann diesen Menschen Äskulap als Mahnung für alle Wesen an den Himmel. Sein Element ist das Nichts, sein Planet ist der Ringall/Erebos/Transpluto.

Möge Dir das an Charakteristik genug sein. Nimm es als Aufgabe, darüber nachzusinnen und nachzuforschen. Es gibt dort noch viel zu entdecken.

Frage: Zur Berechnung der Konstellationen des Mondes, sowie auch anderer Planeten, die für bestimmte Arbeiten mit Pflanzen oder auch zur Schädlingsverminderung (Veraschung) unterstützend sind, werden verschiedene Ausgangslagen verwendet. Frau M. Thun bezieht sich auf die real derzeit sichtbaren Sternbilder in ihren unterschiedlichen Größen. Es gibt aber auch andere Möglichkeiten. Man kann sich auch auf den in zwölf gleich große Zeichen eingeteilten Tierkreis der Zeitenwende beziehen. Dann ergeben sich aber andere Tage.

Welches Kalendarium ist zu berücksichtigen? Was gibt es dazu für Gesichtspunkte? Ist es unterschiedlich, ob es sich um die Arbeit mit Pflanzen oder die mit Tieren oder z.B. um wichtige soziale Prozesse in Menschengemeinschaften handelt? (z.B. Gründungen, wichtige Beschlüsse, Grundsteinlegungen von Gebäuden, Richtfest...).

Die Silberne: Die Wesen, die hinter den Sternbildern stehen, haben auch ein Leben. Diese Leben unterscheidet sich zwar grundsätzlich vom Leben der Menschen, es ist aber auch dem Wandel der Zeiten unterworfen. Dadurch ist es richtig, für den jetzigen Zeitpunkt auch den jetzigen Zeitpunkt der Sternbilder zu berücksichtigen. Es ist jetzt eine andere Zeit als zur Zeit des Wandelns des Christuswesens auf der Erde. Die Planetenwesen, sowie auch die Wesenheiten hinter den Sternbildern, haben sich gewandelt und wirken auf das aktuelle menschliche System in ihrer heutigen Form und Arbeit herab. Hierbei verstehen wir Planetenwesen als menschliches System das Erdenwesen in dem Zustand, in welchem die Menschen es lernen, ihr Ich zu ergreifen. Dazu gehören also auch die sie dabei umgebenden Tiere, Pflanzen und Mineralien, denn sie sind dabei in erheblichem Umfang beteiligt. Zwingend sind dann natürlich auch die sozialen Prozesse innerhalb der Menschengemeinschaft davon betroffen. Die Planetenwesen wirken auf allen Ebenen des irdischen Seins, stofflich, ätherisch und seelisch sowie ichhaft mit.

Frage: Was bedeutet es, und welche Folgen hat es für den Mond und die Silberwirksamkeiten, daß der Schlangenträger beim Skorpion in der Ekliptik steht?

Die Silberne: Der Skorpion ist ein Wasserzeichen und damit dem Leben verbunden. Von einer Seite betrachtet ist Silber metallisiertes Leben. Der Schlangenträger entspricht der griechischen Figur des Äskulap/Asklepios, welcher wiederum durch eine Schlange ein Mittel erhielt, Tote zum Leben zu erwecken. Deshalb wurde er von Zeus an den Himmel versetzt, da Zeus der Auffassung war, es stünde den Menschen zu dieser Zeit nicht zu.

Nun hat sich der Schlangenträger unter den Weg des Mondes gestellt, dem Lebensspiegel. Der Mensch wird dadurch kosmisch durch den Mond Herr über Leben und Tod. Das Silber kann durch seine extrem hohe Leitfähigkeit diese Prozesse in Erde und Mensch einleiten.

Vom Monde betrachtet, solltet Ihr Menschen Euch bewußt werden, daß das Sterben auf Erden erst wieder menschlich werden kann, wenn Ihr es selber ergreift. Die Wesen, welche dazu nötig sind, sind gebunden an das wechselnde Licht des Mondes, die Wesen der Geburt und des Todes.

Mars und Marswirksamkeiten

Frage: Anno 1603/1604 wurde im Schlangenträger ein neuer Stern entdeckt, und dies in Marsnähe. Das war zu einer Zeit, in der Buddha die Erdenaura verließ, um sich auf den Mars zu begeben. Welche Wirkungen/Folgen hat diese Konstellation für Mensch, Erde und Kosmos?

Der Eiserne: Durch die Sonnenfinsternis auf dem Mars, welche dort von der Erde verursacht wird, entsteht ein schwarzer Kanal zwischen Mars und Erde außerhalb der Sicht des Sonnenwesens. Dort hindurch können die unguten Kräfte, welche durch das Wirken Gautama Buddhas auf dem Mars dort keinen Raum mehr haben, zur Erde strömen. Diese, dem kriegerischen Mars zugehörigen Kräfte, sind auf der Erde in der Lage, Einzelpersönlichkeiten zu fassen und zu extremen Taten zu verleiten.

Einen weiteren Einfluß haben sie auf Gemeinwesen politischer Art, welche stark militärisch orientiert sind. Die Falken werden gekräftigt.

Materielle Planeten

Frage: Sind folgende Gedanken richtig oder falsch: Außer Erde und Mond hat keiner der Planeten feste Materie. Die Funkbilder, die die Sonden uns übermitteln, sind eine ahrimanische Täuschung. Sie sind erst auf dem Wege zur Erde entstanden. Genauso wird es sein, wenn einmal durch Raumfahrzeuge Gesteinsproben zur Erde gelangen. Auch diese sind von Ahriman erst beim Eintritt in die Erdatmosphäre materialisiert worden. - Falls falsch, hier die weitere Frage: Ist es harmlos, fremde Materie auf die Erde zu holen? (Beispiel Mars)

Der Eiserne: Natürlich haben andere Planeten feste Materie. Sie müssen es haben. Es sind herausgesetzte Schlacken. Die Schlacken sind notwendig als physisch vorhandener Anker der dazugehörenden Wesenheiten. Diese Wesenheiten könnten sonst nicht in der Physis wirken. Es ist auch notwendig in der Zeit, daß Eure materiellen Sonden auf Materie stoßen. Ahriman beeinflußt Eure Meßgeräte. Aber das geht nicht so weit. Es ist nicht harmlos, fremde Materie auf die Erde zu holen. Materie vom Mars ist allerdings in diesem Sinne nicht fremd. Alle materiellen Planeten waren einmal ein Körper. Sie sind auseinandergegliedert worden.

Wirklich fremde Materie erscheint auf der Erde erst dann, wenn sich die Spinnenwesen bilden. Das wird *andere* Substanz sein. Achtet auf Eure Informationstechnik!

Mit der Rakete zur Sonne

Frage: Laut Rudolf Steiner würde man nichts finden, wenn man mit einer Rakete zur Sonne fliegen würde. Wie ist das zu verstehen?

Der Große: Die Sonne ist kein physischer Ort im Universum. Dort, wo die wirkliche Sonne ist, kann der Mensch mit Materie nicht hingelangen. Dort wohnen die Sonnenwesen, viele der Erzengel, und auch noch andere Wesen. Dort befindet sich der Durchgang in die Himmel. Jede Materie verschwindet, es existiert nur die Substanz der Himmel, ohne Raum und Zeit. In einer gewissen Weise fände man also ein Loch, nur daß die Vorstellung vom Loch viel zu irdisch ist.

Übung: Denke Dir einen vollständig leeren Raum. Dehne ihn aus, bis er so groß ist, daß Du ihn nicht mehr gedanklich umfassen kannst. Dann wirst Du feststellen, daß ein kleiner leerer Raum vor Dir entstanden ist. Diesen dehne wieder aus. Das wiederhole so lange, bis vor Dir die Sonne entsteht. Wenn Du es gut kannst, wird es nach dem siebten Mal gelingen. Dann kannst Du mit dem Üben aufhören. Dann hast Du verstanden, was dort ist, wo die Sonne ist.

Ufos

Frage: Es gibt Aussagen darüber, daß Menschen von Ufos entführt wurden, an einem kosmischen Ort untersucht und dann wieder zurückgebracht wurden. Was hat es mit solchen Aussagen auf sich?

Der Große: Es gibt keine körperlichen, also physischen Reisen in eine geistige Welt. Es gibt geistige Reisen in eine geistige Welt, die so intensiv sind, daß der lebende Mensch, der im Regelfall kein Eingeweihter ist, gewöhnlich nicht unterscheiden kann, ob er physisch oder geistig dort gewesen ist. Die Wirklichkeit der geistigen Welten übertrifft bei weitem die Wirklichkeiten der physischen Welt. Wenn Du einst gestorben sein wirst, wirst Du genau verstehen, was ich hiermit sagen will. Ufoberichte sind nicht grundlegend falsch, es können nur nie physische, körperliche Reisen sein. Das menschliche Wesen ist geistig gereist und kann seine Erlebnisse nicht anders in Worte fassen, als sie mit Uforeisen zu beschreiben. Das menschliche Wesen entlehnt seine Begriffe der physischen Welt. Würde ein Eingeweihter oder anfänglich eingeweihter Mensch eine solche geistige Reise vollziehen, so fände er hinterher ganz andere Begriffe, seine Erlebnisse zu beschreiben. Er wüßte genau, daß sein Körper während dieser Reise in der physischen Welt geblieben ist. Diese Menschen sind nicht verrückt, aber sie sind nicht in ihrem Körper gereist.

Weltraumschrott

Frage: Welche Wirkung hat der Weltraumschrott auf die sich inkarnierenden Menschen bezüglich der Verbindung von physischem Leib und Seelisch-Geistigem des Menschen?

Körperelementargeisthirte: Ab und an kommen die Ich-Babys mit blutigen Nasen auf die Erde, weil sie sich unterwegs stoßen. Der Weltraumschrott bewirkt vielfach, daß die Kinder im ersten Lebensjahrsiebt eine merkwürdig anmutende Faszination und ein Verständnis von der Technik haben, was normalerweise nicht erklärbar ist. Denn sie mußten die Technik schon während des Inkarnationsprozesses umfliegen.

Die Auswirkungen auf den physischen Leib sind nicht sehr groß. Geistig gesehen hat der Weltraumschrott eine Spiegelfunktion, so daß bestimmte kosmische Kräfte durch die Widerspiegelung nicht mehr so leicht auf die Erde herunterstrahlen können. Es kann sein, daß der Weltraumschrott in gewissen Gebieten, wo z.B. eine werdende Mutter lebt, bestimmte kosmische Strahlungen nicht durchläßt. Aber so etwas muß man im Einzelfall genau betrachten. Man darf es nicht generalisieren. Es kann z.B. sein, daß ein geborenes Kind im Bereich des Löwen ein Defizit hat, weil das Tierkreisbild des Löwen durch den Weltraumschrott abgedeckt war.

Frage: Setzen die Schwermetallvergiftungen durch Quecksilber und andere Metalle diesen Prozeß dadurch fort, daß sie sich im Gehirn und im übrigen Körper der Kinder anreichern, wenn sie über den mütterlichen Organismus übertragen werden bzw. später von den Kindern selbst aufgenommen werden?

Körperelementargeisthirte: Nein, das ist nicht der Fall. Durch Schwermetalle werden andere kosmische Störungen angelegt, denn Metalle rufen immer kosmische Störungen hervor. Es entstehen Flecken durch Wegspiegelung des Tierkreises, manchmal auch durch Planetenwirkungen. Aber das Schlimmere sind die Abspiegelungen des Tierkreises. Die Schwermetalle arbeiten mit den Planetoiden, also nicht ganz so weit draußen. Denn zum einen gibt es die Ebene der Planeten und der Planetoiden und weiter draußen die Ebene des Tierkreises.

Frage: Wie schätzt Ihr die Bedeutung der Schwermetallvergiftungen für die Bevölkerung generell ein? Müßten nicht großangelegte Entgiftungen vorgenommen werden?

Körperelementargeisthirte: Alles, was in Freiheit geschieht, ist gut. Alles, was als Maßnahme übergestülpt wird, also z.B. die Zwangsjodierung von Salz, aber auch Zwangsentgiftungsmaßnahmen und Zwangsimpfungen bei Kindern gegen Hepatitis oder ähnliches, ist eher schädigend. Was der Mensch in Freiheit als Entgiftung selbst ergreift, wird gut und strahlt heilende Kräfte aus. Die Zeit für Überstülpmaßnahmen ist vorbei. Das Individuum hat die Führung übernommen.

13. Abschnitt: Krankheit und Heilung

Schmerzen

Frage: Ich habe eine Frage, die mich seit langem sehr bewegt: Wie ist die Wirkung von Schmerzen im Geistigen? Was können die Naturgeister dazu sagen? Zum einen geht es um menschliche, seelische und körperliche, Schmerzen. Gerade in den letzten 100 Jahren und auch jetzt haben sehr viele Menschen ungeheure Schmerzen erdulden müssen, sei es durch Krankheiten, Unfälle, Kriege und die Grausamkeiten von Diktatoren und anderen gewalttätigen Menschen. Was bewirkt das in der geistigen Welt und für die betreffenden Menschen?

Wie ist es andererseits mit den Schmerzen bei Tieren, besonders den höheren? Sie erleiden auch so viele Schmerzen durch uns Menschen. Aber auch Pflanzen und die Erde haben ein Schmerzempfinden, das wir nur nicht wahrnehmen. – Nun erfahren wir, daß auch die Naturgeister Schmerzen haben können und sich, wie alle Wesen, davor fürchten. Ich hoffe sehr, daß durch diese Gespräche viele Menschen und auch ich besser verstehen werden, wie wir solche Schmerzen für diese hilfreichen Wesen vermeiden können und bitte sie um Verzeihung, Nachsicht und Geduld.

Der Nasse: Ungeheure Schmerzen stehen immer in karmischen Zusammenhängen. Ganz generell werden dadurch zur Zeit die Inquisition und die Mission abgetragen. Schmerzen erzeugen in der geistigen Welt Schönheit, speziell wenn sie von Krankheiten ausgelöst werden. Krankheiten sind geistige, kosmische Kunstwerke. Wenn man das weiß, kann Mensch einiges Weiterführendes erkennen. Alle Geschehnisse negativer Art benötigen zwingend einen positiven Ausgleich und anders herum. Nur die reinen Gnadengeschenke sind davon ausgenommen. Auch die Opfersubstanz ist schuldfrei.

Bei den höheren Tieren, deren geistiger Führer der Mensch ist, gerät die Menschheit in eine Ausgleichsschuld ihnen gegenüber. Menschen, welche ihr Leben den Tieren widmen, fühlen sich berufen, durch ihr Verhalten etwas davon abzutragen. Ähnliches liegt bei den Pflanzen vor, auch wenn da der Ausgleichszeitpunkt sehr viel zukünftiger ist.

Mit der Erde ist es anders. Sie entwickelt sich parallel zum Menschen. Von einer bestimmten Seite gesehen, ist sie der materielle Ausdruck oder auch Wohnort für die Menschheit. In dem Moment, in dem Menschen die Erde verletzen und ihr Schmerzen zufügen, tun sie es eigentlich direkt sich selbst an. In relativ naher Zukunft, es beginnt schon, wird der einzelne Mensch lernen, daß er der geistige Ausdruck einer bestimmten Stelle oder auch Koordinate der Erde ist. Folglich betrifft alles, was er der Erde antut, ihn selbst. Hier und jetzt. - Denke weiter!

Medikamente und ihre Wirkungen

Frage: Was bedeutet es für den Leib und die Auswirkungen auf das Kamaloka und das Karma, wenn jemand längere Zeit präventiv Medikamente nimmt, wie z.B. Blutdruckmittel oder Antithrombosemittel?

Der Nasse: Es kommt sehr darauf an, welcher Art diese Medikamente sind. Damit meine ich, ob sie pflanzlicher, tierischer, mineralischer oder chemischer Art sind?

Bei den pflanzlichen Medikamenten ist ein aufbauendes Element des Körpers da, welches sogar zu besserer Gesundheit in der nächsten Erdenzeit führt.

Die mineralischen Medikamente wirken im Hier und Jetzt. Ihr Einfluß nach diesem Erdenleben ist verschwunden. Sie kämpfen gegen die ahrimanischen Kräfte, welche nur hier auf der Erde ihre Wirkung entfalten können.

Die tierischen Medikamente nehmen Einfluß auf das astrale Sein. Sie stimmen die Seele um. Dadurch können sie bei richtiger Anwendung auch nachtodlich fördernd, bei falscher Anwendung nachtodlich behindernd sein. Sie sollten nur bei klarem Erkennen der Ganzheit des Patienten durch den Arzt eingesetzt werden.

Die chemischen Medikamente verändern nicht nur den Patienten, sondern auch den chemischen Äther der Erde. Sie entziehen Lebenskräfte. Dadurch entsteht eine besondere Verknüpfung zwischen Patient und Arzt sowie eine Bindung an den Geist der Chemie. Schwierig aufzulösen.

Ausscheidung von Stoffen

Frage: Was bedeutet es für die Natur und die Naturgeister, daß so viele Menschen so viele Stoffe mit dem Urin ausscheiden? Wer von den Naturgeistern ist damit beschäftigt, diese Produkte auszuscheiden?

Der Nasse: Zuerst sind wir Wasserwesen mit diesen Produkten beschäftigt. Wir geben sie weiter an die Steinwesen, welche sie in die Erde einbauen müssen an Stellen, wo sie eigentlich nicht hingehören. Dadurch wird die Auflösung der Materie durch die Menschen behindert. Das bezieht sich vor allem auf die chemischen Medikamente. Pflanzliche und mineralische Wirkstoffe können sehr leicht von den Gnomen in den Kreislauf von Werden und Vergehen eingebaut werden. Die tierischen Stoffe werden durch die abbauenden Wesen verarbeitet und zu deren Kräftigung verwendet.

Dunkle Heiler und Allopathie für Tiere

Frage: Wer sind die dunklen Heiler? Was passiert, wenn man in ihrem Sinne heilt? Gehört dazu auch die unterdrückende Behandlung mit allopathischen Mitteln? Wie wirkt sich die Gabe allopathischer Mittel bei Tieren aus, welche kein Karma haben?

Der Grüne: Die dunklen Heiler sind Schwarzmagier. Sie gestalten über den chemischen Leib den Menschen um in Richtung Maschine. Allopathische Mittel, die meisten, gehören dahin. Es ist im Sinne der ahrimanischen Kräfte, den Menschen möglichst zu automatisieren. Auch bei Tieren führen allopathische Mittel zu einer Automatisierung ihres physischen Körpers.

Der Braune: Wenn viele Tiere einer Sorte so behandelt werden, drückt das sehr deutlich zurück auf die Gruppenseele dieser Tiere. Bei den Tieren wird dadurch der Individualisierungsprozeß gestört, des weiteren wird die Freundschaft zum Menschen gestört. Diese wiederum wäre wichtig, rein zu sein, damit sich gute, harmonische Elementarwesen hineinbegeben können.

Down-Syndrom-Kinder

Frage: Die Entwicklungsmöglichkeiten dieser Kinder weisen eine enorme Spanne auf, manche kommen z.B. gut in die Sprache hinein, andere haben viel mehr Schwierigkeiten. Was brauchen diese Kinder besonders für die Sprachentwicklung und Satzbildung?

Der Große: Sehr gute Vorbilder; Menschen, welche in ihrer Gegenwart ständig ganz bewußt mit der Sprache umgehen und sich möglichst keine verbalen Entgleisungen leisten. Desweiteren benötigen sie eine lichtvolle Sprache. Das bedeutet, daß besonderer Wert auf den hellen Klang der Sprache gelegt werden sollte; durchzuführen, indem man verstärkt mit ihnen pentatonisch singt. Der Vokal I trägt Licht in die Sprache.

Vielleicht wird es Euch möglich sein, rhythmische Kinderreime auf den Buchstaben I zu finden oder zu erschaffen und diese mit den Kindern spielerisch zu erüben. Das ist ein guter Weg.

Rhythmus fördert die Satzbildung.

Frage: Ihr Mitteilungs- und Kontaktbedürfnis ist ja sehr groß. Sie wollen lernen, gebraucht und gefordert zu werden. Welches Umfeld ist wichtig, sowohl pädagogisch als auch für das tägliche Leben, damit man ihnen gerecht wird?

Der Große: Ein liebevolles Umfeld mit möglichst viel Helligkeit. Keine dunklen Räume! Vielleicht ist es möglich, diese Kinder an offenes Feuer heranzuführen. Das Erleben des offenen Feuers wäre sehr wohltuend für ihre Seelen. Auch das Blitze-Zeigen beim Gewitter wird ihnen helfen. Soviel helle Farben wie möglich in ihrem Umfeld.

Wohltuend für diese Kinder ist auch, wenn sie ein kleines, echtes Fell zum Schmusen haben. Es sollte tragfähige Größe haben. Beschäftigung im Haushalt im Rahmen des möglichen hilft ihnen sehr.

Borderline-Syndrom

Frage: Das Borderline-Syndrom wird inzwischen wegen seiner zunehmenden Häufigkeit als Erkrankung des Jahrhunderts bezeichnet. Meiner Meinung nach machen diese Menschen den Entwicklungsschritt durch, bei dem Denken, Fühlen und Wollen entkoppelt werden. Ist das richtig? Woher rühren ihre starken Ängste, die ihr großes Mißtrauen bewirken? Warum bekommen sie diese Wutanfälle, sind zerstörerisch bis zum Mord, aber auch selbst suizidgefährdet?

Der Nasse: Diese Menschen haben ihr Mitgefühl gewandelt. Sie betrachten sich selber als extrem minderwertig und sehen deshalb in ihrem Mitgefühl immer vom vermeintlich anderen auf sich. Dabei sehen sie ihre eigenen Fehler und Verwirrungen als unzumutbar für den anderen Menschen an. Sie können nicht hinter ihrer eigenen Grenze leben. Ihre Ängste kommen daher, daß sie meinen, der andere könne sie nicht gern haben.

Diese Krankheit ist tatsächlich eine zeitsymptomatische, sie ist hervorgerufen durch die früheren Erlebnisse im Sklavendasein. Häufig waren es Sklaven, über die niemals nachgedacht wurde, die einfach da waren und verbraucht wurden.

Ihre Ernährung sollte hirsebetont sein. Sie sollten Fleisch gänzlich meiden und kaum andere tierischen Eiweiße essen. Kochsalz kann helfen.

Das Denken, Fühlen und Wollen dieser Menschen ist nicht entkoppelt, sondern in der letzten Inkarnation gar nicht aufgebaut worden.

Autismus

Frage: Ist es möglich, auf autistische Kinder therapeutisch so zu wirken, daß sie ihr Zentrum in sich entdecken, ihr Ich in sich finden können, oder kann und darf man an diese Sphäre gar nicht rühren? Wenn doch, in welcher Richtung sollten wir uns bemühen?

Der Große: Wenn Du in Liebe daran rühren kannst, solltest Du es tun. Liebe ist der Zugang zum Ich autistischer Kinder. Erreichen kannst Du es am direktesten über alles, was Sprache ist. Dringt es zur Sprache durch, dann ist das Ich erreicht. Eine geführte Sprache in der Umgebung des Autisten, die ihn ständig mit einbezieht, ist hier der beste Weg. Das ist sehr mühsam, da die Antwort und Reaktion fehlt. Gebete, Lieder, Gedichte, Märchen, all das geduldig gesprochen, wird in fast jedem Fall zu einer Öffnung führen. Die Sprache ist der Weg zum Ich!

Grenzprobleme

Frage: Wir, Therapeuten in einer sozialtherapeutischen Einrichtung, stellen den Naturgeistern folgende Frage: Was liegt vor, wenn ein Mensch sich mit seinen Händen anscheinend unbewußt tiefe Löcher in die Haut kratzt (vor allem Oberschenkel, Gesäß, Unterarme, Brustbereich)? Wie kann eventuell geholfen werden?

Der Nasse: Dieser Mensch hat ganz massive Grenzprobleme. Er versucht, seine Grenzen zu öffnen und durchlässiger zu werden. Da das nicht richtig gelingt, springt es über auf seine physischen Grenzen. Es gibt zwei grundlegende Persönlichkeitsstrukturen dabei: Die eine ist der im zwischenmenschlichen Bereich kontaktarme bis -unfähige Mensch. Hier hilft häufig Kontakt zu Tieren sowie generell das Erspüren und Berühren von allem Grenzähnlichen.

Der zweite Typ ist derjenige, welcher seine Grenzen zu übersinnlichen Wahrnehmungen öffnen möchte – und dann vehement davor zurückschreckt. Diese Menschen sollten Handwerkliches im textilen Bereich erlernen (Spinnen, Weben etc.) und ganz deutlich Heranführungen an innere Grenzerlebnisse durch Schauspiel, bildende Kunst oder Musik erleben. Dadurch werden die inneren Grenzen nach außen verschoben und möglicherweise durchlässig gemacht.

In beiden Fällen hilft eine hirsebasierte Ernährung.

Schizophrenie

Frage: Von 1.000 Menschen leiden weltweit etwa 3 Menschen an Schizophrenie, eine Krankheit, deren Ursachen nur teilweise bekannt ist, und die bis heute mit Medikamenten nicht geheilt werden kann, obwohl es zahlreiche Mittel gibt, die aber nur beruhigend oder gar abstumpfend wirken. Kann mir jemand etwas über die Ursachen mitteilen?

Der Große: Eine Bewußtseinsspaltung ist durch medikamentöse oder therapeutische Behandlung nicht zu lösen. Die Ursachen liegen in einer zeitweiligen Abtrennung des Ich von der Seele. Während dieser Zeit wird die Seele stark durch die menschlichen Doppelgänger beeinflußt. Sie hat ohne das Ich nicht Kraft genug, sich diesem Einfluß zu entziehen. Eine mögliche äußere Ursache kann der Genuß von Ich-zurückdrängenden Drogen gewesen sein. Manche Kranke arbeiten dadurch aber auch auf besondere Art an ihrem Karma. Die karmische Arbeit kann ohne dämpfende Medikamente sehr viel zukunftswirksamer durchgeführt werden.

Frage: Eine zweite Frage ist in diesem Zusammenhang, ob die Angehörigen von Schizophrenen etwas Positives für den Kranken tun können. Diese Patienten sind meist höchst eigenwillig und ängstlich und verbergen ihre Angst, vergiftet zu werden unter Abwehr, Herablassung oder Besserwissen. Manche fürchten sich wirklich vor allem, andere sind motorisch gehemmt oder angetrieben. Sie nehmen keinen Ratschlag an. Sie nehmen auch die vom Arzt dringend empfohlenen Mittel nur äußerst ungern. So kommt es, daß die Familie oft zusehen muß, wie es dem Patienten schlechter geht, bis er eines Tages einen großen Wutanfall bekommt. Dann beklagen sich die Nachbarn über ihn, telefonieren mit der Polizei, und die Familie bekommt die Mitteilung, daß ihn die Polizei in die Klinik gebracht habe. Das ist schrecklich für die Familie wie auch für den Patienten. Der langen Rede kurzer Sinn: Gibt es Mittel, die die Angehörigen anwenden können, ohne den Patienten zu involvieren?

Zwei Dinge sind bekannt: das Gebet und eine treue, regelmäßige und verständnisvolle Kontaktaufnahme.

Der Große: Fortgeschrittene Heileurythmie kann es möglich machen, diese Trennung nach und nach zu überwinden. Das ist der eine Weg. Ein anderer Weg liegt in der Heilung durch das Sakrament. Die tägliche begleitete Teilnahme an der Kommunion holt das Ich weiter in die Seele und den Körper zurück.

Desweiteren können auch besondere Sprech- und Sprachübungen die Trennung überwinden. Diese sind aber von den Menschen noch zu erarbeiten. Sofern der Kranke in der Lage ist, solche Gespräche zu führen, ist ein Heranführen für ihn an die Doppelgängerproblematik günstig.

Panikattacken

Frage: Wir sind uns nicht sicher, gehen aber davon aus, daß psychische Krankheitsbilder in der Menschheit vermehrt auftreten. Gibt es dafür bestimmte Gründe, die uns mitgeteilt werden dürfen? Insbesondere zielt die Frage auf Panikattacken.

Der Nasse: Durch die Individualisierung des Menschen und seine Ausgliederung aus dem Familienverband treten beim Menschen rhythmische Störungen auf. Diese interpretiert Ihr als psychische Krankheiten. Diese Menschen haben Angst, ichbewußt zu leben. Gleichzeitig haben sie sich aber ichbewußt inkarniert. Daraus folgen Persönlichkeitsstörungen.

Durch die strenge Eingliederung in den Familienverband, der auch als psychisches Korsett funktionierte, traten in vergangenen Zeiten diese Störungen kaum auf. Das Individuum wurde auch noch nicht wahrgenommen. Die Menschen sagten: „Auf jedem Hof ist einer doof", und damit war die Sache erledigt.

Panikattacken entstehen bei der Fast-Bewußtwerdung des Alleinseins ohne Einbindung in einen gemeinsamen Blutsstrom.

Diesen Attacken kann entgegengesteuert werden, wenn sich diesem „Abgrund" langsam genähert wird. So hat auch Johann Wolfgang von Goethe seinen Schwindel überwunden.

Psychosen und Asthma

Frage: Inwieweit sind bei Erkrankungen wie z.B. Psychosen oder Asthma Elementarwesen beteiligt, eventuell z.B. karmaausgleichend? Was geschieht, wenn dieser Prozeß verhindert wird, z.B. durch Psychopharmaka oder Asthmaspray? Kann man an die entsprechenden Elementarwesen direkt appellieren? Was tut die anthroposophisch-homöopathische Therapie?

Der Nasse: Natürlich sind Elementarwesen beteiligt. Wir sind *immer* beteiligt. Es ist unwahrscheinlich, daß unsere Beteiligung karmaausgleichend ist. Sie ist höchstens ein Wiederbeteiligungsproblem. Die Krankheit hat karmische Ursachen. Häufig bemühen sich die gleichen Elementarwesen in diesem Leben darum, welche auch im früheren Leben beteiligt waren.

Es ist aber nicht so einfach, daß z.B. Fabrikbesitzer, deren Fabriken einen hohen Schadstoffausstoß in die Luft haben, in der nächsten Inkarnation unter Asthma leiden. Der Gedanke ist zwar bestechend, aber so nicht richtig.

Falls die Krankheit verhindert wird, wird sie im nächsten Leben in schwererer Form durchlaufen werden müssen. Man kann natürlich die Elementarwesen ansprechen. Das ist sogar sehr gut. Wichtig ist hierbei der persönliche Elementargeist, der sich über jeden Zuspruch sehr freut. Asthmatiker sollten die Luftwesen ansprechen und versuchen, mit ihnen aktiv zu leben. Psychotiker wenden sich an die Salamander oder an ihren Engel. Ein reges Gespräch mit dem eigenen Engel kann jede Psychose auflösen.

Die angesprochene Therapie versucht, in solche Richtungen dadurch zu wirken, daß sie die Freiheit des Menschen durch die Medikamente nicht beeinflußt. Das Gesunde wird gezeigt, aber nicht aufgezwungen.

Pollenallergie

Frage: Was ist der Grund dafür, daß so viele Menschen allergisch auf Pollen reagieren, und was können wir Menschen tun, um dieses Problem zu lösen?

Der Grüne: Der Hauptgrund ist eine Schwächung der ätherischen Kräfte durch eine fehlende Verbindung mit der Natur in bestimmten Kindheitsabschnitten. Die Nicht-Eingliederung der Gräser und Bäume, bzw. des Allergens, in den Aufbau des eigenen Ätherleibes löst diese heftigen Abwehrreaktionen im Erwachsenenalter aus.

Eine Möglichkeit der Lösung ist die sinnliche Beschäftigung mit dem Phänomen des Allergens. Eine gute Form dazu ist die künstlerische

Auseinandersetzung mit dem ätherischen Herkommen der Pollen. Eine weitere Möglichkeit ist die Injektion des auslösenden Stoffes, in kleinsten Mengen und kontinuierlicher Steigerung, bis zur Desensibilisierung.

Die beste Möglichkeit allerdings ist es, Kindern während der Ausprägung ihres Ätherleibes einen umfassenden regelmäßigen Umgang mit der Natur zu ermöglichen.

Pollenallergie und Mißbrauch

Frage: Lieber Grüner, eine ergänzende Frage zu Deiner Antwort zum Thema Allergie durch Pollen: Kann in der Kindheit eine Störung der Prägung/Gestaltung des Ätherleibs, die später zu allergischen Reaktionen führt, auch durch emotionalen oder sexuellen Mißbrauch des Kindes zustande kommen?

Der Grüne: Ja. Die beiden Formen des Mißbrauchs vor dem 14. Lebensjahr sind eine sehr große Belastung für den Ätherleib. Nicht jede Allergie wird aber dadurch hervorgerufen!

Erst nach der vollständigen Eingliederung des Ätherleibes ist der junge Mensch in der Lage, Sexualität mit seelischen Gefühlen zu verknüpfen.

Störungen in der Eingliederung des Ätherleibes führen zu Gedächtnislücken.

Migräne

Frage: Mehrere Millionen Menschen in Deutschland - überwiegend Frauen - leiden oft jahrzehntelang an Spannungskopfschmerzen oder Migräne. Wie kann man diese Krankheit verstehen lernen? Mit welchen Organbereichen und welchen seelisch-geistigen Verfassungen hängt sie zusammen? Und wie kann man die Kräfte, die da von einem Besitz ergreifen, besänftigen, ausgleichen oder auch aushungern?

Der Große: Der Migräne liegt eine Abschottung gegenüber kosmischen Einflüssen zugrunde. Menschen, die kosmische Einflüsse nicht zulassen wollen, leiden unter Migräne. So etwas tritt oft auch in bestimmten Perioden während des Lebenslaufs auf, und wenn ein Mensch geistig wieder offener wird, verschwinden die Migräneanfälle wieder.

[Flensburger Hefte 79, S.169]

Der Nasse: Spannungskopfschmerzen und Migräne sind vollkommen verschiedene Dinge. Erstere stammen aus der Muskulatur des Menschen und zeigen, daß dieser seinen Willensbereich eingeschränkt empfindet. Dadurch entsteht eine Verkrampfung. Diese läßt den Kopfschmerz entstehen. Entwicklung ist dann möglich, wenn der Mensch sich selbst gutwillig in seine Lebenszusammenhänge stellt. Dazu ist notwendig, daß er sie anerkennt, als seine erkennt und darinnen zu handeln beginnt. Dann endet das Gehandeltwerden, und die Spannung läßt nach.

Eine Ergänzung zur Migräne: Leiblich gesehen ist sie im Blut angesiedelt, welches sich an Stellen begibt, wo es zumindest in dieser Menge nicht hingehört. Im Blut west und pulst das Ich. Es zeigt sich in der Migräne ein Nichtanerkennen der Richtungsimpulse des Ich. Kurz gefaßt: Migräne ist die Aufforderung des Ich, seine Lebensrichtung zu ändern, Schritte zu machen zu einer Einigung von Ich und Seele.

BSE

Frage: Wie gesund sind Rinder, Schweine, Pferde, Schafe usw. heutzutage? Sind auch viele der Rinder mit BSE infiziert, die vor dem 24. Lebensmonat geschlachtet wurden, um den BSE-Test zu vermeiden?

Der Braune: Viele Rinder, die geschlachtet werden, haben BSE. Solange Ihr die Rinder weiterhin mit tierischem Futter füttert, wird diese Rinderkrankheit nicht aufhören. Solange die Menschheit den Rindern nur das Futter gibt, mit dem sie am schnellsten gemästet werden, damit sie möglichst viel Fleisch liefern, werdet Ihr kranke Rinder haben. Das wird sich erst ändern, wenn die Menschheit bereit ist umzudenken und den Tieren das zu geben, was sie auch brauchen.

Es gibt viele Rinder, die artgerecht leben, und diese Tiere sind auch gesund. Die meisten Mutterkühe sind noch gesund, weil sie sonst nicht gebären könnten, aber die meisten Fleischrinder sind bereits krank, sie haben, wenn sie geschlachtet werden, meist längst BSE. Wir Braunen denken immer noch, und das haben wir Euch auch schon gesagt, daß es gerecht und gesund ist, wenn Ihr Menschen das, was Ihr verursacht habt, auch selber aufeßt, weil Ihr dann durch die Verdauungsleistung Eure Schuld an den Tieren abbaut.

Frage: Wie stark verursacht der Fleischkonsum Risiken für Kopfkrankheiten?

Der Braune: Wenn Du Fleisch ißt, solltest Du es frohen Mutes machen. Wenn Du es nicht frohen Mutes tust, ist jeder Fleischkonsum schädlich. Du bist kein besserer Mensch, wenn Du kein Fleisch ißt.

Frage: Kann BSE auch durch Hunde und Katzen übertragen werden? Gibt es hier noch unbekannte Übertragungswege der Krankheit?

Der Braune: Da Hunde und Katzen nicht mit dem Ziel der Fleischproduktion ernährt werden, ist die Infektion mit BSE fast auszuschließen. Die Probleme mit BSE sind aus Eurer Profitgier erwachsen. Ihr wollt heute von einem Rind genausoviel Fleisch gewinnen wie in früheren Zeiten aus zwei Rindern. Das ist es.

Herzschrittmacher

Frage: Wie wird ein Herzschrittmacher von Euch erlebt? Gibt es Wege, ihn zu ersetzen?

Der Körperelementargeisthirte: Wenn man es als Mensch kann, kann man den Herzschrittmacher ersetzen. Du mußt Dein Körpergefühl so stark schulen, daß Du die Tätigkeit Deines Herzens mit dem Bewußtsein wahrnimmst. Wenn Du merkst, daß Dein Herz unrhythmisch schlägt, kannst Du einige leicht zu erreichende Punkte an der Körperoberfläche drücken, und Dein Herz wird sofort in seinen gewohnten Rhythmus zurückrinnen. Manche Menschen nennen diese Körpergebiete Meridiane; nenne sie, wie Du willst: Es wird gehen. Aber experimentiere nicht, das kann tödlich sein. Die Schulung muß so weit fortgeschritten sein, daß Du auch, speziell wenn Du in Bewegung bist, wenn Du unterwegs bist, Dein Herz steuern kannst. Es reicht nicht, wenn Du Dir angeeignet hast, es in Ruhe und Abgeschirmtheit wahrzunehmen.

Eine Hilfe für die Herzkrankheiten ist also die Berührung der sogenannten Meridiane. Und sehr mildernd und mindernd wirkt bei Herzkrankheiten die Besinnung auf das Christuswesen.

Ein Körperelementarwesen wie ich erlebt den Herzschrittmacher als schützend für gewisse Bereiche, die der Mensch selbst aufgegeben hat. Wir stehen ihm neutral gegenüber. Wir empfinden ihn nicht als schlimm, wenn der Mensch ihn als Beginn einer Auseinandersetzung mit der eigenen Körperführung sieht.

Einziger Nachteil ist der ständige Verbrauch von Stromwesen in Herznähe, wobei sich die Stromwesen dabei den Menschen in gewisser Weise angleichen. Es ist nicht ganz harmonisch, aber es läßt sich wohl technisch nicht anders lösen.

Neurodermitis und Tinnitus

Frage: Was hat es mit der starken Verbreitung von Neurodermitis bei Kleinkindern auf sich, und was ist dagegen zu tun?

Der Körperelementargeisthirte: Die Neurodermitis bei Kleinkindern ist durch eine gesunde Lebensführung der Mutter während der Schwangerschaft erheblich einzudämmen. Zweitens ist sie stark einzudämmen durch eine gründliche Rhythmisierung des Lebens der kleinen Kinder. Das bedeutet: zu regelmäßigen Zeiten aufstehen, zu Bett gehen und Mahlzeiten zu sich nehmen. Außerdem ist es hilfreich, wenn diese kleinen Kinder nicht dauernd ihren Kopf durchsetzen, sondern durch starke Führung Grenzen erfahren. Wenn sie solche liebevollen, aber deutlichen Grenzen erfahren, wird auch ihr Grenzorgan, die Haut, wieder heilen.

Der Nasse: Durch die Grenzenlosigkeit der Nichtabgrenzung in unserer heutigen Zeit werden sämtliche Hauterkrankungen hervorgerufen.

Frage: Woher rührt der Tinnitus, und wie kann man ihn behandeln?

Der Nasse: Der Tinnitus ist gewissermaßen etwas sehr Fortschrittliches. Es ist der Beginn des inneren Hörens, allerdings auf halbbewußter, unbewußter Ebene. Das Hörorgan bildet neue Fähigkeiten aus, lenkt Bewußtsein ins Hören, tut es aber ohne die nötigen Zwischenstufen. Behandeln kann man es, indem man bei kleinen Kindern möglichst frühzeitig Bewußtsein ins Hören lenkt. Und - ich setze hier ein Ausrufezeichen - wichtig ist, kleine Kinder nicht laufend mit Radiolärm zu belasten.

HIV/Fibromyalgie

Frage: Gibt es eine Möglichkeit, in Zusammenarbeit mit den Naturgeistern die Heilmittelerkenntnis zur Behandlung, insbesondere auch der „neuen" Krankheiten wie HIV und Fibromyalgie zu erweitern; ist z.B. die HIV-Therapie mit Hypericum und/oder Mercurius erfolgversprechend, gibt es eine Chance, den Komplex Fibromyalgie evtl. mit Niedrigpotenzen von Cannabis indica bzw. Aurum anzugehen? Darüber hinaus wäre für mich natürlich interessant, ob die Naturgeister unter Umständen auch zu längerer Zusammenarbeit bereit wären?

Verena Staël von Holstein: Ich möchte vorausschicken, daß ich keine Ärztin bin und keine menschliche/medizinische Verantwortung für den Inhalt bzw. die richtige Wiedergabe der Antworten übernehmen kann.

Der Nasse: Es gibt Möglichkeiten zur Zusammenarbeit mit uns Geistwesenheiten. Wir stehen positiv dazu.

Die neuen Krankheiten entstehen hauptsächlich, weil

- der Mensch seine Zusammenarbeit mit den Geistern der Geburt und des Todes erlernen muß
- der Mensch sich den Tod als einen positiven Moment seines Lebens erarbeiten muß
- alte Krankheiten zum Teil ausgerottet sind
- die neuen Krankheiten den neu ergriffenen Wesensgliedern des Menschen besser entsprechen
- durchaus auch die dunkle Seite ihre Finger im Spiel hat.

Diese Aufzählung ist ergänzungsfähig. Es sind aber in ihr in absteigender Reihenfolge die uns wichtigsten Punkte enthalten.

Zur HIV-Therapie ist zu sagen, daß das Johanniskraut in die falsche, während Quecksilber, aber auch Platin, in die richtige Richtung führt. HIV ist eine Krankheit, welche das Ergebnis der Apparatemedizin mit langfristiger Lebenserhaltung ist. Die beste Heilung wäre ein Nah-Todeserlebnis (eine neue Jordantaufe), allerdings ist wegen der Freiheit des Menschen kein Arzt dazu aufzurufen.

Fibromyalgie sollte mit einem Reigen der sieben alten Planetenmetalle in ganz langsamem Anstieg aus den niedrigen Potenzen begegnet werden. Die konkrete Therapie dazu ist von Euch Menschen auszuarbeiten. Halluzinogene sind zu meiden, da sie, auch potenziert, noch weiter den Ätherleib gegen den physischen Leib verschieben. Diese Verschiebung ist die eigentliche Ursache dieser Krankheit. Sprachgestaltung kann helfen.

Zahnimplantate

Frage: Welche Folgen haben Zahnimplantate aus Titan für den Menschen?

Sami, das Titanwesen: Ich verbinde mich eigentlich nicht. Mein Planet läuft noch im Verborgenen, er mondet noch. Ich bin ein sehr wäßriges Metall, nicht komprimierbar. Durch meine Verwendung in Eurem Mundbereich wird anderes kosmisches Sein allem beigegeben, was an mir vorbeiströmt; aber nicht materiell. Die Körperelementargeister beachten mich kaum. Eure Sprachgeister beachten mich. Diese stört meine kosmische Präsenz.

Ihr entscheidet, daß sie da ist. Ich bin Euch freundlich gesonnen.

Brillen

Frage: In neuerer Zeit werden immer mehr Brillen mit Kunststoffgläsern angeboten. Hat das Licht, das durch die Kunststoffgläser in das Auge fällt, eine andere Qualität als das von Brillen mit Quarzgläsern? Welcher Art sind diese Qualitäten, und wie wirken sie sich auf den Menschen aus? Gilt das auch für weiche bzw. harte Kontaktlinsen?

Der Luftige: Da die Brille nicht direkt vor dem Augapfel bzw. der Pupille sitzt, durchläuft das Licht hinter dem Glas noch wieder Raum. Dort wird das Licht wieder angereichert mit dem, was durch das Brillenmaterial herausgefiltert wurde. Das Brillenmaterial verändert eigentlich nur die Richtung des Lichts. Schauende Menschen setzen zumeist die Brille ab, gleich aus welchem Material, wenn sie schauen. Oder sie schließen die Augen, um die ursprüngliche Richtung des geschauten Bildes zu gewinnen. Insofern hat das Material der Brille keinen direkten Einfluß auf die Qualität des Lichts.

Bei Kontaktlinsen ist das anders, da diese direkt auf dem Auge aufliegen. Dadurch wird der Sinn des Materials auf das Licht übertragen. Die Weisheit kann nicht unberührt davon bleiben. Je kristalliner die Linse ist, desto geringer ist dieser Effekt. Die Weisheit wird verbogen. Es kann dadurch eine vollkommen falsche Auffassung von der äußeren Welt entstehen, der Zugang zu den übersinnlichen Welten wird behindert. Die Weisheitsbildung im Alter wird behindert. Der Sinn für Schönheit wird beeinflußt, denn Schönheit wirkt deutlich über das Auge, und dieses wird durch die Kontaktlinse von der äußeren Welt, wo sich die Schönheit befindet, abgeschirmt. Diese Abschirmung überträgt sich sogar auf gehörte oder gefühlte Schönheit, da das Schönheitsempfinden an sich verformt wird.

Wichtig ist, daß der Mensch sich bewußt ist, daß er eine Sehhilfe trägt. Weisheit ist schön. Schönheit ist weise.

Ritalin

Frage: Was macht Ritalin mit den aufmerksamkeitsgestörten Kindern? Warum werden sie bei diesem Medikament konzentriert? Regt es den Stoffwechsel des Gehirns an? Auf Kosten welcher Kräfte in ihnen geschieht das? Was geschieht menschenkundlich - auch schicksalsmäßig - mit den Kindern bei häufiger Einnahme dieses Medikaments?

Der Große: Der Wirkstoff Methylphenidathydrochlorid bewirkt bei den Kindern, daß das sich inkarnierende Ich zurückgedrängt wird und dafür ein ahrimanisches Wesen Einfluß erhält. Es ist der ahrimanische Doppelgänger, welcher die Fähigkeit zur kalten Konzentration in sehr hohem Maße besitzt. Methylphenidathydrochlorid ist ein bewußtseinsveränderndes Rauschgift, es ähnelt dem Kokain. Das Gehirn wird so beeinflußt, daß es den gewichtslosen Raum in ihm durch eine Erstarrung der Stoffwechselprozesse verändert. Diese werden unflexibel und reagieren weniger auf die eigentlichen Anforderungen des Zusammenspiels der Leiber.

Je länger das Medikament eingenommen wird, desto ausgeprägter ist diese Wirkung. Die Einflußmöglichkeiten des ahrimanischen Doppelgängers werden immer größer. Dadurch wird die eigentliche Schicksalsausformung beeinflußt. Die Ichwesenheit hat immer weniger richtigen Einfluß auf den Leib. Sie wird zurückgedrängt zugunsten kalter, abtötender Prozesse.

Die Aufarbeitung dieser Medikation kann allerdings noch innerhalb dieser Inkarnation beginnen, wenn der Mensch oder seine Vorbilder sich diese Prozesse klarmachen.

Drogen

Frage: In meine Behandlung kommen auch Menschen, die Drogen genommen haben und teilweise sehr durch Entwicklungsrückstände und manchmal völligen Rhythmusverlust geschädigt sind. Ist es möglich, daß sie den Entwicklungsrückstand wieder völlig aufholen, oder stimmt es, daß sie auf dem Stand stehenbleiben, auf dem sie aufgehört haben, Drogen zu nehmen? - Womit kann ihnen zusätzlich zum homöopathischen Mittel geholfen werden?

Der Nasse: In dem Moment, in dem das menschliche Ich wieder die Verantwortung für seine Leiber übernimmt, kann sehr viel Entwicklung geschehen. Häufig sind durch die schlechten Erfahrungen die Entwicklungsschritte sogar schneller zu vollziehen und sogenannte Rückstände einholbar, sofern der eigene Rhythmus wiedergefunden wird. Sehr hilfreich sind künstlerische Prozesse, speziell Musik, starke Rhythmisierung sowie beim verbal orientierten Menschentypus Gesprächsrunden. Jedweder schöpferische Prozeß wird heilungsunterstützend sein. In Erkenntnis des Menschenbildes des Patienten wird die beste schöpferisch künstlerische Tätigkeit sichtbar werden.

Heilmittel und Alkohol

Frage: Bei der Herstellung von Heilmitteln wird in den meisten Fällen sowohl bei den Pflanzenauszügen als auch später bei der Abgabe an den Patienten Alkohol eingesetzt. Ist das eine erhebliche Qualitätsminderung? Sollte besser nur mit Wasser extrahiert werden und an den Patienten in getrocknetem Zustand (Pulver, Tabletten) abgegeben werden?

Der Nasse: Dies ist eine sehr grundlegende Frage. Es ist schwierig, eine allgemeingültige Antwort darauf zu finden, da die Pflanzenauszüge zum Teil sehr unterschiedlich auf das Auszugsmittel reagieren.

Alkohol hat eine stark austrocknende Wirkung. Er kann daher, ohne viel Schaden anzurichten, gut bei Blattpflanzen und bei Früchten angewandt werden. Blüten- und Wurzelpflanzen sollten besser nicht damit behandelt werden, da sie ausreichend konzentriert sind.

Es sei anzumerken, daß der geistige Ansatz zur Medikamentenherstellung wesentlich wichtiger ist als das Auszugsmittel selbst. Das Auszugsmittel ist hineingestellt in die menschliche Freiheit, und dadurch entspricht seine Wirksamkeit den Rhythmuskräften der es anwendenden Freiheit.

Ein Alkoholauszug kann durch geformte Sprache und wäßrige Rhythmisierung umgewandelt werden. Laßt ihn im Dreivierteltakt tanzen.

Die Pille

Frage: Wenn eine Frau viele Jahre lang die Empfängnisverhütungspille einnimmt, mit welchen Schädigungen hat sie dann zu rechnen? Gibt es auch solche, die sich vererben?

Der Nasse: Immer wieder Fragen nach den Folgen der menschlichen Freiheit!

Durch die ständige falsche Hormonversorgung ihres Körpers - sie ist permanent schwanger, ohne es zu sein - spiegelt die Frau etwas ins Ungeborensein der Menschen zurück. Etwas, was dort etwa so klingt: Ich trüge gerne einen von Euch, aber ich will keinen von Euch haben! Das verunsichert die Wesen, welche sich inkarnieren möchten.

Bei der Frau selbst wird eine unaufhörliche Weichheit erweckt, welche sie ihr Karma anders angehen läßt als ohne die Pille. Der schwangere Körper muß viel weicher sein als der nicht schwangere. Da Materie immer eine geistige Entsprechung hat, wird diese damit auch geweicht.

Auf einen späteren Fötus geht davon eigentlich nichts über, geistig ist seine Mutter anders, als sie es ohne Pille gewesen wäre.

Frauen, welche diese Hormone ständig in sich tragen, können zu ihrem Lebenspartner nicht ein echtes Frau-Mann-Verhältnis aufbauen, da sie eigentlich nicht ganz Frau, sondern „Mager-Mutter" sind.

Heilmittelherstellung

Frage: Meine Frage bezieht sich auf das Herstellen von Arzneien in D-Potenzschritten und ihren Wirkungen im Sinne einer Durchchristung der Medizin, von der Rudolf Steiner sprach. Man kann die materielle Daseinsstufe als eine Stufe ansehen, in die die geistigen Wesen herabgestiegen sind und dort eine Art Tod erlitten haben. Wenn ich jetzt die Materie - ich denke dabei an Metalle oder Edelsteine - zerreibe, dann befreit sich stufenweise das geistige Wesen wieder. Dies kann ich wahrnehmen, ich kann auch bemerken, wie von Potenzstufe zu Potenzstufe die Wirkung im Organismus des Menschen eine andere wird; erst mehr im Ätherischen, dann immer feiner in seelischen und geistigen Bereichen. Wenn sich der Mensch, der potenziert, innerlich sehr bewußt an die heilenden Kräfte anschließt, dann kann, glaube ich, etwas entstehen, was mit der Auferstehung zu tun hat; eine Arznei, die vorher in der Weise nicht da war.

Liebe Naturwesen, worauf sollte man Eurer Ansicht nach achten? Wie erlebt Ihr diesen Vorgang? Können insbesondere die Steinwesen ihn bejahen? Wie kann der Potenzierende sich innerlich richtig ausrichten?

Der Nasse: Sofern das Potentiat nicht durch Verreibung, sondern durch Verdünnung mit Wasser potenziert wird, gibt es eine ganz simple Methode, zu einer Durchchristung des Potentiates beizutragen: Wasser ist Leben. Leben ist lernfähig. Wasser verändert sich, wenn man zu ihm spricht, und auch bei Musik. Du kannst dem Potentiat christliche Heilungskräfte zuführen, wenn Du dem Wasser Worte des Christus mitgibst. Es gibt einige Stellen, speziell im Evangelium des Johannes, die dazu geeignet wären. Nimm eines der Ich-bin-Worte. Alle auf einmal wären zuviel. Es ist auch folgende einfache Formel möglich: „Im Namen des Christus, heile!"

Der Steinerne: Es wird ein Problem gewesen sein, den Potenzierenden innerlich richtig auszurichten. Er wird dabei, vom Stein aus betrachtet, blitzschnell erschöpft gewesen sein. Das beste wird es gewesen sein, er wird seinen Geist von allen Fragen befreit gehabt haben. Dann können die höheren Wesenheiten für den Kranken am besten durch ihn hindurch gewirkt gehabt haben.

Es ist ein richtiges Bild gewesen gewesen: Mit der Befreiung des Steines zum Sand gehen die Energien durch alle menschlichen Leiber bis zu den höchsten Stufen, aus menschlicher Sicht. Für den Stein ist es nur im Verbund mit allen vier Elementen möglich, die Auferstehung zu betrachten. Wir sind so dicht, so sehr tot, daß wir nicht mehr wir selber sind im Leben. Erst wenn der tote Tod und der lebendige Tod im Stein sich scheiden am Ende der Erde, wird der bewußte Wechsel ins Leben möglich werden.

In der vierfachen Schau wird es richtig gewesen sein mit dem Aufstieg durch die menschlichen Leiber. Aus vorgenannten Gründen werde nicht ich, sondern Knut die Wirkung der Potenzstufen bejaht haben können. Mit Christus.

Frage: Was geschieht allgemein beim Potenzieren?

Der Nasse: Potenzieren von Heilmitteln kann man nur mit der Hand des Menschen tun. Mit dem Fuß geschüttelte Heilmittel hätten eine andere Wirkung. Der schüttelnde Mensch sammelt die Wirksamkeiten des Kosmos und überträgt sie über seinen Willensbereich (Hand) auf das Heilmittel. Je niedriger die Potenz ist, desto niedriger ist der wirksame Leib des Menschen. Das ist zweifach zu verstehen, einmal auf den schüttelnden Menschen bezogen, einmal auf den zu heilenden Menschen bezogen. Je höher die Potenz ist, desto höhere Wesensglieder beginnen zu wirken und werden bewirkt. Das reicht tatsächlich hinauf bis zum Geist des Menschen.

Die Bewegungsrichtung der Hand ist eine Glaubensfrage. Soweit der arbeitende Mensch überzeugt ist, daß seine die richtige ist, wird sie wirken. Die Bewegungsrichtungen der beiden Firmen sind unterschiedlich, da sie mit unterschiedlichen Trägersubstanzen arbeiten, und die jeweilige Bewegungsrichtung der verwendeten Trägersubstanz angepaßt wurde.

Für die Heilmittel wäre es von großem Vorteil, wenn der Schüttelnde gesund und Herr seiner selbst ist, sonst überträgt sich bei niedrigen Potenzen die Krankheit und bei höheren bis hohen Potenzen die geistige Störung.

Frage: Mineralische Mittel werden für tiefgreifender gehalten als pflanzliche. Stimmt das? Wie ist es möglich, daß mineralische Mittel eine Wirksamkeit in allen drei Bereichen haben?

Der Grüne: Ahriman hat eine Wirksamkeit in allen drei Bereichen. Deswegen haben auch ahrimanische Mittel, und das sind mineralische Mittel, dort ihre Wirksamkeit. Pflanzliche Mittel gehören eher zu den Liebestaten und wirken auf luziferische Krankheiten. Deswegen wirken pflanzliche Mittel aus der Hand eines Heilers heraus so großartig. Sie wirken manchmal schwächlich, wenn sie ohne Heilungswillen angewandt werden.

Frage: Enthalten die aus Tieren hergestellten Mittel noch etwas von deren Astralität, z.B. von Schwein, Rind, Spinne, Schlange, Schnecke, Biene?

Der Grüne: Natürlich. Am stärksten ist dies bei Gifttieren. Daher sind homöopathische Mittel aus potenzierten Tiergiften so tiefgreifend. Sie verändern die Gelüste des zu Heilenden. Gleichzeitig entsteht bei tierischen Präparaten eine Bindung zwischen dem Tierwesen und dem Patienten, welche karmisch bearbeitet werden muß. Je hochstehender das Tier ist, desto komplizierter ist diese Auflösung. Insekten, speziell die staatenbildenden, entsprechen in gewisser Hinsicht pflanzlichen bzw. kosmischen Aspekten. Die Biene z.B. heilt mit der Sonne.

Heilmittel und Pflanzen

Frage: Wir arbeiten als zwei Freundinnen (Botanikerin und Ärztin) für eine Arzneimittelfirma und haben Fragen zu den Heilpflanzen, ihren wäßrigen, rhythmisierten Auszügen und den daraus hergestellten Potenzen: Wie hängt das Elementarwesen einer bestimmten Pflanze/Heilpflanze mit ihrem Wesen zusammen? An wen wende ich mich, wenn ich die Pflanze anspreche?

Der Grüne: Da gibt es zwei Möglichkeiten: Du kannst Dich direkt an die Pflanze wenden oder an ihren zuständigen Grünen. Pflanzenhirte ist auch eine gute Bezeichnung für uns.

Die Pflanze selber ist schwieriger zu erreichen, da sie im irdischen Sein tief und fest schläft. Folglich muß der Mensch, wenn er sie erreichen will, sich dahin begeben, wo sie wach ist. Das geht, meistens sind aber nur Eingeweihte dazu in der Lage.

Wir stehen direkt neben Euch. Ganz wach. Wir sind aber nicht die Pflanzen selbst. Wir sind Euch viel fremder, obwohl wir neben Euch stehen, als die Pflanze, welche allerdings fast unerreichbar ist. Die Pflanze ist Euch relativ ähnlich. Der Anker der Ähnlichkeit beruht in der Tatsache, daß sowohl die Pflanze als auch Ihr einen physischen Leib habt. Dadurch kann die Pflanze im Menschlich-Physischen heilend tätig werden.

Wir Elementarwesen haben die Aufsicht über dieses Physische. Jede Pflanze hat ein kleines Grünlein. Dieses Wesen ist solange existent, wie das Physische einer Pflanze in der Welt ist. Es schützt dieses Physische und organisiert die Tätigkeit der Sylphen, Undinen, Gnomen und Salamander darinnen.

Frage: In welcher Weise werden die Elementarwesen bei der Herstellung von alkoholfreien, in den Morgen- und Abendstunden rhythmisierten Pflanzenurtinkturen noch mehr einbezogen und gewürdigt? Wie kann man es sich vorstellen, daß Patienten durch die Elementarwesen, die bei der Herstellung ihrer Arzneien geholfen haben, nachts durch diese Elementarwesen in ihrem Gesundungsprozeß unterstützt werden? Das scheint doch für den Heilungsvorgang ein ganz wichtiger und wenig beachteter Prozeß zu sein, den wir den Elementarwesen noch viel zu wenig danken.

Der Grüne: Von den Elementarwesen, welche im Physischen der Pflanze sind, verbinden sich einige, hauptsächlich Undinen, aber auch die anderen, mit der Urtinktur. Diese Wesen prägen bei der Rhythmisierung ihre Qualität dem Wasser auf. Diese Qualität haben sie von der Pflanze gelernt. Eigentlich heilt dann das Wasser.

Der Nasse: Das ist der Grund, warum es möglich ist, fast beliebig hohe Potenzen herzustellen. Der Stoff ist dafür unwichtig. Die Undinen können unterstützt werden, indem man ihnen kosmische Hilfen zuteil werden läßt. Eine große kosmische Hilfe ist das Tagesbild, welches hinter dem Aufgang der Sonne steht und zum Zeitpunkt des Sonnenaufgangs den Undinen direkt zugänglich ist. Desweiteren ist die Berücksichtigung der Planeten vor dem Tierkreis sehr hilfreich. Es gibt z.B. Tage, an denen keine Medikamente hergestellt werden sollten. Die kosmischen Stellungen machen an solchen Tagen aus den Heilmitteln eher Schadensmittel. Es gibt hier die elementarische Qualität der Tierkreiszeichen und die elementarische Qualität der Wandelsterne in Erde, Wasser, Luft und

Feuer zu berücksichtigen. Je nach Krankheitsbild gibt es positive, neutrale und schädigende Stellungen.

Die Undinen geben ihren Heilungsimpuls an den persönlichen Elementargeist weiter, welcher ihn dann während der Nacht mit Hilfe der zuständigen Hierarchien in den Körper integriert. Die Erstverschlimmerung entsteht durch eine Bewußtwerdung der Krankheitselemente bei dem persönlichen Elementargeist.

Mehr ist in diesem Rahmen dazu nicht zu sagen.

Hochpotenzen und Karma

Frage: Die Aussage, daß mit homöopathischen Potenzen über der 30. Potenz ins Karma eingegriffen oder das Karma belastet wird, beschäftigt mich, und ich würde da gern Genaueres wissen. Gern auch, zu welchem Anlaß Rudolf Steiner darüber etwas gesagt hat; bisher konnte niemand dazu eine genaue Auskunft geben, nur daß er es gesagt haben soll.

Ich habe bisher gedacht, daß es Krankheiten mit karmischem Hintergrund und welche ohne, also einfach, weil Menschen hier leben, gibt. Wie kann ich ins Karma eingreifen, wenn es keinen karmischen Hintergrund gibt? Oder ist jede Krankheit karmisch?

Eine weitere Annahme ist, daß ich mit homöopathischen Hochpotenzen immer nur soweit eingreifen kann, wie ein Mensch bereit ist, seine Probleme zu bearbeiten, bzw. was er bereit ist, von sich anzuschauen.

An anderer Stelle in dem Buch steht, heilen ist immer positiv. Gilt das hier dann nicht mehr? Und was ist, wenn ich z.B. eine C200 nicht gebe, weil ich Angst habe, mein Karma zu belasten, und weiß, daß ich mit der C12 nicht helfen kann; belaste ich dann mein Karma nicht?

Der Grüne: Rudolf Steiner hat es tatsächlich gesagt, im Gespräch mit verschiedenen Ärzten. Dort ging es erstmalig um Potenzen der Mistel.

Jede Krankheit hat einen karmischen Hintergrund. Er ist nur unterschiedlich weit weg. Ein Schnupfen verhindert quasi mathematische Kleinigkeiten, weil Mensch wegen des Schnupfens irgendwo nicht hingeht. Eine Krebserkrankung ist sehr eng gelebtes Karma. Auf diese Enge kommt es dann bei der Behandlung auch an. Es gibt immer eine arzneiliche Alternative zu den Hochpotenzen. Sie sind schlichtweg unnötig. Häufig sind ein Gespräch oder eine künstlerische Beschäftigung und/oder Frischpflanzenauszüge wesentlich günstiger. Diese sind dann in ihren Wirkungen auch direkt vom Arzt zu verfolgen.

Die Hochpotenzen wirken in Leibern, welche außerhalb der Erde sind. Deshalb kann kein Arzt, welcher noch im Körper ist, wirklich verfolgen, was dabei geschieht. Damit gibt er sein Tun aus der Hand. Das ist der Hintergrund für die starke eigene Karmabelastung.

Diese Tatsache bleibt auch bestehen, wenn er die Hochpotenzen wegläßt. Das ist aktives Handeln im Hier und Jetzt, und damit vom Handelnden zu überschauen. Ein Arzt sollte sich darüber im Klaren sein, daß er bei seinem Beruf eigentlich immer am Karma herumfummelt. Nur sollte er dabei die Folgen seines Tuns bestmöglich überschauen können. Ehret die Pflanzen!

Heilen

Frage: Welche schon existierenden Heilmethoden kommen dem Wirksamwerden des Heilenden Geistes nahe? Welche Voraussetzungen kann ich schaffen und welche Übwege gehen, um mit diesen Kräften heilend zu arbeiten? Ist das Sich-Vertiefen in die Begriffswesen (z.B. von „Licht, Leben, Liebe"), das der Therapeut zusammen mit dem Hilfesuchenden durchführt, dafür ein guter Weg?

Der Große: Es ist sehr schwer, Deine Frage in Kürze zu beantworten. Die jetzige Menschheit hat noch sehr wenig Sinn für den Heilenden Geist. Der Heilende Geist ist durch die Sprache des Menschen zu erreichen. Die Sprache des Menschen enthält die Fähigkeit, alles zu erschaffen, und damit auch alles zu heilen. Heilen ist Ordnen. Aus diesem Blickwinkel betrachtet, ist die Beschäftigung mit Begriffen gut. Nur die Sprache gibt die Möglichkeit, Begriffe zu haben.

Der Heilende Geist ist das, was am Ende der Sprache ist. Im Urbeginne war das Wort! Der Mensch muß lernen, selbst Worte zu finden, die neue Urbeginne sind. Betrachte das Johannesevangelium und heile mit dessen Worten!

Zeitgemäße und unzeitgemäße Therapieformen

Frage: Ich habe als Arzt mit Menschen zu tun, die immer wieder von neuen Therapiemethoden begeistert sind und alle dazu impulsieren möchten. Dazu gehört z.B. die Bioresonanztherapie und das Arbeiten mit elektrischen Frequenzen, wie es von der Engländerin Hulda Clark propagiert wird. Alles hat seine Frequenz, jedes Mineral, jede Pflanze etc., auch jeder Krankheitserreger, jeder Parasit, und ich kann so durch bestimmte Frequenz oder Gegenfrequenz jederzeit anregen oder töten. Was mache ich eigentlich, wenn ich so etwas als Arzt anwende, z.B. bei Borreliose? Sind diese Methoden damit vereinbar, daß man versuchen möchte, im Sinne des Schicksals zu wirken? Bei Borreliose z.B. wird heute schulmedizinisch eine intensive antibiotische Behandlung durchgeführt. Wäre es da nicht besser, mit Frequenzen zu behandeln?

Der Nasse: Das kommt darauf an, auf welcher Ebene Du heilen möchtest. Körper, Ätherleib, Astralleib oder sogar Ich? Willst Du im Sinne des Schicksals wirken, setze bei der Freiheit des Ich an. Das ist natürlich der schwerste Weg.

Intensive antibiotische Chemie pfuscht im Ätherleib herum. Frequenzresonanz agiert im Körperlichen, überspringt die höheren Leiber und zwingt den persönlichen Elementargeist zum Handeln. Du mußt entscheiden, welches der richtige Weg ist.

Zeitgemäß wäre die Impulsierung des Ich zum richtigen schicksalsgemäßen Umgang mit der Krankheit. Dazu ist es günstig, dem Ich über den Körper das reine Bild der Krankheit zu zeigen. Das geschieht auf der materiellen Seite durch die Einnahme eines Medikaments, welches dieses Bild im Körper erzeugen kann.

Ich hoffe, Du verstehst mich. Du hast eine sehr gute Art zu fragen. Sie schont durch Deine guten Erklärungen auch meine Menschin.

Genuß

Frage: „Die Menschen der jetzigen Zeit sind und müssen aus mehreren Gründen Genußmenschen sein." – Das sagt der Luftige auf S.126 in FH 80. Was sind diese Gründe? Kommt es nicht vor allem darauf an, *wie* man genießt? Ist gerade der materialistische Sinnengenuß nicht die Wurzel allen Übels heute, dieses Festsitzen in den Sinnen, das mittlerweile auf fast allen Ebenen Suchtcharakter hat? Ist das nicht die Amfortas-Krankheit? Ist der heutige Bewußtseinsseelenmensch nicht schon zu anderem berufen?

Der Luftige: Der Bewußtseinsseelenmensch ja. Aber erst, wenn er durch den Genußmenschen hindurchgegangen ist. Der verlorene Sohn hat zur Welt- und Bewußtseinsentwicklung mehr beigetragen, als der, welcher zu Hause blieb. Nur durch das Kennen der Sinne können sie beherrscht und erhöht werden. Du kannst als Mensch nichts verbessern, was Du nicht kennst. Nur im Ergreifen Deiner persönlichen Freiheit, der Kraft Deines Ich, kannst Du den Genußmenschen zu Höherem führen. Ohne Genuß wird der Mensch im Höheren, auf dem geistigen Feld, nicht in der Lage sein, Schönheit zu gestalten. Er kennt sie dann nicht!

Amfortas konnte eben gerade nicht mehr Schönheit vollständig erkennen. Das kann nur überwunden werden durch den vollständigen Durchgang, mitten hindurch.

Akupunktur

Frage: Ist die Akupunktur eine empfehlenswerte Heilmethode auch für den westlichen Menschen? Was geschieht dabei mit dem Ich? Bitte auch einige Worte zur Elektroakupunktur.

Die Silberne: Die Akupunktur wirkt unabhängig von Zeitalter und geographischer Lage. Das heißt, es ist vollkommen uninteressant, wer gepiekst wird. Um das Pieksen geht es. Das Eindringen der Nadeln geht ursprünglich auf schwarzmagische Praktiken zurück. Durch das Stechen werden die Krankheiten getötet. Es steht in Eurer Freiheit, Tod zur Heilung zu nutzen. Desweiteren wird dabei das Ich des Menschen umgangen. Zukunftsweisende Heilung ist nur mit dem Ich des Menschen möglich. Dann wird ein gesünderes Sein für die neue Inkarnation angelegt.

Die Elektroakupunktur ist eine Computerisierung und Automatisierung der Akupunktur. Sie arbeitet nur noch mit dem physischen Leib, und alle automatisierten Verfahren unterliegen den Einflüssen der ahrimanischen Hierarchien.

Vom Mond aus betrachtet ist die freiwillige Hingabe an ahrimanische Wesenheiten eine große Dummheit!

Massage und Öldispersionsbad

Frage: Seit zehn Jahren massiere ich beruflich in meiner kleinen Privatpraxis und in einer sozialtherapeutischen Einrichtung. Außerdem gebe ich Kurse, in denen ich Laien einige von mir entwickelte Griffe beibringe, damit diese sich im Alltag gegenseitig den oberen Rücken und Nacken entlasten können. Wahrnehmendes, achtungsvolles Berühren zu vermitteln, ist dabei mein Bestreben. Ich arbeite mit der Rhythmischen Massage nach Dr. Ita Wegman, nach der Heilmassage nach Dr. Simeon Pressel und auch mit klassischen und intuitiven Griffen.

Ich habe den Eindruck, daß wir mit der menschlichen Berührungsmöglichkeit durch unsere Hände eine besondere Gabe haben. Was geschieht dabei geistig? Wie kann ich diese heilsame Gabe so einsetzen, daß ich dabei so hilfreich wie möglich dem zu Helfendem sein kann, aber auch gleichzeitig selber nicht zu viele eigene Kräfte verliere - oder, wenn es richtig ist, daß ich dabei auch eigene Kräfte abgebe? Wie finde ich das richtige Maß oder die richtige Regenerationsfähigkeit?

Der Große: Die Berührung der menschlichen Hand ist ein Ausdruck des freien Willens. Das ist das Besondere daran. Die Arme und Beine des Menschen sind die Teile, die den menschlichen Willen repräsentieren. Dies kann so vorgestellt werden wie die Radien einer Kugel. Die Mittelpunkte der Kugeln sind jeweils am äußeren Ende der Gliedmaßen. Im Mittelpunkt wird der Umkreis zum Zentrum. Im Mittelpunkt ist auch alles das vorhanden, was auf der Hülle der Kugeloberfläche vorhanden ist, aber in einem Punkt zusammengefaßt. Die Hände sind in der Lage, den menschlichen Willen zielgerichtet, aber maßvoll zu übertragen. Dort kann dann Wille ausfließen.

Zum Heilen kannst Du die Fließrichtung des Willens umkehren. Erst erfährst Du durch Deine Hände, wo die Störungen sitzen, dann fließt das Empfangene zurück und löst die Störungen.

Wenn Du bereit bist, diesen doppelten Willensfluß aufzunehmen, also ernst zu nehmen, zu verwandeln, dann benötigst Du eigentlich nur bei der Verwandlung eigene Kraft. Du mußt nur bereit sein, die Kraft des Kranken anzunehmen. Da gibt es eine Schwelle zu überwinden. Die Kraft zur Verwandlung ist ziemlich gering, da es keine Lebensenergie ist. Sie kann sehr gut durch eine künstlerische Betätigung oder auch Entspannung regeneriert werden.

Frage: Wenn ich eine gute Massage bekommen habe, fühle ich mich anschließend wieder besser in meiner Mitte, erlebe mich mutiger dem Leben gegenüber, bin ausgeglichener, friedlicher, nichts kann mich so leicht aus der Ruhe bringen. Dieses Lebensgefühl würde ich gern auch meinen Patienten vermitteln, denn ich glaube, daß das eine Grundlage von Gesundheit bedeutet - sowohl auf körperlich-seelischer als auch auf sozialer Ebene. Worauf sollte ich beim Massieren noch mehr achten? Welche Formen, welche innere Einstellung, welche Fragen und Gedanken sollen damit verbunden sein, damit Heilsames geschehen kann?

Der Große: Die Formen, welche Du benutzen solltest, sind grundsätzlich runde. Die Linien dürfen sich kreuzen, aber sie sollten überhaupt nicht gerade sein. Die Gerade im Körper führt zu Verspannungen. Die Gerade gehört in die Bewußtseinsseele und den Geist.

Die innere Einstellung sollte sein zu wissen, daß erst der Patient seine verdrehten Kräfte geben muß, die Du dann gerichtet zurückgeben kannst. Am besten heilt den Patienten seine eigene gereinigte Kraft. Das im Bewußtsein fließen zu lassen sowie der Versuch, ihn ganz zu sehen, sollten Deine Gedanken sein.

Frage: Wie wird von den Naturgeistern die therapeutische Wirksamkeit des Öldispersionsbades nach Junge gesehen? Wie kann für den zu Badenden das für ihn hilfreiche Öl gefunden werden?

Der Grüne: Das Öldispersionsbad ist eine sehr gute Möglichkeit, etwas oder jemanden einzuhüllen. Auf diese Weise kann die Einhüllung innen und außen stattfinden. Es gibt kein allgemein anzuwendendes Verfahren, das richtige Öl für den jeweiligen Patienten herauszufinden. Viele Menschen brauchen auch wechselnde Öle.

Eine relativ brauchbare Methode für Menschen, welche nicht hyperaktiv sind, ist es, sie blind aus gleichen Flaschen eine ziehen zu lassen. Das funktioniert viel besser, als man annehmen möchte.

Neuraltherapie

Frage: In der Neuraltherapie wird mit einem Lokalbetäubungsmittel wie Procain oder Lidocain versucht, Beschwerden verschiedenster Art zum Verschwinden zu bringen. Wenn lokale Injektionen nicht genügen, werden die sogenannten Störfelder angespritzt, d.h. alte Verletzungs- oder Operationsnarben, Gaumen- und Rachenmandeln sowie Stirnhöhlen bei durchgemachten Erkrankungen, Zahnwurzeln nach früheren Zahnbehandlungen oder Unfällen. Ist das richtige Störfeld gefunden, so dauert die Beschwerdefreiheit 24 Stunden (resp. 8 Stunden, wenn im Zahnbereich) an, und nach wiederholtem Anspritzen wird das beschwerdefreie Intervall immer länger. Die Neuraltherapeuten erklären sich die oft erstaunlichen Resultate dadurch, daß in der Interzellulärsubstanz im darin kristallin enthaltenen Wasser sowie im vegetativen Nervensystem, d.h. u.a. im Sympathikus, nach Verletzung oder Erkrankung eine Fehlinformation gespeichert bleibe und mit dem Lokalbetäubungsmittel neutralisiert werden könne. Daraus ergibt sich, daß mit den Injektionen u.a. die sympathischen Nervenstrukturen zu erreichen versucht werden (intrakutan zu den terminalen Axonen, perivasuläres sympathisches Nervengeflecht, cervikaler und lumbaler Grenzstrang, Ganglien, Spinalkanal).

Meine Frage ist nun, was geschieht wirklich bei der Neuraltherapie? Helfe ich dem Patienten auch hinsichtlich seines Karmas und seiner Zukunft im Sinne des Christus, oder belaste ich ihn und vielleicht auch mich als therapierenden Arzt damit?

Der Nasse: Es ist nicht korrekt anzunehmen, das in der Interzellularsubstanz enthaltene Wasser sei kristallin. Es ist gelartig und hat die Stufe des Kristallseins *nicht* erreicht. Es ist wie alles Wasser in der Lage, Informationen aufzunehmen und zu betrachten. Durch die von Dir beschriebene Therapie werden diese Informationen gelöscht. Nicht nur auf körperlicher Ebene, sondern auch im ätherischen Leib, und damit in der Reinkarnationsfolge. Dadurch wird menschlichen Wesen die Möglichkeit der körperlichen Aufarbeitung karmischer Zusammenhänge behindert. Der Vorgang geschieht durch die Betäubungsmittel, welche die nächtliche Auseinandersetzung des Ätherischen mit dem Körperlichen behindern. So kann das Ich sich über Tage nicht mehr mit der Krankheit durchdringen und sie dadurch für den neuen Inkarnationsvorgang nicht bereitstellen.

Dies ist eine kurzgefaßte Erklärung eines komplexen Vorgangs, an dem alle vier Leiber des Menschen beteiligt sind. Es ist dadurch meistens keine christliche Heilung, in speziellen Fällen können allerdings durch die Beschwerdefreiheit neue Handlungsräume ergriffen werden. In jedem Fall aber geschieht eine Umlagerung im Karma des kranken Menschen, welche das Karma des behandelnden Arztes beeinflußt. Eine Einzelfallbetrachtung wäre aber in jedem Fall notwendig.

Wirkliche Heilung oder nur Symptomfreiheit?

Frage: Bei Rudolf Steiner habe ich in einem Vortrag (GA 120, Vortrag, 27.05.1910) gelesen, daß sich die Krankheiten in ahrimanische und in luziferische Erkrankungen unterteilen lassen. Die luziferischen Erkrankungen können durch eine Liebestat karmisch nachhaltig geheilt werden, die ahrimanischen durch ein dem Krankheitsprozeß entsprechendes Medikament aus der Mineral-, Pflanzen- oder Tierwelt, dadurch, daß diese nicht von Ahriman oder Luzifer verunreinigt sind wie im Menschen durch den Sündenfall.

Meine Frage ist, was geschieht, wenn ich einem Menschen in der Schulmedizin unverzichtbare Medikamente gebe, wie z.B. Betablocker (zügeln die Herzfrequenz, senken den Blutdruck), Kortison (Hormon, das Entzündungen hemmt, aufputscht und den Knochen demineralisiert)? Was geschieht hinsichtlich seines Karmas und seiner Zukunft im Sinne des Christus? Was bedeutet dies für mich als Arzt?

Der Nasse: Das ist eine ganz schwierige Frage. Die Schulmedizin arbeitet mit dem chemischen Leib der Patienten. Damit berührt sie schuldbeladene Bereiche. Die Heilung wird nicht durch Mineralien usw. direkt verursacht, sondern durch Manipulationen des chemischen Leibes. Damit wird auf das generelle karmische Erinnerungsvermögen im Ätherischen sowie im Physischen über den persönlichen Elementargeist eingegriffen. Wenn Arzt und Patient das beide aus ihrer Freiheit heraus verstehen und wollen, dann ist schon im Hier und Jetzt karmischer Ausgleich im Regelfall vorhanden.

Die Heilung im Sinne des Christus dagegen ist immer eine freilassende. Das heilende Tun macht der Patient über alle seine Leiber in Freiheit selbst. Das Medikament im weitesten Sinne zeigt ihm nur auf, wie der Idealzustand wäre.

Testmethoden für Störfelder

Frage: Du, Nasser, teiltest mit (FH 80, Seite 170), daß mit Pendeln und Bio-Tensor die Kraftlinien des Ätherraumes nachgebildet werden und daß die Interpretation eigentlich bereits Hellfühligkeit bedürfe. Wie ist dies mit dem Armlängendifferenz-Test, bei dem der Patient seine Arme liegend über den Kopf in Liegerichtung hinausstreckt und der Arzt an den Händen zieht und die Armlängendifferenz prüft, je nachdem, wo er seine Hand hinlegt oder „hindenkt", um so ein Störfeld bzw. ein Erkrankungsherd ausfindig zu machen? Oder bei dem er ein Medikament auf die Brust legt, um zu schauen, ob dieses Medikament das Störfeld neutralisieren kann? Es gibt in anthroposophischen Ärztekreisen den Organdetektor, mit dem sich die Betonung des ersten und zweiten Herzschlags des Patienten im Sinne von Jambus oder Trochäus ändert, wenn der Arzt an das krankhafte Organ oder Störfeld ‚hindenkt'. Gilt die Aussage über das Pendeln und der Hellfühligkeit auch für den Armlängendifferenztest und den Organdetektor? Ist es unter Umständen hinsichtlich des Karmas und der Zukunft im Sinne des Christus nachteilig für den Patienten oder für den Arzt?

Der Nasse: Alle diese Methoden setzen voraus, daß der Arzt in der Lage sein sollte, die Gesamtheit dieses Menschen, und nicht nur seine Krankheit, vor sein inneres Auge zu stellen. Damit sollte eine Ahnung im Arzt von der karmischen Zukunftsbedeutung der Krankheit entstehen, ähnlich wie bei Schüler und Lehrer. Sofern der Arzt dazu in der Lage ist, hat er eine Art Hellfühligkeit schon erreicht.

Karmisch besonders störend sind alle Indikationsmethoden, welche einen Automatismus menschlicher oder/auch maschineller Art benutzen. Eine generelle Aussage zu einem Nachteil für Patient oder Arzt kann hier nicht getroffen werden.

In der jetzigen Zeit ist nicht nur eine Individualisierung des einzelnen Menschen vorhanden, sondern auch gezwungenermaßen dadurch eine Individualisierung der Krankheit bei jedem einzelnen Patienten!

Krankheit und Bewußtsein

Frage: Von meiner bisherigen Auseinandersetzung mit der Anthroposophie habe ich den Eindruck gewonnen, daß eigentlich alles über das Bewußtsein laufen müßte, sowohl beim Patienten als auch beim Arzt. Ich erfahre jedoch oft eine nicht gerade bewußtseinsfördernde Hilflosigkeit vieler Patienten, sie vertrauen sich mir an und nehmen Medikamente ein resp. machen Therapien, von denen sie eigentlich gar nicht wissen, was sie bewirken. Und ich als Arzt, der ich weder beim Patienten noch beim Medikament weiß, was übersinnlich abläuft, tappe auch im Dunkeln und versuche, mich an Angaben von Steiner und erfahrenen Kollegen zu halten. Ich versuche mich dann als Arzt mit der Hoffnung zu trösten, daß eine engagierte Auseinandersetzung mit dem Patienten und in der Medikamenten-/Therapieauswahl ein sehr wichtiges christliches Element im therapeutischen Prozeß darstellt. Wie nehmt Ihr das wahr?

Der Nasse: Es ist oder wäre eine sehr große zeitgemäße Aufgabe, bei Arzt und Patienten ein Bewußtsein von der Eigenverantwortung zu wekken. Die materialistische Medizin hat den Wunsch, eben gerade dies zu unterbinden. Damit wird der Mensch über seinen Körper beliebig manipulierbar. Diesem erfolgreichen Zeitstrom Ahrimans durch Bewußtseinsbildung entgegenzutreten, wäre sehr wichtig! Jedes Engagement direkt am Patienten, auch wenn er es nicht hören will, ist in diesem Sinne wichtig.

Die Schritte der anthroposophischen Ärzte in diese Richtung nehmen wir als Heilung im ätherischen Sein der Erde wahr. Das ätherische Sein der Erde ist von den menschlichen Krankheiten und den Heilungsprozessen in sehr viel stärkerem Maße betroffen, als es zur Zeit in Euer Bewußtsein paßt.

Eigenbluttherapie mit oder ohne Ozon-Zugabe

Frage: Was geschieht, wenn Patienten Blut entnommen wird und wieder zurückinfundiert wird? Was bewirkt die Vermischung des Eigenbluts mit Ozon (O_3) oder Medikamenten der anthroposophischen Medizin? Was geschieht hinsichtlich des Karmas und der Zukunft im Sinne des Christus bei Arzt und Patient?

Der Große: Des Menschen Blut ist kein Spielzeug. Durch die Eigenblutinfusion werden die Ich-Kräfte des Menschen genötigt. Blut hält das Ich des Menschen im Irdischen. Durch das strömende Blut wird das menschliche Herz, sein Erdenwahrnehmungsorgan, angeregt. Mit Lösung des Ich vom Blut erlischt das Dasein des Ich im Körper.

Eigenbluttherapie führt zwanghaft Ich-Kräfte in Körperregionen, wo sie nicht sein wollten. Die zusätzliche Ozon- oder Medikamentengabe spielt hierbei keine entscheidende Rolle, da bei der Entnahme des Blutes eine Abschnürung kleinster Teile des Ich stattfindet. Die medikamentösen Zusätze können deshalb das Blut nicht ändern, sondern wirken nach ihrer Art.

In Kenntnis dieser Tatsachen, in Freiheit angewendet, ist diese Therapie für Arzt und Patient zwar karmabeeinflussend, aber nicht karmastörend. Heile mit der Freiheit, nicht gegen sie!

Magnetfeldauflagen

Frage: Der Nasse berichtet, daß durch Magnetfeldauflagen und -matratzen über den Lebensleib des Menschen „gesundheitlich einiges erreicht werden kann“ und daß der Mensch damit in seinem Ätherleib agiert.

Was passiert aber mit dem Astralleib und dem Ich des Menschen? Ich hörte, daß man durch so eine Behandlung zusätzlich zu der oft wohltuend empfundenen Belebung leider auch nervös, unwillig und ablehnend gegenüber anderen Menschen wird. Ein Heilpraktiker berichtet, daß bestimmte Menschen davon verrückt werden können. Was ist davon zutreffend?

Der Nasse: Behandlungen mit Magnetismus liegen in der Freiheit des Menschen, und daher sollte sein Ich dem zugestimmt haben und demnach mit den freigesetzten Kräften umgehen können. Durch den enormen Druck dieser immateriellen Lebenskräfte in die geistige Welt kann aber, als eine der langfristigen Folgen, ein schwaches Ich in der Leiberkonfiguration zurückgedrängt werden. Das nennt Ihr dann verrückt. Wenn die astralischen Kräfte nicht mehr durch das Ich geführt werden, oder nicht in ausreichendem Maße, schlagen die Gelüste und Egoismen des astralischen Leibes stark hindurch.

Auch bei stärkeren Ichen werden Kräfte gebunden, um die neu hinzugekommenen Lebenskräfte in die Gesamtheit einzugliedern. Dadurch treten negative astralische Gelüste und Gefühle in der Persönlichkeit deutlicher hervor.

Frage: Wird der ahrimanische Doppelgänger des Menschen durch so eine Behandlung gefüttert oder gestärkt? Wie wirkt sich das auf die seelische und geistige Entwicklung in der gegenwärtigen und in den nächsten Inkarnationen aus?

Der Nasse: Dein gesamtes Leben stärkt den ahrimanischen Doppelgänger. Durch sein Sein in Dir hat er eine Entwicklungsmöglichkeit, welche ihn stärkt. Die Magnetismusbehandlung hat keinen zusätzlichen Einfluß auf ihn. Es berührt ihn nicht.

Natürlich hat es einen Einfluß auf Deine nächste Inkarnation, da *Du* es getan hast. Welchen Einfluß, ist nur in einer Einzelfallbetrachtung zu klären. Je klarer Dir Dein Tun ist, je mehr Du es selber verstehst, desto weiterführender in geistiger Hinsicht wird er sein. Allerdings funktioniert das gleich gut in weiße wie in schwarze Richtung. In der jetzigen Erdenzeit legst Du, und nur Du, Deine Richtung fest. Magnetische Belebung ist wertneutral und kann auch schwarzmagisch eingesetzt werden.

Psychiatrische Klinik

Frage: Wie wirkt sich eine psychiatrische Klinik auf die sie umgebenden Wesen und Park-Gartenlandschaft sowie die Landwirtschaft aus? Was können Gärtner und Landwirte für solch einen Ort tun?

Der Grüne: Es kommt sehr darauf an, was das für eine psychiatrische Klinik ist. Wenn sie von Geburt an Behinderte behandelt, ist es ganz unproblematisch. Diese verbreiten Unschuld. Unschuld beeinträchtigt uns und unsere Schützlinge nicht.

Bei menschlichen Wesen, welche aus Gründen karmischer Verknüpfungen dort behandelt werden, nachdem sie zwischenzeitlich sich selbst bewußt waren, ist es deutlich schwieriger. Es gibt Seelenkrankheiten, welche, geistig gesehen, eine Art Rauch erzeugen, welcher schädigend wirken kann auf die Pflanzen und ihre Schutzwesen. Diese Absonderungen differieren, je nach Krankheit. Sagt man das in menschlichen Bildern, so hat dieser Rauch unterschiedliche Färbungen und unterschiedlich ätzende Wirkungen. Er nährt üble Wesen und zieht diese an.

Bei der Behandlung mit Psychopharmaka wird dies Geschehen zum Teil nur auf eine andere Existenzebene verschoben und nicht geheilt.

Dem entgegensetzen kann man biologisch-dynamische Präparatgaben sowie gute Gedanken und gute Worte für die betreffenden Orte. Sprecht die dortigen Wesen an und versichert ihnen Euer Mitgefühl. Ganz positive Effekte würden von künstlerischem Geschehen jedweder Art an diesen Orten ausgehen. Ganz einfach wäre es z.B., dort einmal ein Gedicht vorzulesen, speziell für die Pflanzen.

Gut ist auch das Entzünden von Fackeln zu den vier Jahreszeitenfesten.

Ärzte

Frage: Ich habe das große Problem, immer wieder an die verkehrten Ärzte und Zahnärzte zu kommen, die mir dann sehr schaden. Was liegt hier vor, wie kann man es besser machen.

Der Nasse: Die Gesundheit des Menschen ist im eigentlichen Sinne in seine Freiheit gestellt. Dadurch wird sie zum Spiegel des Ringens um diese Freiheit in seinen Inkarnationsfolgen. Dort bestehen auch vielfach Wechselwirkungen zu der Gesundheit anderer Menschen. Das gilt im positiven wie im negativen Sinne. Ein bewußtes Zugehen auf den persönlichen Elementargeist, der diese Dinge verwaltet und einrichtet, ist dabei sehr hilfreich. Dieser wird ein bewußtes Zurückschrecken bei den Begegnungen mit Ärzten ermöglichen. Ganz wichtig ist es hierbei zu lernen, seinem Körper zu glauben, und nicht in bezug auf die Gesundheit den Verstand als Herrn und Meister zu sehen.

Blutspende

Frage: Was hat es für eine Wirkung, wenn einem Menschen das Blut anderer, vielleicht sogar verschiedener Menschen zugeführt wird? Nimmt der Körper des Empfängers einen Teil des Ichs des Spenders auf? Leidet das Ich-Bewußtsein des Spenders darunter?

Der Feurige: Es kommt auf das Alter des Menschen an, wie sich das Blut bei einer Blutspende auswirkt. Bekommen Kinder vor dem Ich-Einschlag mit ca. drei Jahren Fremdblut gespendet, hat das Ich des Kindes deutliche Probleme, da sozusagen das Bett für ein anderes Wesen gemacht ist. Das Blut ist das Bett des Ich! Es ist ein sehr viel individuelleres Bett als Dein Schlafbett. Es ist nicht das Ich selbst.

Wenn das Ich des Menschen, welcher Fremdblut erhält, schon sehr weit weg ist, dann hat es durchaus erhebliche Schwierigkeiten, nach der Blutspende zurückzufinden. Es muß sich hindurchwühlen durch die Eigenarten eines anderen Ich. Dadurch wird es sich auch selber etwas verändern. Nach neuen Erfahrungen ist Mensch immer mehr oder weniger verändert.

Für den Spender ist die Spende eine Liebestat. Das verändert für ihn die Situation vollständig. Anders wäre es bei einer Zwangsspende.

Dadurch, daß Du dein Blut freiwillig gibst, um jemandem zu helfen, setzt Du es mit positiven Impulsen aus Ich und Körper heraus. Es beeinflußt Dich die Berührung Deines Blutes mit einem anderen Ich eigentlich nicht. Es gibt nur durch die Dankbarkeit des Empfängers einen positiven Rückimpuls, welcher den Spender kräftigt.

Organtransplantation

Frage: Wenn ein Organ transplantiert wird: Bereuen Spender und Empfänger diese Tat meist nach dem Tod? Kann ein verpflanztes Organ ein unangenehmes Eigenleben entwickeln? Verändert die Transplantation das Karma des Empfängers, besonders, wenn er jung ist und kein Interesse an Geisteswissenschaft hat?

Der Nasse: Organverpflanzungen haben immer Rückkopplungen auf die Planetenwirkungen des zugehörigen Organs, sowohl im Körper des Empfängers als auch im Körper des Spenders. Organe sind wie physische Darstellungen bestimmter Planeten. Dadurch wird die zukünftige Geburtskonstellation des Empfängers verändert, wenn er sein Organ bekommt. Was den Spender betrifft, kommt es in karmischer Hinsicht auf das innere karmische Verhältnis zwischen Spender und Empfänger an. Ist das karmische Verhältnis nur durch die Spende gegeben, was häufiger vorkommt, werden die beiden sich kennenlernen müssen und anhand dieser Begegnung über Antipathie und Sympathie entscheiden und für Ausgleich sorgen.

Reue im irdischen Sinne findet nur sehr selten statt.

Die Auswirkung der Organtransplantation bei jüngeren Menschen ist nicht sehr viel anders: Die Karmaverschiebung bzw. die Planetenverschiebung hat natürlich auf größere Abstände einen längeren Bogen als auf kürzere Abstände. Die gesamte Lebenslinie kann sich in bestimmten Teilen geändert haben, wobei in seltenen Fällen vorkommen kann, daß Organtransplantationen vorgeburtlich abgesprochen sind und ins Karma hineingehören. Vergeßt das nicht.

Passives Rauchen

Frage: Was bewirkt der Zigarettenrauch bei denen, die ihn zwangsläufig einatmen müssen, weil man sich fast nirgendwo vor Zigarettenrauch schützen kann?

Der Luftige: Möglicherweise Krebs. Der Kontakt mit dem Sterben führt zu Veränderungen der Lebenskräfte. Diese können überreagieren und anfangen zu wuchern. Des weiteren wird durch den Rauch das Ich tiefer in den Körper hineingezogen. Dies kann sich bei Hysterie auch positiv auswirken!

14. Abschnitt: Mensch

Schwer, Mensch zu sein

Frage: Weiß die geistige Welt, wie schwer es ist, ein Mensch zu sein, wie groß der Widerstand der Materie ist?

Der Luftige: Deswegen stellen wir Euch diese Fragen. Wir haben den Christus. Der war Mensch. Jetzt sind die Menschen anders, verändert, auch durch seine Taten. Deswegen stellen wir Euch diese Fragen im Fleisch, damit wir Euer Verhältnis zur Materie erfahren. Nur mit der Materie könnt Ihr Menschen wahre Christen, d.h. Christi Brüder und Schwestern werden. Auch Deine Luft, die Du formst, ist Materie. Forme sie gut.

Abtreibung

Frage: Was fühlen Menschenseelen, wenn sie aus dem Mutterleib abgetrieben werden? Haben auch Verhütungspraktiken Wirkungen?

Der Körperelementargeisthirte: Wir sind keine Seelenpsychologen von Menschen. Insofern ist diese Frage für Elementarwesen schwer zu beantworten. Möglicherweise wären die Engel hierfür besser geeignet. Der menschliche Embryo hat im Mutterleib schon Astralleib und Ätherleib für die neue Inkarnation aufgebaut. Wenn er nun abgetrieben wird, muß dieser Aufbau rückgängig gemacht werden, und der Mensch muß die ganzen Erinnerungen, die zum Aufbau und zur Verarbeitung anstanden, rückgängig machen. Dabei fühlt sich der Mensch ziemlich schlecht. Andererseits gibt es durchaus Inkarnationsvorbereitungen, bei denen es aufgrund von karmischen Gegebenheiten nur nötig ist, daß der physische Leib einmal angelegt wird und kurz vorhanden ist, aber nicht als selbständiger Leib übernommen werden muß. Es kann sein, daß nach dieser kurzen Aufbauphase der Leib wieder in die geistige Welt zurückgeht. Es gibt durchaus nicht nur negative Erfahrungen mit der Abtreibung. Das heißt nicht, daß dies ein Aufruf zur Abtreibung sein soll. Aber die geistige Welt ist in der Lage, menschliche Praktiken für höhere Ziele einzusetzen. Nicht nur ahrimanische Wesenheiten sind intelligent, auch die Hierarchien sind nicht dumm.

Bestattung

Frage: Nach Rudolf Steiner soll ein Verstorbener nach drei Tagen bestattet werden, damit sich die Leiber von der Erde lösen können. In der jüdischen und islamischen Religion wird bereits nach 24 Stunden bestattet. Was hat das für Auswirkungen? Klimatische Begründungen möchte ich nicht gelten lassen, schließlich gibt es Kühlhäuser.

Der Luftige: Die Begründung mit dem Klima ist aber in der Vergangenheit der treffende Grund gewesen. Durch den erhöhten Zerfall der menschlichen Leiber wegen extremer Klimawirkung können sich die Wesensglieder, da der Leib schneller zerfällt, schneller aus ihm lösen. Für die Herauslösung der Leiber ist die Zerfallsrate des physischen Leibes von existentieller Bedeutung.

Wenn Leiber in Kühlhäusern gelagert werden, sollte man bei dem Totengedenken und der Totenwache berücksichtigen, daß sich besonders der Ätherleib durch den Kühlprozeß wesentlich langsamer vom menschlichen Körper lösen kann. Die Totenwache wäre dann auf mindestens sieben Tage zu erhöhen.

Verlieben

Frage: Was geschieht, wenn ein Mensch sich verliebt bzw. zwei Menschen sich ineinander verlieben?

Der Große: Der Astralleib des einen - oder beider - kommt in Aufregung und wendet sich dem anderen Wesen zu. Wie ein Parabolspiegel versucht er, sich nur auf dieses Wesen auszurichten. Das Ich sitzt darüber und beobachtet den Vorgang.

Falls der Vorgang zur Liebe wird, wendet sich auch noch das Ich dem anderen Ich zu. Es versucht dann, mit dem anderen zusammen die Form der beiden Wesen gemeinsam zur Kugel zu ergänzen. Das bedeutet, daß beide Teile gleichrangig versuchen, die in der geistigen Welt zurückgelassene fehlende Hälfte des anderen zu ergänzen.

Bei der Verliebtheit brodeln die Gefühle frühlingshaft im Astralen. Im positiven Falle ergänzen sie sich. Eine gemeinsame Form wird jedoch im eigentlichen Sinne nicht angestrebt, sondern nur der Gleichklang der Gefühle. Dies kann zu euphorischen Zuständen führen, welche den Bezug zur Welt vorübergehend vergessen lassen. Es ist ein astralischer Gleichklang.

Clown

Frage: An wen kann ich mich wenden, wie mache ich mich offen für jemanden, der sich für Clowns interessiert, der Clownbeschützer sein könnte?

Der Große: Da sich die Herren und Damen alle dafür zuständig fühlen, werde ich einmal leitend eingreifen.

Direkt kannst Du Dich an Deinen Schutzengel wenden, der ist für die Clownfrau zuständig. Indirekt heißt dieses Wesen auf Deutsch „Schalk". Er sitzt Dir im Nacken! Er wird Dir helfen, aber wundere Dich nicht, er kann auch sehr traurig sein! Vor allem aber ist er ein guter Freund. Speziell, wenn Du die rote Nase hast.

Der Herr des Lachens ist eine sehr hohe Persönlichkeit. Sein Wohnplatz ist die Sonne. Du wirst wissen, wen ich meine. Es mag dir verblüffend erscheinen, aber es ist so.

Frage: Was braucht die Welt der Naturwesen von einem Clown?

Der Große: Sein Herz! Nimm die Vorstellung der Naturwesen in Dein Herz auf: Der Stein ist phlegmatisch, das Wasser melancholisch, die Luft sanguinisch und das Feuer cholerisch. Bringe sie durcheinander! Dann zeigst du die Wesen am besten.

Frage: Was bedeutet die rote Nase?

Der Große: Daß sie einmal zu oft zur Tür hineingesteckt wurde, und dabei einen darauf bekam. Die Erinnerung daran.

Sommerzeit

Frage: Was bedeutet die Tatsache für den Menschen, daß er während sieben Monaten Sommerzeit das Tageserleben mit einer falschen Uhrzeit verbindet?

Der Nasse: Wenn Du nicht zufällig auf dem Stundenmeridian von Mitteleuropa lebst, auf welchem die Sonne genau mittags die Südlinie schneidet, verbindest Du sommers wie winters Dein Tageserleben mit falscher Uhrenzeit. Die Uhrenzeit ist eine Vereinbarung zwischen Menschen. Die tatsächliche Zeit richtet sich nicht nach mechanischen Werken. Nach einer kurzen Umstellungsphase ist also so gut wie nichts anders.

Geistiges Eigentum?

Frage: In seiner Profitorientierung hat der Mensch den Begriff des „geistigen Eigentums“ entwickelt, sichert seine Erträge z.B. durch das Patentrecht. Ich will nicht sagen, daß das Patentrecht nur schlecht ist, aber der Begriff des geistigen Eigentums ist letztlich absurd. Eine Abschaffung dieses Rechts in unserer heutigen Wirtschaftsordnung ist aus meiner Sicht jedoch sinnlos. Wie seht Ihr das, wenn Ihr mit dem Menschen gestaltend in der Welt tätig werden wollt? Wie würdet Ihr in einer gemeinsamen Arbeit in unserer heutigen Weltsituation mit der Frage des geistigen Eigentums umgehen wollen?

Der Nasse: Alle Gedanken, welche Ihr Menschen denkt, schreiben sich in den Weltenäther ein. Damit stehen sie allen denen, die dort lesen können, zur Verfügung. Nur aus Gründen seiner geistigen Blindheit nimmt der Mensch an, daß seine Gedanken nur in seinem eigenen Kopf existieren. Das ist schlicht Quatsch. Alle Wesen, welchen diese Tatsache bekannt ist, und das sind die meisten, machen sich über so etwas wie „geistiges Eigentum“ keine Gedanken und Vorstellungen.

Wenn die Menschheit mit uns Wesen zusammen ihre technischen Prozesse zu gestalten beginnt, wird sie lernen müssen, von dieser Vorstellung des geistigen Eigentums abzurücken. In kleinem Umfang geschieht dies heute schon bei dem Betriebssystem Linux. Es ist ein respektabler Beginn veränderter technischer Wertvorstellungen.

Desweiteren ist dazu notwendig, sich ein Stück vom Egoismus zu lösen. Wir haben keine Probleme damit, technische Gedankenwerke mit einer unverwechselbaren Signatur zu versehen. Das haben sie eigentlich sowieso. Insofern bleibt der Bezug zu dem Erstdenker unter Menschen erhalten. Alles Weitere ist in der ätherischen Welt sinnlos.

Menschen, welche so tief im Egoismus verhaftet sind, daß sie rein gewinnorientiert denken, können nicht zu geistigem Schauen kommen. Die Gruppe Menschen, welche beginnt, sich zur Zusammenarbeit zu entschließen, wird sich trennen müssen von den anderen, da diese sonst die Zusammenarbeit mit Hilfe der ahrimanischen Mächte behindern oder zerstören. Auch wir Geistwesen sind zur Zeit nicht in der Lage, eine gemeinsame ungeteilte menschliche Zukunft wahrzunehmen. Der Riß wird schnell tiefer, im Moment.

Gesundheit des Menschen

Frage: Kann ich durch ein Verhältnis zu Euch die Gesundheit beeinflussen? Seid Ihr an der Gesundheit der Menschen beteiligt?

Der Nasse: Ja und nein. Wir sind im Leibe des Menschen seinem persönlichen Elementargeist hilfreich. Wir können den Menschen über den unbewußten positiven Willen uns gegenüber gesundende Energien zuführen. Für die Gesamtgesundheit steht aber die menschliche Freiheit ein.

Eingeweihte heute

Frage: Unsere heutige Zeit ist schwer. Viele Mächtige, die in Wirtschaft und Politik das Sagen haben, scheinen doch die Weltentwicklung in gewisse Gleise lenken zu wollen. Was können wir hier tun? Wo sind die großen Eingeweihten heute?

Der Nasse: Die großen Eingeweihten sind da. Sie wirken nur nicht in der Öffentlichkeit. Die ahrimanischen Mächte werden von vielen Menschen gerne in ihr Leben aufgenommen. Der einzelne Mensch kann vor allem in seinem Rahmen dagegenhalten. Das stört sie viel mehr, als es scheint. Sie versuchen nur, den Menschen davon zu überzeugen, daß seine Versuche schwächlich sind. Das sind sie gar nicht, sondern, bewußt getan, wirken sie viel deutlicher als die großen Massen, die gedankenlos und unbewußt hinterherlaufen. Das wichtigste Tun der heutigen Menschen ist, Vorbild zu sein! Findest Du ein besonders leuchtendes Vorbild, findest Du auch einen großen Eingeweihten.

Kopf hoch!

Umgang mit Materialien und Naturgeistern

Frage: Meine Fragen hier auf der Erde sind immer wieder, welche Materialien und Energien ich im alltäglichen Leben verwenden soll - z.B. biologisch-dynamische Produkte, regionale Waren usw. - und welche ich meiden sollte, z.B. Kernkraft, Erdöl, zuviel Strom usw. Gibt es für den Menschen, der in seinem alltäglichen Leben die Welt der Naturgeister berücksichtigen und miteinbeziehen möchte, grundlegende Anregungen von Euch, wie ich mich verhalten kann? Der zukünftige Weg des Menschen ist lang, aber vielleicht habt Ihr einige Anregungen, wie man sich nicht nur in bezug auf die Verwendung der täglichen Materialien verhalten kann, sondern auch seelisch-geistig.

Der Nasse: Das meiste von dem hast Du Dir schon beantwortet. Lebe sanft der Natur gegenüber und klar und kräftig dem Geist gegenüber. Genauso wichtig ist das Wahrnehmen. Speziell die Dinge wollen von Euch Menschen wahrgenommen werden. Das hilft dem damit verbundenen Wesen. Wahrnehmen heißt in diesem Fall: mit Bewußtsein wahrnehmen! Die Tomate, die Du essen willst, ist nicht nur irgendwie Tomate, sondern eine ganz bestimmte Tomate. Nimm sie wahr und vernachlässige sie nicht als irgendeine Tomate.

Dieser Wahrnehmungsprozeß verbindet Dich dann mit vielem: Du bekommst mit der Zeit nicht nur einen physischen Eindruck, sondern auch einen seelischen und geistigen. Die Dinge werden durchsichtig. Damit verknüpfst Du die unterschiedlichen Welten. Diese spezielle beidseitige Form ist zur Zeit nur dem Menschen möglich. Dadurch kann menschliches Bewußtsein in den Prozeß der Durchlichtung der Materie fließen.

Verliere nicht die Geduld mit Dir, wenn Dir das Wahrnehmen nicht durchgängig gelingt. Fange immer wieder an. Es wird jedesmal ein klein wenig besser gehen. Viel Erfolg!

Mensch und Engel

Frage: Wie nähere ich mich oder/und wie nähre ich meinen Engel?

Der Große: Beten. Das ist die beste Speise für Engelwesen. Im meditativen Gebet kann Mensch in die Lage kommen, uns zu schauen. Gleichzeitig stärkt es unser Dasein. In dem Fall ist Annäherung und Nahrung das Gleiche. Eine andere gute Möglichkeit, Engel zu stärken und zu rufen, ist die Musik, aber nicht die Musik aus der Konserve. Die Musik muß originär im Raum erklingen. Dann kommen immer Engel.

Hebammen gehen auch ständig mit Engeln um. Auch bei der Geburt ist zumindest ein Engel anwesend. Dabei ist er fast materiell. Schutzengel sind nach der Geburt ihres Menschen in den Leib so erschöpft wie die Mutter.

Jedes Erleben von Kunst kann zum Kontakt mit dem Engel führen. Zeige bewußt dem Engel die Kunst, und Du kommst ihm sehr nahe. Es muß aber etwas sein, was Du wirklich als Kunst erlebst. Nominelle Kunst führt nicht zu diesem Ergebnis.

Eine andere Möglichkeit ist das ehrliche Gespräch. Auch dabei sind die Engel nahe und sehr aktiv. Beteilige ihn innerlich bei guten Gesprächen, und Du kommst ihm näher.

Auch liebevoll-zärtliche Sexualität, in Schönheit, nährt Deinen Engel, und nicht nur ihn.

Christwerdung

Frage: Wie werde ich ein Ich-Mensch, ein Christ, zum Wohl aller Wesen, die die Liebe suchen?

Der Große: Erkenne Dich selbst! Das ist das Wichtigste dabei. Dann, und nur dann, bist Du ein Ich-Mensch. Ein Christ wirst Du, wenn Du Christus in Freiheit als Deinen helfenden Führer annimmst. Das ist dann auch immer zum Wohle der Welt.

In Liebe handeln

Frage: Heute wird das Schicksal immer individueller, auch der Umgang mit der eigenen Biographie. Wenn Menschen spüren, daß sie in der Vergangenheit bestimmte Fehler gemacht haben, die sie gerne ausgleichen würden - welche Möglichkeiten bestehen dafür heute? Letztlich ist jeder Verstoß im Karma ein Verstoß gegen die Liebe. Was kann der einzelne Mensch tun, um seine sogenannten karmischen Schulden, die er heute schon einsieht, auszugleichen?

Der Große: Lieben! Gehe hin und gib Deine Habe den Armen, und dann folge meinem Herrn nach! Damit würdest Du sehr viel ausgleichen.

Natürlich kann die Nachfolge Christi heute nicht mehr darin bestehen, Wanderprediger zu sein. Handle in der jetzigen Zeit so, als ob Christus ständig neben Dir stände und Dein Tun beschaute. Dann wird er ständig neben Dir stehen! Viel mehr ist nicht gefordert. Keine Rituale am Morgen oder ähnliches.

Frage: Wie und was kann, muß oder soll ich üben, damit ich für den Lebensstrom und die Liebe Tür werde?

Der Große: Die Liebe! Die Liebe ist sich selbst Strom, Tür und Anfang. Beginne, die Gleichgültigkeit gegenüber den Dingen aufzuheben. Sei sorgsam mit ihnen, stelle sie immer auf ihren Platz, pflege sie und überanstrenge sie nicht. Wenn Du das für die Dinge schaffst, erweitere es über die Pflanzen und Tiere zu den Menschen und den höheren Geistwesen. Dann bist Du!

Bei dieser Hinwendung verliere Dich nicht aus den Augen. Desweiteren überanstrenge Dich nicht und halte Maß. Gehst Du Dir selbst verloren, kannst Du nicht mehr selbst handeln. Etwas Leeres kann nicht lieben. Die Liebe braucht ein Gegenüber. Das ist der Weg des Tuns.

Frage: Ich möchte so sehr mithelfen, daß das Ich-bin in uns Menschen aufwachen kann. Was könnte mein Beitrag werden, um zu helfen, die Auferstehungskräfte, die mit dem Blut des Kaspar Hauser in Ansbach in die Erde geflossen sind, für die Menschheits- und Erdenentwicklung zu ergreifen?

Der Große: Bemühe Dich, auf dem Weg zu schreiten, welchen ich Dir skizziert habe. Kaspar Hauser erstand tatsächlich aus der Dunkelheit ins Licht. Die jetzige Zeit wende sich dem Licht zu. Dann ist sie im Einklang mit ihrem Zeitgeist. Versuche, Dein Bewußtsein auf die Tatsache des Lichts zu konzentrieren. Du kannst dieses dann selbst als Licht für viele Menschen leuchten lassen.

15. Abschnitt: Musik und Bildende Kunst

Musikwesen

Frage: Helfen beim Musizieren Elementar- oder Naturwesen mit? Kann ein musizierender Mensch dieses bewußt fördern, herbeibitten? Bedarf es bestimmter innerer und äußerer Umstände? Spürt das Konzertpublikum dieses als besonders tief erlebtes Konzert?

Der Luftige: Wir Luftwesen transportieren Eure Musik. Wir haben einstmals die Sphärenmusik transportiert und werden sie auch wieder transportieren können, wenn die Menschen sie uns wieder abnehmen können. Jeder Musiker beschreibt mit seinem Instrument einen Teil der Sphärenmusik, welcher dann von allen Elementarwesen wahrgenommen werden kann. In dem Moment, in welchem der handelnde Mensch ein Bewußtsein dafür entwickelt, ist er diesem Prozeß sehr förderlich. Desweiteren ist jedes Musikstück ein eigenes Wesen, welches durch die Interpretation der Musiker sozusagen seine Kleidung wechselt. Dieses Wesen spinnt die entstehende Musik in die Sphärenmusik ein. Der günstigste Weg teilzuhaben, ist, den jeweiligen Zeitgeist des Kompositionsmoments um Hilfe zu bitten. Wenn dieser sich dann nähert und damit dem Musikwesen seine ursprüngliche Kraft zurückbringt, entsteht ein Kunstwerk, welches allen Anwesenden auf allen Ebenen bewußt wird.

Planetentöne

Frage: In meinem Beruf als Musiktherapeutin arbeite ich u.a. mit den Planetentönen und deren Skalen: Saturn = Ton g; Jupiter e; Mars c; Sonne a; Venus f, Merkur d und Mond = Ton h. Welchen Ton hat nun unsere Erde, oder hat sie noch keinen Ton?

Der Große: Die Erde beginnt gerade, einen Ton zu haben. Die Erde entspricht dem Ton, der in Deiner Reihe fehlt. Das ist der Ton b. Wenn die Zeit reif ist und der Mond wieder in die Erde zurückgehen wird, haben beide wieder einen gemeinsamen Ton. So ist im Planetenreigen die Stufe der Erde z.Z. aufgeteilt in h und b.

Viele Menschen werden Dich nicht verstehen können. Wundere Dich also nicht. Du wirst durch diese Kenntnis speziell den Menschen helfen können, welche den Boden unter den Füßen verloren haben. Beginne zu denken bei der Weihnachtstonart F-Dur.

Viel Erfolg beim Heilen der Erdenlosen!

Reine Töne

Frage: Wie wirken die Erziehung bzw. Schulung zum genauen, schönen und "sauberen" Ton sowie zur richtigen Bewegung und Haltung in Eure Welt?

Der Luftige: Für uns Luftwesen ist es sehr viel einfacher, reine Töne zu transportieren. Diese entsprechen unseren Grundformen. Wir müssen uns dann nicht verbiegen. Das hat eine generelle positive Rückwirkung auf die gesamte ätherische Welt, weil eine Störung in dieser größere Wirkungen hat als in der irdischen Welt.

Alles, was die Schönheit fördert, wie z.B. Bewegung und Haltung, fördert die gesamte Musik. Spielt Eure Musik in Schönheit, und sie wird es selber um so leichter haben, schön zu sein.

Streichinstrumente

Frage: Ist eine Ausbildung am Streichinstrument auch für weniger Begabte in der heutigen Zeit sinnvoll? Welche Schwerpunkte werden in der heutigen Instrumentalpädagogik aus Eurer Sicht richtig erkannt, und welche werden vernachlässigt?

Der Luftige: Die Ausbildung weniger Begabter, gleich mit welchem Instrument, ist insoweit sinnvoll, als diese dadurch eine gesteigerte Möglichkeit bekommen, der Musik Verständnis entgegenbringen zu können.

Streichinstrumente harmonisieren die Seele. Mit harmonischer Seele ist die Aufnahme von Schönheit viel leichter möglich.

Die heutige Instrumentalpädagogik ist dabei zu lernen, die Zeit der Entstehung der Musikstücke wieder zu berücksichtigen. Dies ist aus unserer Sicht sehr wichtig, da in vergangenen Zeiten durch andere Instrumente andere Klangbilder entstanden.

Vernachlässigen tut Ihr am Instrument die innere Bedeutung, d.h. den Organ- und Seelenbezug des Instruments. Das sollte von einer Lachnummer zu einem ausgeprägten pädagogischen Inhalt werden. Ein gutes Beispiel dafür ist Dein Lustgewinn, einen Viola-Schüler langfristig aufzubauen. Ich wünsche Dir reine Töne!

Instrumentenwesen

Frage: Gibt es besondere Geistwesen in den Musikinstrumenten, und welcher Art sind diese?

Das Glasmännchen: Es gibt sie. Diese Instrumentenwesen sind so unterschiedlich wie die Instrumente. Man kann sie in Gruppen zusammenfassen, in etwa so, wie auch die Instrumente eines Orchesters zusammengefaßt werden. Sie sind eine Verknüpfung aus Werkstoffwesen und Musikwesen. Sie sind die Seele des Instrumentes. Sie gehören einer höheren Art von Geistwesen an, da sie mehrere Prinzipien in sich beherbergen. Folglich sind sie größer, wie Ihr Menschen sagen würdet.

Frage: Stimmt es, daß nicht nur der elektrische Blasebalg, sondern auch der Klang der Orgel selbst die Elementarwesen aus der Kirche vertreiben, sogar während einer Menschenweihehandlung, weil sie so unsauber klingt?

Das Glasmännchen: So pauschal ist das Quatsch. Wenn alle Elementarwesen verschwänden, löste sich die Kirche auf. Im übrigen ruft jede Musik Engelwesen herbei, auch Heavy Metal! Es kommt dabei nur auf die Seite an, von welcher die Engelwesen stammen. Moderne Zwölftonmusik o.ä. würden viele Menschen auch als unsauber bezeichnen. Es gibt unter uns Wesen durchaus bevorzugte Musikarten, abhängig von der Art des Wesens. Die Luftwesen z.B. sind der Orgelmusik sehr verbunden. Jeder richtig durchgeführte Kultus bindet sehr viele Elementarwesen fest ein. Sie können nicht hinweg.

Frage: Wie wirkt die wohltemperierte Stimmung des Klaviers und der Orgel auf die Elementarwesen?

Das Glasmännchen: Für diese Frage gilt auch das oben Gesagte. Es werden wieder Zeiten kommen, in welchen die wohltemperierte Stimmung verschwunden sein wird. Sie entspricht dem Musikempfinden der menschlichen Bewußtseinsseele, und während dieser Zeit lebt sie in der Musik-elementarischen Welt mit einem eigenen Sein.

Beatles

Frage: Ein Pfarrer hat gesagt, daß die Pop-Gruppe Beatles mehr Seelen auf dem Gewissen habe, als durch Greueltaten des Nationalsozialismus

Menschenseelen zum Opfer wurden. Bedrückend erlebe ich die Wirkung der populären Musik auch und möchte gerne zu den tieferen Zusammenhängen Zugang bekommen.

Der Große: Die irdische Popmusik ist der Ausdruck des Lebensgefühls einer Menschengeneration und durfte in Freiheit getätigt werden. Die seelischen Greueltaten des Nationalsozialismus sind in Unfreiheit getan worden. Das ist ein wichtiger Unterschied. Diese beiden Voraussetzungen sind miteinander nicht zu vergleichen. Freie Äußerungen musikalischer Art mögen die Seelen schwacher Iche durchaus beeinflussen. Sie sind aber nicht zu vergleichen mit Beeinflussungen der Seelen aufgrund großer Geister der Widersachermächte.

Diese beiden Vorgänge sind auf geistiger Ebene nicht miteinander vergleichbar. Musik kann man einfach abschalten, oder man kann den Raum verlassen. Die Freiheit des Menschen ist durch das Hören von Popmusik nicht angegriffen, geschweige denn zerstört. Dieses aber geschah durch die Widersachermächte im Nationalsozialismus.

Diese Äußerung tat dieser Pfarrer als Mensch. Und Menschen können irren.

Elektronische Musik

Frage: Hört man bei elektrisch verstärkter Live-Musik direkt Ahriman, oder befindet man sich durch die elektrische Verstärkung zumindest unter seinem Einfluß? Wenn ja, wie, oder kommt solches nicht in Betracht? Sind bei der elektrischen Verstärkung von Live-Musik Wesen der dunklen Seite beteiligt, und wie wirkt sich diese Beteiligung auf den Zuhörer aus? Wirken diese Wesen direkt auf den Zuhörer?

Der Luftige: Wo Musik am Ort entsteht, sind erst einmal Engel anwesend. Jede Musik ruft Engel. Durch die Anwesenheit von Engeln sind dem Einfluß ahrimanischer Wesen infolge elektronischer Verstärkung Grenzen gesetzt. Nicht jede Technik verdirbt den Menschen, welcher sie anwendet, auch wenn Technik immer etwas Ahrimanisches enthält.

Es gibt Wirkungsunterschiede je nach Umfang der technischen Verstärkung und auch je nach Technisierung der Instrumente. Akustische Instrumente ziehen größere Engel an, elektronische Instrumente erreichen nur kleine Engel. Dies ist ein Bild!

Sowohl die Engel als auch die ahrimanischen Wesen wirken auf den zuhörenden Menschen. Ahriman selbst ist nicht beteiligt.

Schönheit

Frage: Der Große sagte, daß die Menschen lernen müssen, was Schönheit ist. Kannst Du das bitte noch weiter konkretisieren? Warum ist die Schönheit so wichtig? Was unterscheidet die Schönheit von der Häßlichkeit? Wie erlangt man Schönheit? Ist die Kunst Schönheit? Gibt es eine Schönheit, die nicht mit Luzifer zusammenhängt? Kann man in die Wissenschaft Schönheit hereinbringen?

Der Große: Das Ergreifen der universellen Schönheit mit der Bewußtseinsseele des Menschen ist notwendig, um die Jupitererde so gestalten zu können, daß diese ihrer geistigen Bestimmung gerechtwerden kann. Es gibt ein Grundgefühl im Menschen, welches ihn entscheiden läßt zwischen Schönheit und Häßlichkeit. Das ist allen Menschen zu eigen. Nicht alle Menschen bezeichnen dann dasselbe als schön. Es geht darum, erst einmal überhaupt etwas schön finden zu können.

Der nächste Schritt ist dann vom persönlichen zum überpersönlichen Schönheitsempfinden zu gelangen und außerhalb des Geschmacks Schönheit nicht nur in materiellen Dingen erkennen zu können. Wenn es dann noch gelingt, die Schönheit nach innen zu nehmen, zur Qualität werden zu lassen, dann hängt die Schönheit in keiner Weise mehr mit dem Luzifer zusammen, sondern mit dem menschlichen Ich und dem Christuswesen. Luzifer ist außen schön, Christus ist innen schön. Aus der inneren Schönheit heraus wird der Mensch in der Lage sein, das Neue Jerusalem gestalten zu können.

Frage: Kapuwu sagte, daß die einschlafenden Menschen schön anzuschauen sind, weil sie einem Stein glichen. Es gibt aber Menschen, besonders Kinder, die beim Einschlafen sehr unruhig sind und sich bewegen müssen, z.B. sich hin- und herdrehen. Warum tun diese Menschen das, und wie kann man ihnen helfen?

Der Steinerne: Diese Wesen werden sich gewehrt gehabt haben, die ätherische Welt durchschritten gehabt zu haben, nach dem Einschlafen. Sie werden ihren Körper nicht gern verlassen gehabt haben. Das wird gewesen sein, weil Schlaf ein kleiner Tod gewesen gewesen ist. Am besten ist es gewesen, wenn diese Menschen gelernt gehabt haben werden, daß sie bei jedem Einschlafen die geistige Welt betreten gehabt haben werden. Wenn sie dazu Vertrauen bekommen gehabt haben, werden sie ruhiger eingeschlafen gewesen sein. Bei Kindern ist der beste Weg dazu gewesen, ihnen gesagt zu haben, daß ihr Schutzengel auf sie gewartet haben wird. Am besten ist es gewesen gewesen, ihre Beziehung zum Schutzengel gestärkt gehabt zu haben, sie ganz klar gemacht zu haben. Das wird zur Folge gehabt haben, daß die höheren menschlichen Lebensglieder den Körper ohne Angst verlassen können werden. Dann können wir Steinernen sie wieder als Steine betrachtet haben. Schlaf gut!

Naturgeister und Kunst

Frage: Was bedeutet es für geistige Wesen, wenn sie im Akt der Kunst in die reale Welt geholt werden?

Der Luftige: Diese Frage ist Quatsch. Wir werden nicht in die Welt geholt, sondern Deine astralischen Vorstellungen von uns werden in dieser Welt abgebildet, an die sich dann wiederum ein Wesen Deiner astralischen Vorstellung festsetzt.

Wir genießen es sehr, wenn versucht wird, uns darzustellen, weil wir dann dem astralischen Spiel der Eitelkeit frönen können.

Kunst durch Naturwahrnehmung

Frage: Welche Bedeutung hat es für die Naturgeister, wenn sich Künstler durch Naturwahrnehmung zur Schaffung von Kunstwerken inspirieren lassen?

Der Nasse: Es wäre ein besonderer Schritt in der Kunst, wenn Künstler ihre Kunstwerke in dem Bewußtsein entstehen lassen könnten, daß wir beteiligt sind; inspirierend, aber auch schaffend. Dadurch kann Aussagekräftigeres aus der Naturwahrnehmung heraus gestaltet werden, als wenn der Künstler nur sich selbst beteiligt.

Es spielt eine Rolle bei unserer Beteiligung, welche Art von Kunst entsteht: Musik, Sprache oder eben auch bildende oder abbildende Kunst. Auch empfinden wir es als künstlerisches Tun, Bewegung und Interaktion zwischen Menschen zu gestalten. Wenn Ihr Menschen einmal versucht, Naturwahrnehmung als zwischenmenschliche, soziale Gestaltungsmöglichkeit anzusehen, dann wäret Ihr auf dem Weg in die Zukunft ein Stück weitergekommen.

In dem Moment, in dem Ihr uns in dieser Form in Euer künstlerisches Schaffen integriert, gebt Ihr uns eine ganz besondere Möglichkeit, am Rande der Freiheit individueller zu werden. Das hülfe uns, unsere Zukunft mit Euch mitgestalten zu können.

Luftreinigungsskulptur

Frage: Vor einigen Jahren träumte ich, daß, wenn ich nicht Pfarrerin der Christengemeinschaft werden würde (was ich damals vorhatte), ich eine Art Luftreinigungsskulptur entwickeln sollte, Flow-Forms für Wasser). Der Form sollte das wesentliche Ohr als Vorbild dienen. Man könnte sie dann z.B. in Schulhöfen, Kindergärten, Spielplätzen aufstellen, und die Luft würde dadurch wieder reiner und lebendiger. Man könnte sich auch vorstellen, daß zwei Kinder gleichzeitig in zwei (von mehreren?) verschiedene Öffnungen hineinblasen könnten und somit Töne bzw. ein Intervall erzeugen, das kräftigend und gesundend auf die Kinder wirkt. Wäre dies denn wirklich möglich, und hätten Sie konkretere Ideen, wie so etwas aussehen sollte?

Wie könnte man sichtbar machen, daß so etwas funktioniert? Ich dachte dabei etwa an nasse, wasserfarbengefärbte Papierstücke, um die Skulptur aufgehängt in frostigen Nächten.

Der Luftige: Es funktioniert!!! Wenn die Figur richtig gestaltet wird, kommen die Töne von alleine. Da gibt es sehr viele Möglichkeiten. Auch das Hineinpusten als Aktivität ist gut möglich, nur müßte der Luftkanal eine starke Verengung aufweisen und ein Labium oder eine Syrinx enthalten.

Ich kann Dir auf diesem Wege keine Baupläne oder ähnliches vermitteln. Wenn Du Ideen hast in dieser Hinsicht, und diese Arbeit weiterhin tun willst, darfst Du Deine Einfälle in Form von Zeichnungen gerne schicken. Ich werde sie mir dann ansehen und Dir über die Menschen hier meine Kommentare zukommen lassen.

Denke daran, daß der aus der Luft ausgefallene Schmutz aufgefangen werden muß!

Malen von Tieren

Meine Frau ist Malerin und malt gerne Tiere, und zwar vereinfacht-urbildlich mit fließend gestaltetem Umraum. Steiner sagt, man solle die

Tiere heller malen, mit einem blauen Schein darüber, was nicht allen klar ist, weil z.B. „darüber" in der Fläche, also „höher" oder im Raum, also eine Schicht darüber, gemeint sein kann. Kann jemand von Euch etwas dazu sagen? Was bedeutet das Malen von Tieren für die Tiere selber und für Euch?

Der Braune: Darüber, so wie eine Nebelwolke. Das hat etwas mit dem Großen Tier zu tun. Das ist die Führungshülle. Man kann auch sagen, Embryonalhülle. Aber nicht in einen blauen Sack stecken!

Je freier die Tiere gestaltet sind, um so mehr wird dadurch das Große Tier angeregt, sich zu verändern, d.h. zu schulen. Das Große Tier ist das Tier-Ich. Es ist nicht auf der Erde. Es lernt durch die Darstellungen die Eindrücke des Menschen von seiner Tierheit besser einzuschätzen. Die Menschen sind die Lehrer der Tiere, auch wenn sie es nicht wissen.

Schützt und ehrt die Tiere!

Joseph Beuys

Frage: Könnt Ihr etwas zu der Bedeutung der Taten von Joseph Beuys sagen?

Der Luftige: Joseph Beuys hat begonnen, die nächste Form der Kunst auf die Erde zu bringen, indem er das Tun im menschlichen Umfeld als Kunstbegriff verstanden hat. Damit verlagert sich die Kunst vom Seh- und Hörbaren über das Erlebbare hin zum zwischenmenschlichen Leben. Wenn es dem Menschen gelingt, diese Schritte von Joseph Beuys nachzuvollziehen, dann öffnet sich der Weg, die Schönheit der Kunst im Wirken des handelnden Christuswesens zu begreifen. Das ist ein hohes Ziel! Beuys hat dafür auch begonnen, den Verfall in seine Kunstwerke einzubeziehen.

Zukünftige und organische Architektur

Frage: Müller erwähnt die heutigen häßlichen Häuser. Vielleicht können er und der Große sich dazu äußern? Worauf muß beim Entwurf eines neuen Gebäudes - sei es nun ein Wohnhaus, eine Schule, eine Konzerthalle, ein Bürohaus usw. - in allererster Linie geachtet werden? (Bitte mal ganz abgesehen von der anthroposophischen Bauweise, denn auch hier gibt es nicht immer schöne, zum Herzen sprechende Formen). Ich meine, woran wird man später sofort ein Haus des neuen Zeitalters von den Häusern unserer Jetztzeit erkennen oder unterscheiden können?

Der Müller: Das Wichtigste ist der Ort des Hauses. Es ist vollkommen unsinnig, ein richtiges, gesundes, schönes Haus zu planen und dabei nicht an dem Ort zu sein, ihn möglicherweise nicht einmal gesehen zu haben. Desweiteren sollte das Haus aus den ortsüblichen Baustoffen gebaut werden. Eine norwegische Stabkirche ist in Norwegen schön, aber nicht in Marokko.

Es ist wichtig, sich mit den ortsansässigen nicht-menschlichen Wesen zu arrangieren. Wenn das Haus sie stört, kann es auch nicht schön werden.

Die Raumgestaltung sollte die Geländemorphologie mit einbeziehen. Die Kraftlinien des Geländes sollten sich in der Lage der Hausachsen und Räume wiederfinden.

Stelle Dich mit geschlossenen Augen auf den Platz des Hauses und verändere Deine Körperposition solange, bis Du Dich wirklich wohl fühlst. Dann findest Du leicht die richtige Lage des Hauses.

Frage: In der Beschäftigung mit der heutigen Architektur hat sich in vielen Gesprächen und Diskussionen herauskristallisiert, daß viele Menschen (auch am goetheanistisch/organischen Baustil Interessierte) sich in den stark plastisch ausgeformten Räumen nicht wohlfühlen und diese als „bedrängend“ und „schwulstig“ erleben. In klar strukturierten Räumen dagegen (auch Stadträumen) wird so etwas wie „Durchlichtung“ und „freies Atmen“ empfunden. Auch wird hier dieser Raum häufig als „Freiraum“ angesehen, weil er nicht den Raum mit fertigen Formen vorzeichnet.

Ist die organische Architektur, die sich in der heutigen Zeit mitunter nach der „Gipsei-Methode“ gerade bei Waldorfschulen geformt darstellt, noch zeitgemäß? Welcher Ansatz sollte bei der zukünftigen Gestaltung von Räumen (Innenraum, Stadtraum, Landschaftsraum) gesucht werden? Können die Gestaltungsbeispiele einzelner zeitgenössischen Architekten und Gestalter wie z.B. Santiago Calatrava, Luigi Colani oder Phillipe Starck zukünftige Impulse geben?

Der Steinerne: Die organische Architektur wird durchaus noch in der Lage gewesen sein, gewachsen gewesen zu sein. Die Architekten jetzt neigen dazu, sie übertrieben gehabt zu haben. Macht sie doch einfach auf. Laßt Licht hinein, und denkt an Baumkronen. Daraus werden gute Ansätze zu finden gewesen sein. Stein wächst gerne in die Bäume hinein.

Die stromlinienförmigen Designs und Architekturen sind sehr widerspruchslos, lauwarm, gewesen gewesen. Da ist Calatrava dem Kristall ähnlicher gewesen gewesen. Er hat Licht hineingelassen gehabt. Der Zeit entsprechend müßt Ihr gebaut gehabt haben, wie Licht gewesen ist! Baut licht! Das entspricht dem Zeitgeist. Die Steine werden gerne lichtvoll verbaut gewesen sein, auch die Kunststeine. Bei Lichtbauten aus Stein, auch aus Beton, werden wir gerne geholfen gehabt haben.

16. Abschnitt: Mysterienstätten

Odilienberg/Schamanismus

Frage: Welche Bedeutung hat die ehemalige Mysterienstätte des Niedermünsters am Odilienberg im Elsaß für uns heute?

Der Große: An dieser Stätte war ein altes schamanisches Heiligtum. Schamanen haben eine besondere Art des Zugangs zu den Weltengeheimnissen. Diese Art von Wissen ist an ihre Blutlinien geknüpft. Mit dem Blut des Menschen in der heutigen Zeit geschieht aber eine immer deutlichere Veränderung vom Gruppenblut zum Individuumsblut. Von daher wird der Schamane ein anderer werden, der dann nicht mehr direkt in dieser Tradition steht, sondern sich selbst von außen dort hineinstellt. Damit ist er eigentlich kein Schamane mehr. Es bildet sich eine okkulte Fähigkeit heraus, die deutliche Bezüge zur schamanischen Tradition hat. Die Zukunft wird zeigen, inwieweit die menschliche Freiheit diese Impulse aufnehmen kann. Die Möglichkeiten sind gewaltig.

Irische Mysterien

Frage: Könnt Ihr etwas zu Cong, Irland mitteilen?

Der Steinerne: Dort in Irland ist eine Höhle gewesen, welche eine alte Mysterienstätte gewesen gewesen ist. Dort ist vor langer Zeit viel geschehen gewesen, was das Iro-schottische Mönchstum vorbereitet gehabt hat. Dort sind Menschen vorbereitet geworden gewesen, welche die Annäherung des Christus an die materielle Welt sowie seine Inkarnation verfolgen gekonnt gehabt haben. Sie konnten von unterhalb der Erde, eingemauert, ganz weit hinausgeblickt gehabt haben. Hinausgeschaut gekonnt haben kann Mensch trotz Mauer.

Die Materie ist die Manifestation des Todes in der Welt. In dem Moment, in welchem der Mensch in sich freiwillig Materie erzeugt, geht er eine besondere Bindung mit dem Tod ein. Dort, wo der Tod ist, kann nicht gleichzeitig Leben gewesen sein. Das ist nur im Moment von Geburt und Tod möglich. Wenn Du lebendiger geworden gewesen sein willst, beginne zu gebären! Du wirst verstanden gehabt haben, daß ich damit nicht Kinder gebären gemeint gehabt habe. Damit ist der erste Schritt zum Leben gemacht gewesen.

Wenn Du mir etwas über Iro-schottische Mönche erzählen gekonnt haben wirst, wäre ich für meine Menschen froh gewesen.

Externsteine

Frage: Können und wollen die Naturgeister uns Menschen etwas über die Mysterienstätte der Externsteine mitteilen?

Der Steinerne: Sie könnten, aber sie wollen nicht. Die Zeit der Externsteine ist vorbei.

Neue Mysterien

Frage: Rudolf Steiner hat einmal gesagt, daß die alten Mysterien in gewissem Sinne einen aristokratischen Charakter gehabt hätten, während die neuen Mysterien einen demokratischen Charakter hätten. Zudem sagte er, die neuen Mysterien seien Mittwinter-Mysterien. Könntet Ihr mir bitte näher erläutern, was diese neuen Mittwinter-Mysterien demokratischen Charakters sind, besonders worin der demokratische Charakter besteht und was dieser mit dem Mittwinter, besonders eventuell mit Weihnachten zu tun hat?

Der Große: Die alten Mysterien waren nur eingeweihten Menschen besonderer Kasten zugänglich. Dadurch waren sie für den größten Teil der Menschen verschlossen. Den allermeisten von diesen wiederum war nicht einmal die Existenz dieser Mysterien bekannt. Nur einfache Bilder mit schlichten Aussagen, etwa märchenhaft, drangen bis zu den einfachen Menschen. Auch bei aller Anstrengung wäre es diesen nicht gelungen, bis zu den Mysterien vorzudringen.

Seitdem Christus als Christus Jesus auf dieser Erde war, ist das entscheidend anders geworden. Christus Jesus ging mit seinen geistigen Mitteilungen, also Mysterien, zu jedem Menschen, den er unterwegs traf. Er sprach zum Volk. Das geschah im Mittwinter der Menschheitsentwicklung, zu der Zeit der stärksten Abkehr von der geistigen Welt. Im Bilde kannst Du es nacherleben in der Geburt des Jesus zu Weihnachten, im Winter.

Wie es im Jahresverlauf ist, so ist es auch im Erdenverlauf gewesen. Auf den Mittwinter folgt die kälteste Zeit des Jahres, an deren Ende das Osterfest steht. Im Erdenverlauf folgt die Offenlegung der Mysterien in schriftlicher und verstandesmäßiger Form durch Rudolf Steiner.

Jeder Mensch, der möchte, kann Zugang zu diesen Mysterien haben, ganz demokratisch.

Aufgabe des Ostseeraumes

Frage: Mit der Ostsee fühle ich mich seit langem sehr verbunden. Sie bildet in vielerlei Hinsicht, wie Anthroposophen und Goetheanisten es beschreiben, einen großen Gegensatz zum Mittelmeer. Rudolf Steiner spricht von der Ostsee als von einem Meeresdrachen, aber auch als dem „Inspirator der europäischen Menschheit" und davon, daß in Zukunft für Mitteleuropa die fortschrittlichen Elemente des Nordens und nicht mehr die konservativen des Südens gefragt sind. Darum habe ich die Frage: Was meint Rudolf Steiner konkret damit, wenn er sagt, die für heute günstigen Impulse der Hyperboräerzeit müssen durch unsere Seelen hindurchgehen? Wird die Aufhebung der Trennung von Ost und West von dem oder den Ostseewesen als Wohltat erlebt? Was ist die zukünftige Aufgabe des Ostseeraumes?

Der Nasse: Die zukünftige Aufgabe des Ostseeraumes wirkt schon sehr. Die Ostsee ist die Wiege der nächsten Kulturepoche. Für die Ostsee war die Aufhebung der Teilung Europas ein großer Gewinn. Im Ostseeraum treffen sich die mitteleuropäischen und die slawischen Völker. Sie werden beide inspiriert durch die nordeuropäischen Völker. Dort in Nordeuropa wirkt die Natur noch auf sehr viel direktere Art in die Seelen der Menschen hinein. Das Astralische des Menschen wird durchzogen von den Naturwesen. Vielfach sind die Menschen schon in der Lage, davon etwas wahrzunehmen, zumindest wird das Schauen in diesem Raum von fast jedem als normale Tatsache akzeptiert.

Diese Fähigkeiten trägt der Ostseedrache in die mitteleuropäischen und slawischen Menschen hinein. Ohne das Schauen ist die kommende Kulturepoche zum Scheitern verurteilt.

Nacherleben kann man diese Tatsachen in den Bildern der Nerthussage. Nerthus verschwindet über die Ostsee in den slawischen Raum hinein. Dem muß der ichbewußte Mensch jetzt mit dem Tagesbewußtsein folgen und Nerthus wiederfinden. Wichtige Anfänge für diese Impulse sind das Einschließen des Ostseebeckens durch den Sonnenkultus der Menschenweihehandlung. Zukunftsahnende Priester haben damit begonnen.

17. Abschnitt: Naturgeister

Kontakt

Frage: Wie kann ich den Kontakt zu Euch und den für mich wichtigen Wesen der übersinnlichen Welt stärken und für die Welt fruchtbarer machen?

Der Nasse: Sprich uns an! Sprich einfach das Wasserwesen der Pfütze an, an welcher Du an einem Regentage vorbeigehst. Das muß kein großer Vortrag sein, da reicht ein netter Gruß. Sei Dir gewiß, wir werden antworten! Wir warten in dieser Zeit dringlichst darauf, von Menschen angesprochen zu werden. Sprich uns an, wenn Du Lebensmittel besorgst. Sei Dir gewiß, sie schmecken Dir dann besser.

Es schadet auch nicht, wenn Du beim Meditieren einen leeren Innenraum erzeugst. Möglicherweise kann einer von uns dort hineinschlüpfen. Aber leer muß er sein! Erschrecke dann nicht, wir sehen anders aus. Wir sind im Innen und im Außen ganz verschieden. Etwas darüber kannst Du in „Gespräche mit Müller" lesen. Es grüßt Dich der Nasse, denn Wasser ist Leben!

Frage: Ich wohne in einem alten, ca. 100 Jahre alten Haus und wüßte gerne, wie ich mit den hier seßhaften Naturgeistern gute Beziehungen aufnehmen kann. Gibt es etwas, außer Schokolade, was ich tun kann, um im Einvernehmen mit ihnen zu leben? Vielleicht können Sie mir auch erklären, warum mich hier manchmal die kalte Angst packt?

Der Müller: Alle Naturwesen freuen sich sehr, wenn für sie Musik gemacht wird. Richtige Musik, kein Radio, CD oder so. Das kann auch ganz einfaches Singen sein. Nicht jeder kann phantastisch Klavier spielen, aber das ist auch gar nicht nötig.

Diese Musik ist durchaus auch in der Lage, das zu befrieden, was dort herumgeistert und Dir Angst macht. Alles, was herumgeistert, ist unglücklich und in einem gewissen Sinne verdammt. Häufig durch sich selber. Sehr hilfreich ist es für diese Geister, wenn man konkret für sie betet und die geistige Welt um Aufnahme für sie bittet und für die Möglichkeit, ihre Schuld in einem irdischen Leben abzutragen. Wende Dich dazu an den Geist dieser Zeit, Michael. Er ist derjenige, der mit der Waage steht. Er hilft.

Frage: Wie kann ich mit den mich betreffenden Elementarwesen in einen guten Kontakt kommen?

Der Nasse: Sprich uns an! Teile uns mit, was Du vorhast zu tun. Sprich es ganz klar für uns aus, und wir werden Dir antworten. Es wird dauern, aber mit der Zeit wirst Du unsere Antworten aufnehmen können, auch wenn Du uns nicht schaust.

Eingriffe in die Natur und Kontaktaufnahme mit Naturgeistern

Frage: Mein sehr starkes Empfinden mit der Natur, insbesondere meine intensive Beziehung zu Landschaften und Bäumen gibt meinem Beruf einen inneren Sinn, der über den Gelderwerb hinausgeht. Zwar kann ich mit Naturwesen nicht kommunizieren, aber wenn ich eine Arbeit neu aufnehme, stelle ich mich ihnen vor und teile mit, daß ich sie achte, bitte auch um ihre Unterstützung, soweit ich dafür aufnahmefähig bin.

Nun kommt es immer wieder vor, daß ich für Kunden oder auch aus eigener Einsicht Bäume fällen muß, die mir dafür viel zu schade sind. Früher mal habe ich das verweigert, aber die Kunden nahmen mir das übel, was ich mir heute finanziell nicht mehr leisten kann. Meine Frau hat dann irgendwann gemeint, es sei besser, wenn ich mit der richtigen Einstellung einen Baum fälle, als wenn es ein anderer ohne Herz tut. Noch viel schlimmer ist die Anwendung von Herbiziden. 15 Jahre lang habe ich darauf absolut verzichtet. Nun hat mich vor zwei Jahren ein Kunde gezwungen, seinen stark „verunkrauteten" (wenn man das Vorhandensein von Primeln, Bocksbart, Gundermann etc so nennen will) Garten mit Roundup zu spritzen. Die Verunkrautung war entstanden, weil ich aufgrund einer Uneinigkeit dort die Arbeit eingestellt hatte. Der Kunde drohte mir gerichtliche Maßnahmen an, wenn ich den Garten nicht unkrautfrei bekomme. Wegen der durchaus unklaren Rechtslage gab ich schweren Herzens nach. Inzwischen nun hab ich bei zwei weiteren Kunden von mir aus eine Spritzung vorgeschlagen, weil die Flächen, auf denen Rasen entstehen soll, stark mit Löwenzahn und anderen wurzelbetonten Kräutern durchsetzt sind. Auch hier wieder der finanzielle Aspekt: Bei mir geht es nicht um Gewinnmaximierung, sondern um die Existenz.

Mein Frage nun an die Naturwesen: Seht Ihr mich als üblen Zerstörer, der weiterer Hilfe nicht wert ist, oder ist mein Vorgehen in Euren Augen verzeihlich?

Der Nasse: Ich werde Dir als Träger der Lebenskräfte dieses Projektes antworten.

In einer gewissen Weise ist Leben immer nur die andere Seite des Todes. Das ist Dein Problem.

Es ist so sehr wichtig und so sehr fortschrittlich, daß Du Dich bei Deiner Arbeit vorstellst und Dich bekannt machst. Wie vielen Menschen mußten wir jetzt genau dieses dringend anempfehlen! Und Du tust es schon. Dieses Dein Tun macht Deine Maßnahmen für die Wesen der Ätherwelt klar und verständlich. Sie spüren auch Dein Unbehagen, welches Ihr Sterben zu einem nicht sehr schmerzvollen Übergang in das allgemeine ätherische Sein werden läßt. Für uns liegen Tod und Leben nicht durch den Schleier des Vergessens getrennt vor uns. Deine Frau hat vollkommen recht. Es ist besser, wenn es jemand tut, der uns beteiligt.

Nicht nur die Tat der Menschen ist wichtig, sondern auch die Beweggründe für diese Tat. Das reine mechanische Tun berührt nur die Materie. Gewolltes Tun greift durch die Materie hindurch. Bedenke dies, und lebe auf!

Frage: Meine zweite Frage zielt auf den Wunsch der Naturwesen, die Menschen mit ihrer Existenz und mit ihren Aufgaben bekanntzumachen. Mir selbst ist dieser Wunsch seit längerem bekannt. So habe ich mich vor einigen Jahren bei einer Eigentümergemeinschaft um einen Auftrag bemüht. Weil es sich großenteils um Waldorfeltern handelte, ließ ich vorsichtig die Zusammenarbeit mit Naturwesen einfließen. Dabei bin ich aber ziemlich auf die Nase gefallen.

Zu meinen wenigen Mitarbeitern habe ich ein gutes Verhältnis. Ein Gärtner hat bei mir die Ausbildung gemacht und ist sehr tüchtig und loyal.

Eigentlich würde ich ihm gerne von meiner Zusammenarbeit mit den Wesen erzählen. Ich denke aber, daß dies unser Verhältnis belasten würde. Das Lehrmädel würde vielleicht ungläubig, aber eher offen reagieren. Einen weiteren Lehrling werde ich voraussichtlich im Herbst einstellen. Als ich das FLENSBURGER HEFT weglegte, hatte ich in meiner ersten Euphorie gleich vor, eine betriebsinterne Informationsstunde anzusetzen, in der ich den Mitarbeitern von den Naturwesen erzählen wollte. Inzwischen habe ich da wieder Zweifel. Deshalb hier meine 2. Frage: Wie weit sollte ich gehen, den Menschen meiner Umgebung von Eurer Existenz und Euren Aufgaben zu erzählen?

Der Nasse: Du wirst auf offenere Ohren stoßen, als Du jetzt meinst. Es müssen schon sehr hartherzige Menschen sein, welche, wenn sie in der Natur arbeiten, nicht wenigstens ein kleines Gespür für uns bekommen. Versuche, Deine Mitarbeiter zum Fragen zu verführen! Das ist der beste Weg. Die Vertrauensbasis ist ja da. Zeige ihnen, wie Du mit uns kommunizierst, ohne es zu erklären. Wenn dann Fragen kommen, ist es die beste Möglichkeit, mehr zu erzählen. Vermutlich werden sie nicht gleich beim ersten Mal fragen. Aber neugierig werden sie bestimmt. Und Neugier treibt den Menschen voran! Das haben wir schon als erstes über Euch Menschen gelernt. Nutze dies, und Du wirst Erfolg haben.

Liebe zu Naturgeistern

Frage: Könnt Ihr die Liebe der Menschen zu Euch spüren?

Müller: Wir können die Liebe der Menschen zu uns spüren. Menschen, die uns positiv gegenübertreten, sind für uns in etwa so wie Erwachsene, die Kindern Süßigkeiten geben. Wir finden das wunderbar und freuen uns darüber. Wir finden Menschen toll, die uns mit liebevollen Gefühlen begegnen. Wir lesen dies auch an den Farben der Aura der Menschen, wir sehen sie aber eben auch in ähnlicher Form wie etwas Süßes. Wir riechen und spüren in uns, wie wir durch die positiven Gefühle und Gedanken der Menschen süßer werden. Genauso, wie Ihr gerne Süßes eßt, genießen wir gerne Eure positiven Gefühle, die für uns sehr süß schmecken.

Mensch und Naturgeister

Frage: Wo und an welchen Orten in der Schweiz kann ein Mensch den Naturwesen helfen und mit ihnen zusammenwirken? Welche Art von Hilfe benötigen die Naturwesen, welche Möglichkeit der Zusammenarbeit wünschen sie?

Der Steinerne: An allen Orten in der Schweiz kann uns geholfen gewesen geworden sein. Es gibt deutlich viele von meiner Sorte dort bei Euch. Auch Zwerge sind in großer Zahl vorhanden gewesen.

Wir benötigen Menschen, welche zuhören gekonnt gehabt haben. Wenn Du gelernt gehabt haben wirst, den Steinen zugehört gehabt zu haben, dann wirst Du uns sehr geholfen gehabt haben. Dazu begib Dich zu einem Stein oder einem Berg, den Du gemocht gehabt hast, und lasse

Dich nieder und höre. Wenn Du Zeit mitgebracht gehabt hast, wirst Du sehr viel zu hören bekommen haben. Die Zwerge speziell bei Euch müssen reden wegen des vielen tatsächlichen und virtuellen Geldes. Zwerge mögen Schmuck. Wenn Du ihn angelegt gehabt hast, werden sie Dir leichter erzählt gehabt haben können. Mit Christus!

Erschrecken

Frage: Ihr sagt, daß es für Euch schwer zu ertragen ist, wenn Menschen sich beim ersten Schauen von Euch erschrecken. Kann ich etwas tun gegen diesen Schreck? Es ist so paradox eingerichtet, daß die Furcht beide Seiten hemmt - oder ist sie auch ein Schutz, weil man noch nicht reif genug ist?

Der Nasse: Erschrecken tun wir hauptsächlich deshalb, weil sich der Schreck in der ätherischen Welt als lautes Bild dartut. Ein wenig so, als wenn Ihr das Radio anmacht und es aus Versehen ganz laut ist. Desweiteren ist natürlich der Schreck für beide Seiten ein Schutz. Wenn man uns mag, sind wir schön. Wenn man eigentlich Angst vor uns hat, sind wir schrecklich. Wenn wir gerade groß sind, sind wir sehr schrecklich. Viele Menschen sind bei plötzlichen Grenzübertritten schlicht ohnmächtig geworden. Die beste Hilfe ist, positive Gefühle für uns zu entwickeln; persönliche Gefühle und nicht allgemein diffuse Gefühle entwickeln. Bei Kindern kann man das fördern, indem man freundliche Geschichten über uns erzählt und keine blödsinnigen Schreckgespenster den Kindern beibringt.

Frage: Wenn Ihr einen Schreck bekommt wegen des Entsetzens eines Menschen, der Euch sieht, dann könnt Ihr doch auch Freude, Leid, Schmerz empfinden. Ist das anders als bei uns?

Der Nasse: Es ist z.T. sehr anders. Je nach unserer Art haben wir nicht die gleichen Leiber wie Ihr. Nur Wesen mit einem Astralleib empfinden die gleichen Gefühle und Regungen wie Ihr Menschen. Das bezieht sich nicht auf die Freude. Diese ist universell. Wesen höherer oder niedrigerer Art haben Gefühle nur als eine Art Spiegelung des Astralleibes.

Neue Wahrnehmungen

Frage: Seit ich Euer Buch gelesen habe, höre ich die Vögel anders zwitschern und sehe oft die Luft. Ganz besonders kurz nach dem Sonnenaufgang. Was bedeutet dies? Wie kann ich mich dem mehr öffnen?

Der Luftige: Interessanterweise werden wir Sylphen durch das gesprochene Wort dieser Bücher viel besser wahrgenommen. Dabei hilft auch, daß der Uranus vor das Sternbild Wassermann gewechselt ist und das Licht ein anderes wurde. Zu Sonnenaufgang zeigt das Licht das geistige Bild des Tages. Alle Elementarwesen prägen es sich dann ein. Das ist notwendig. Sie sind dabei ruhiger, unbeweglicher. So könnt Ihr Menschen sie im Licht des Tagesbildes einfacher wahrnehmen.

Namensfindung

Frage: In unserem Mehrfamilienhaus gibt es starke Spannungen. Ist es möglich, Chefhausgeist und Wohnungshausgeist mit Namen anzusprechen? Wie findet man diese Namen?

Der Müller: Natürlich ist es möglich, wenn Du die Namen gefunden hast. Es gibt eine Geduld erfordernde Methode, unsere Namen herauszubekommen. Beschäftige Dich innerlich mit Deiner Wohnung. Du mußt auch dort sein. Dann sage laut und deutlich Namen. Günstig sind Namen, welche in die Gegend passen oder Namen, welche mit auffälligen Besonderheiten des Hauses zu tun haben. Laß diese Namen einen Moment nachklingen und versuche, ein Echo zu spüren. Kommt es, ist es der richtige Name. Die innere Einstimmung auf die Wohnung muß aber gut dabei sein. Der gleiche Vorgang kann so für das Haus gemacht werden. Es kann dabei günstig sein, sich nicht in der Wohnung aufzuhalten. Das ist alles.

Löschen von Flammen

Frage: Macht es einen Unterschied für Flammen, z.B. Kerzenflammen oder Feuer, wenn diese ausgepustet, mit Wasser gelöscht, per Handbewegung oder mit einer Glocke erstickt werden? Bevorzugt die Flamme eine bestimmte Art, wie sie ausgemacht werden möchte?

Der Feurige: Es ist ganz erstaunlich, daß Menschen beginnen, darüber nachzudenken. Das erfreut uns Feuerwesen.

Unserem Sein am nächsten kommt das Auspusten. Das Luftwesen versteht etwas von uns Salamandern. Es ist uns gleich, ob die Luftbewegung durch Pusten oder durch Wedeln erzeugt wurde.

Am wenigsten mögen wir die Erstickung. Das kann man auch daran feststellen, daß der meiste Ruß dabei entsteht.

Schabernack

Frage: Wie kann der Mensch den Schabernack verhindern, der für uns weniger humoristische Seiten hat?

Der Müller: Indem er rein und unschuldig auf Erden wandelt. Der Unschuld spielen wir keinen Schabernack. Das hilft den meisten Menschen nicht weiter. Dafür können sie versuchen, uns milde zu stimmen, indem sie uns beachten. Dazu werden einige Vorschläge im FLENSBURGER HEFT 80 gemacht.

Hausgeister

Frage: Bei einem Hausbau werden große Mengen von Steinen oder Balken verwendet, die nicht aus der gleichen Gegend oder vom gleichen Wald stammen müssen. Wie wird denn eines von den vielen bei dem Bau des Hauses zusammenkommenden Naturwesen zum Hausgeist?

Der Müller: Lies meine Gespräche mit den Menschen, und Du wirst es wissen. Ansonsten ist es so, daß kein mir bekanntes Haus vollständig aus homogenem Material besteht. Hausgeist wird derjenige, der die Inhomogenität des Materials am besten zu einem homogenen Haus formen kann und der dann das Gegenhaus initiiert.

Hier war ich es, da ich durch die weite Reise Übung hatte.

Frage: Zu welcher Gruppe von Geistwesen gehören solche, die eine Form aufrechterhalten, z.B. Schrank, Stuhl, Auto? Wann schlafen, essen oder trinken sie? Werden sie dazu abgelöst?

Der Müller: Zur großen Gruppe der Hauswesen. Sie haben eine deutliche Verwandtschaft zu den Wichteln und sind den Hausgeistern unterstellt. Die Form des Autos gehört zu einem Maschinenwesen.

Diese Wesen schlafen nicht im menschlichen Sinne, sie gehen periodisch ins Gegenhaus. Dort regenerieren sie. Das beinhaltet so etwas Ähnliches wie Essen und Trinken. Sie werden zur Regeneration abgelöst, so, wie auch nicht alle Menschen gleichzeitig inkarniert sind. Sie sind sich ihres Seins nicht so sehr bewußt, werden von uns geführt, wie der Hirte seine Schafe führt.

Frage: Hat jede Wohnung einen eigenen Hausgeist?

Der Müller: In Mehrfamilienhäusern wohnen auch Haus- und andere Naturgeister. Es gibt auch für Mehrfamilienhäuser einen Chefhausgeist.

Zusätzlich hat jede Wohnung einen Wohnungschefhausgeist, das ist eine Stufe niedriger. Meistens gibt es auch noch Spezialhausgeister, welche sich um Heizungsanlagen, Heizräume, Treppenhäuser, Keller u.ä. kümmern. Diese interessieren sich nicht sehr für Menschen. Mögliche Ansprechpartner für Menschen sind der Chefhausgeist sowie die Wohnungschefs.

Die größten Schwierigkeiten für den Chefhausgeist bilden die unterschiedlichen Bewußtseinsstufen der Menschen in den einzelnen Wohnungen. Das bringt Spannungen in die Substanz des Hauses. Für den Hausgeist ist es am angenehmsten, wenn in seinem Haus möglichst gleichgesinnte Menschen wohnen. Daher ziehen manche Häuser bestimmte Menschentypen an.

Frage: Was kann man für Wesen und Hausgeister tun, die Beton oder ähnliches bzw. Betonhäuser bewohnen?

Der Steinerne: Da werde ich einmal das Goetheanum gefragt gehabt haben müssen. - Es sagt, sehr viel geistige Inhalte innerhalb der Mauern verarbeitet gehabt zu haben, ist das Beste gewesen gewesen.

Der Bunker am Heiligengeistfeld in Hamburg hat gesagt gehabt: „Ich bin sehr stabil. Menschen interessieren mich nicht. Die Musik, die in mir gewesen ist, macht mich heller. Viele Menschen machen Musik in mir. Die Musik wird mich abbauen können."

Damit hat er gesagt gehabt, daß Geistiges in ihm geschehen gewesen sein soll und ihm geholfen gehabt hat.

Beton ist für uns Steinwesen nicht so schwierig gewesen. In unseren Zeiten wird er wieder zu Sand geworden gewesen sein.

Körperelementargeist

Frage: Wer ist der persönliche Elementargeist?

Der Nasse: Der persönliche Elementargeist gehört keiner Hierarchie an, sondern ist das Wesen, welches Deinen Körper betreut und begleitet. Zur Zeit tut er das noch durch die Führung ziemlich hoher Engelwesen. Es ist aber sehr erwünscht, daß der Mensch selbst nach und nach diese

Führung übernimmt. Eine gute Übung dazu ist die Eurythmie. Diese ermöglicht es dem Menschen, seine Bewegungen durch seinen Willen kontrollieren zu können. Das geschicht auf eine Art, welche vorher in der menschlichen Gesamtentwicklung noch nie dagewesen ist. Wenn ich „nie" sage, meine ich „nie" in der ganzen Unendlichkeit dieses Begriffes.

Einige Bemerkungen zur menschlichen Führung: Stelle Dir vor, Du müßtest jeden Deiner Atemzüge aus Deinem bewußten Willen heraus initiieren. Zur Zeit wärest Du damit hoffnungslos überfordert. Dahin aber soll es gehen. Des weiteren ist nicht nur die Atmung, sondern gleichzeitig jedes Blinzeln, jede Magen- oder Darmbewegung und auch das Herz zu kontrollieren. Viel Spaß dabei!

Plastik

Frage: Plastik (FH Nr.80, S.186). Steinerner, ich habe Dich nicht richtig verstanden bezüglich des Plastiks. Wird das dem Plastik zugrunde liegende Wesen nicht auch durch Verbrennung zum Energiewesen und somit wieder lebendig? Es ist schwierig (ehrlicher wäre wohl: sehr unbequem) in meinem Alltag, auf Plastik zu verzichten. Was kann ich tun, um dem darin gebannten Wesen gerecht zu werden? Ich vermute, daß es in Richtung eines bewußten und liebevollen Umgangs geht.

Der Steinerne: Das Wesen ist nicht mehr das Wesen gewesen, sondern es ist ein anders Wesen geworden gewesen. Du, Mensch, bist auch nicht mehr X gewesen gewesen, wenn Du tot gewesen bist. X kann nicht wieder lebendig gewesen gewesen sein. Nur Christus konnte den gleichen Lazarus und andere zum Leben wiedererwecken.

Im Plastik sind die Wesen im Dazwischen gefangen. Der Mensch kann ihnen sehr geholfen gehabt haben, wenn er sich dessen bewußt gewesen ist. Desweiteren kann er ihnen noch mehr geholfen gehabt haben, wenn er nach Gebrauch des Plastiks dieses bewußt wieder aufgelöst geworden haben wird. Nicht nur weggeworfen gehabt!

Mit Christus.

Maschinen und Verantwortung des Menschen

Frage: Welche Mittel eignen sich am besten, die Störquellen einer Maschine zu vermeiden bzw. sie vor diesen abzuschirmen - z.B. Elektrosmog -, damit sich der Betrieb einer Maschine stabilisiert?

Der Torfige: Elektrosmog läßt sich am besten durch Torf abschirmen.

Die beste Methode, Maschinen zu vernünftiger Arbeit zu bringen, ist es, wenn die Menschen, also Hersteller und Bediener der Maschine, die volle Verantwortung für das Tun der Maschine übernehmen. Das geschieht, indem sie sich damit beschäftigen, wie die Maschine in allen Einzelheiten funktioniert, und wenn sie ihr auf geistige Art sagen: „Verrichte diese Arbeit nun so!". Das muß kein mechanischer Okkultismus sein. Es reicht, wenn der Mensch die Vorgänge in der Maschine wirklich kennt und sich dann an sie wendet. Ihr werdet erleben, daß Maschinen auf solche Zuwendung reagieren und besser arbeiten, solange sie funktionstüchtig sind. Wenn Ihr sie einfach nur laufen laßt mit den Gedanken: „Macht eure Arbeit, ich verstehe sowieso nichts davon!", dann produziert Ihr die Störungen selbst. Maschinen wollen geführt werden. Wenn Ihr sie nicht führt, kommen kleine und große ahrimanische Wesen und führen sie. Diese Wesen sind scharf darauf, jede freie Maschine zu erreichen. Also nehmt sie in Eure Verantwortung, damit ist das Hauptproblem gelöst.

Frage: Welche „Schule durch den Menschen" brauchen diese Maschinenwesen?

Der Torfige: Führung. Hinwendung zum Guten. Zeigen des Sinns der Arbeit. Vorbild des Willens der Menschen, die die Maschinen bewußt führen und Verantwortung für sie übernehmen. Seid Euch klar, daß Ihr die Schutzherren der Maschinen seid. Seid Euch klar darüber, daß Ihr die Maschinen nicht vergessen dürft. Allein mit der Herstellung ist es nicht getan. Ihr müßt sie herstellen, betreuen und beerdigen, mit menschlichen Worten ausgedrückt. Entsorgt Eure Maschinen vernünftig. Stellt sie nicht auf den Schrottplatz und sagt: „Meine Urenkel werden daran auch noch ihre Freude haben."

Frage: Welche Kommunikationsart ist die sinnvollste für das gegenseitige Verständnis von Menschen und Maschinenwesen? Sind es Worte, Bilder, technisch-mechanische Vorstellungen - oder eben nichttechnische Vorstellungen, die Kommunikation ermöglichen?

Saschafrass: Eine gute Möglichkeit für Maschinen kleinerer bis mittlerer Größe, also für Maschinen, die keine großen zerstörerischen Tätigkeiten ausführen, Maschinen, die keine riesigen technischen Anlagen sind, ist das folgende: Ihr könnt Kunst in ihre Nähe bringen. Von Menschenhand und Menschengeist gefertigte Kunstoriginale. Schönheit in der Nähe einer Maschine bedeutet für die Maschine einen starken schöpferisch-geistigen positiven Impuls, an dem sich die Maschinenwesen orientieren können.

W.W.: Also ein Bild neben der Maschine anzubringen, würde ihr helfen?

Saschafrass: Du kannst ihr ein Bild zeigen. Du kannst aber auch Betriebseurythmie machen. Du kannst Deiner Maschine auch etwas vorsingen. Du kannst aber tatsächlich auch einfach gegenüber Deiner Waschmaschine ein Bild aufhängen. Das hilft ihr sehr.

Das zweite ist aber, wie gesagt, wirklich der Versuch, die Maschine zu verstehen und ihre Arbeit zu würdigen. Und immer daran denken, die Maschine auszuschalten, wenn man mit ihr fertig ist. Laßt Eure Maschinen nicht weiterarbeiten, wenn die Arbeit beendet ist. Habt das „An" und „Aus" im Bewußtsein.

Frage: Müller sagt in den „Gesprächen mit Müller", der Ingenieur solle nur das konstruieren, was er auch beherrschen kann. Was soll ein Ingenieur nach Ansicht der Naturwesen heute beherrschen und was nicht? Wo liegt die Grenze? Ist der heutige Ingenieur auch in einem zukünftigen Leben derjenige, der die Beherrschung der technischen Wesen verantworten und umsetzen muß?

Müller: Natürlich ist der Ingenieur, der die Beherrschung nicht hat, wie Du es nennst, derjenige, der in einem zukünftigen Leben dafür karmisch geradestehen muß. Wer sollte ihm denn das abnehmen? Ihr Menschen sagt doch selbst: Dummheit schützt vor Strafe nicht. Wenn Ihr zu dumm seid, Wesen zu schaffen, und sie dennoch ins Leben ruft, so müßt Ihr hinterher für diese Wesen die Verantwortung übernehmen. Wenn ein Mann und eine Frau miteinander ein Kind haben, müssen sie sich um das Kind kümmern. Euer Staat erlegt Euch das als Pflicht auf, oder er nimmt Euch das Kind weg, und Vater Staat kümmert sich darum. Genauso ist es mit den Maschinenwesen. Der Mensch muß sich klar sein, daß er mit der Herstellung von Maschinen Wesen ins Leben ruft, daß er diese Wesen führen muß, und er muß sich klar sein, daß man diese Wesen nicht umbringen, also einfach abschalten kann. Sie sind da. Entweder er nimmt jede Maschine der ganzen Serie zurück, oder es sind eben immer noch Wesen da, die er geschaffen hat. Wenn der Ingenieur das immer vor Augen hat, wird er wahrscheinlich sehr viel vorsichtiger Maschinen konstruieren, und damit ist schon fast alles gewonnen.

Autogeist

Frage: Hat mein Auto auch einen Hausgeist? Freut er sich, wenn ich das Auto liebevoll putze und auch einmal lobe?

Der Müller: Keinen Hausgeist, aber ein Maschinenwesen. Dieses nimmt Deine Bemühungen wahr und reagiert positiv auf Lob und Reinlichkeit. Vor allem wird vermieden, daß das Maschinenwesen schlecht gelaunt ist und damit andere Maschinenwesen ansteckt.

Zwergenbart

Frage: Warum ist Euer Bart so wichtig? Ich erinnere mich an ein Märchen, in dem ein Zwerg mit dem Bart eingeklemmt wurde. Das war schlimm für ihn. Warum?

Der Zwerg: Der Bart ist Zeichen des Alters und des Wissens. Zwerge sammeln Wissen genauso wie Edelsteine und Gold. Es ist für sie sehr wichtig, Wissen anzuhäufen. Das Einklemmen des Bartes schneidet sie von Teilen ihres Wissens ab. Das ist ein Ehrenverlust für Zwerge; genauso wie der Verlust des Hortes.

Dürrewesen

Frage: Was müßten wir Menschen in Namibia am besten tun, damit die Dürrewesen weichen und die Wasserwesen gerne mit Regen zu uns kommen?

Der Nasse: Die Wasserwesen folgen dem Silber. Wenn Du beginnst, Dich dem Silber zu verbinden, ziehst Du die Wasserwesen an. Silber ist das Metall des Mondes. Versuche, die Mondrhythmen auf Deiner Farm zu befolgen und zu verfolgen. Die Wasserwesen folgen dem Mondrhythmus. Die alten Rhythmen in Namibia gehen immer mehr verloren, da die Menschen die unterbewußte Beziehung zu ihnen verlieren.

Versuche, auf Deinem Land eine bewußte Beziehung zum Mond zu entwickeln. Die beste Möglichkeit dazu ist dann, wenn der Mond vor den wäßrigen Sternbildern steht: Fische, Krebs und Skorpion. Es sind hier allerdings die tatsächlichen Bilder gemeint, und nicht die aus der Astrologie.

Die Gezeiten der Meere sind auch in den Wassern der Wolken und des Grundwassers vorhanden. Versuche, Deine Arbeiten mit der Bewässerung mit diesen globalen Rhythmen zu verknüpfen, und Du kannst ein vermehrtes Auftreten von Wasser erwarten. Es ist günstiger, bei Flut zu bewässern als bei Ebbe.

Ich wünsche Dir viel Erfolg!

Krankheit der Naturgeister

Frage: Könnt Ihr krank sein?

Der Grüne: Ja. Allerdings sind diese Krankheiten anderer Natur als die der Menschen. Aber z.B. meine Kleinen werden durch Eure Umweltverschmutzung sehr leicht krank gemacht. So ist es auch bei allen anderen. Ein kranker Baum hat auch eine kranke Dryade.

Männlich und weiblich

Frage: Warum taucht Ihr Geistwesen fast alle als männliche Wesen auf? Es geht mir nicht darum, euch weiblich zu machen, aber verankert sich die ätherische Welt so nicht als männliche Welt in den Gedanken der Leser?

Der Nasse: Es gibt auf dieser Erde eine Teilung zwischen zwei Kräften, welche heutzutage dargestellt werden als Mann und Frau. Die eine dieser Kräfte ist hart, die andere ist weich, wobei letztendlich die entstehende Kraft beides nicht mehr ist. So, wie es vollkommen unsinnig ist, bei Geistwesen von Männern zu sprechen, ist es ebenso unsinnig, von Frauen im Geistigen zu sprechen. Auch Du als Frau hast einen eher männlichen Körperelementargeist und könntest sonst gar nicht leben. Wenn diese Dinge durcheinanderkommen, entsteht, was Ihr Schwulheit oder Lesbentum nennt. Das heißt, daß sich die Liebefähigkeit und Fortpflanzungssehnsucht auf das eigene Geschlecht richtet.

Die Wesen dieser Welt, die durch ihre Härte herausragen aus dem vordergründigen Wesensstrom, sind männliche Persönlichkeiten, die Wesen, die im Hintergrund vieles ins Fließen bringen, aber nicht herausragen, sind weibliche Wesenheiten. Es geschieht viel mehr aufgrund der weiblichen Wesen, die eher im Umkreis sind, als bei dem, was am Herausragen abzulesen ist. Ich entfließe als wäßriges Elcment, und ich bin hart. So ist es zu verstehen, daß die, die auffallen, eher männlich sind und durch das Auffallen benannt werden. Beide Kräfte sind notwendig, und steter Tropfen höhlt den Stein.

Sexualität

Frage: Gibt es bei Euch Sexualität? Wenn ja, wie lebt Ihr sie? Wie gebiert eine Zwergin ihr Zwergenkind?

Konradin: Eine Zwergin gebiert ihr Zwergenkind nicht so, wie Ihr Eure Kinder bekommt. Ein Zwergenkind entsteht bei Notwendigkeit und wird aus der Mutter Erde geboren. Zwerge haben im menschlichen Sinne keine Sexualität. Die Fortführung unserer Aufgabe und unser Dasein sind nicht von Sexualität abhängig.

Der Braune: Im Bereich des Freyr gibt es recht viele Wesen, welche auf einer höheren ätherischen Ebene anzusiedeln sind und welche gewissermaßen lebendig gewordene Sexualität sind. Mit diesen Wesen gehen wir um. Ich schicke sie z.B. zu den Tieren, damit Schafe oder kleine Meerschweinchen auf die Welt kommen können. In alten Zeiten haben die Menschenführer solche Wesen zu den Menschen geschickt. Heutzutage kümmern sich die Menschen eher selber darum. Insofern gibt es Sexualität in der ätherischen Welt, aber immer mit Bezug auf die astralische Welt. Die Wesen entstammen strenggenommen der astralischen Welt. Sexualität ist eine astralische Angelegenheit. Sie wirkt aber natürlich in die ätherische Welt hinein, und dieses astralisch Gelenkte findet in der ätherischen Welt statt. Diese astralisch-ätherischen Wesen, die ich jetzt Planwechsler nenne, weil sie den Plan wechseln, leben halbzeitig auf dem ätherischen und halbzeitig auf dem astralen Plan. Und dann werden durch diese Wesen bei den beiden Elternwesen Lust-, Freude- und Frustrationswesen gemeinsam mit den Lebenswesen in den Körper hineingelenkt. Sie fließen hinein und sprechen beide Elternteile und beide Ebenen an.

Schweißen

Frage: Beim elektrischen Lichtbogenschweißen wird enorme Hitze erzeugt. Ist das nicht qualvoll für die beteiligten Wesen? Sollte man Autogen-Schweißen vorziehen? Hängt die Wirkung von der Stromstärke ab?

Der Feurige: Technisches Schweißen in jeder Form quält Wesen. Die Frage ist, wofür? Schweißen zum positiven Aufbau ist gut. Auch bei sachgemäßer Verlegung von Maschinen wird von den größeren Wesen und den Feuerwesen Schweißen positiv beurteilt, da im allgemeinen ätherischen Wesenskonsens Gutes geschaffen wird. Schweiße nicht unnötig und schweiße bewußt.

Willensäußerungen der Naturgeister

Frage: Nach meinem Verständnis müssen mindestens zwei feinstoffliche Wirkungen (von Naturgeistern?) zusammenkommen, damit sich im Grobstofflichen etwas bewegen kann, etwa ein im Gravitationsfeld fallender Stein oder ein fahrendes Automobil. Wie machen das die Naturgeister, daß sie grobstoffliche Bewegungen und die unzähligen anderen grobstofflichen Effekte hervorbringen, ohne daß man im Wachbewußtsein irgend etwas davon merkt oder auch nur ahnt?

Der Nasse: Es sind Willensäußerungen. Naturgeister sind, von einer bestimmten Seite aus betrachtet, Willenswesen bestimmter Schöpfergeister, Manifestationen des waltenden Willens. Der menschliche Wille jedoch ist über große Teile noch im Tiefschlaf. Deshalb können diese sehr differenzierten Willensvorgänge vom Menschen nicht wahrgenommen werden. Erst wenn der Mensch dauerhaft in der Lage sein wird, seinen Willen ganz zu beherrschen, dann kann er auch auf diesem Gebiet ganz klar den Übertritt dieser Willenskräfte aus der feinstofflichen in die grobstoffliche Welt wahrnehmen.

Ein Beispiel: Mit schlafendem Willen ist gemeint, daß Du in kürzester Zeit ersticken würdest, wenn Du Deine Atmung selbst im Tagesbewußtsein steuern müßtest.

Die vier Ätherarten

Frage: Rudolf Steiner hat uns einiges über die vier Ätherarten eröffnet: Lichtäther, Wärmeäther, chemischer oder Klangäther, Lebensäther. Gehören diese zu Eurem Bereich oder handelt es sich dort um eine andere Art von Elementarwesen? Haben die Wesen des chemischen Äthers etwas mit „Stoffverwandlung" bei der kosmische Ernährung zu tun, auf die Rudolf Steiner an einzelnen Stellen hinweist? Oder helfen sie bei den Pflanzen, das Feinstoffliche in homöopathischen Mengen aus dem Kosmos heranzuziehen? Gab es im Bereich des Lebensäthers in letzter Zeit wegen der zahllosen Umweltbelastungen größere Veränderungen?

Der Nasse: Dies ist eine schwierige Frage. Der sogenannte Äther hat etwas mit unserem Sein zu tun. Wir bestehen quasi aus ihm, von einer bestimmten Seite aus gesehen. Der chemische oder Klangäther entspricht dem wäßrigen Element, und damit meinem Arbeitsgebiet. Die Entsprechung des Wassers im Stofflichen der ätherischen Welt ist der chemische Äther. Durch das Vorhandensein dieser Ätherarten ist der Weg der Urbegriffe in das irdische stoffliche Vorhandensein überhaupt erst möglich. Wenn also Kosmisches in Stoffliches gewandelt wird, ist es dabei in diesen Ätherarten. Es durchläuft sie. Genauso geschieht es bei der Umkehrung. Dies muß berücksichtigt werden, wenn die Menschen sich der Stoffverwandlung der sogenannten kosmischen Ernährung bewußt werden. Wenn dieses Bewußtsein bei der Nahrungsmittelerzeugung nicht noch weiter zunimmt, werden die Nahrungsmittel nur noch füllen und nicht mehr ernähren.

Freiheit

Frage: Ich glaube verstanden zu haben, daß ein Wesen, das sein Ich bis zu einem gewissen Grad entwickelt hat, in seinen Äußerungen mehr oder weniger lebensfähige Elementarwesen schafft. Weil aber auch die höheren Hierarchien das Prinzip der Freiheit nicht kennen, ist diesen von ihnen geschaffenen Wesen die Freiheit fremd und daraus folgend auch das Prinzip der freien Liebe. Wenn aber der Mensch als freies Wesen Elementarwesen schafft, gibt er ihnen damit auch - zumindest in den Anfängen - das Prinzip der Freiheit mit, oder sind alle Elementarwesen immer - auch in Zukunft - unfrei? Konkret: Besteht der Versuch, den wir jetzt gemeinsam unternehmen, darin, auch eine neue Kategorie von Elementarwesen zu schaffen, weil wir ihnen die Möglichkeit zur Freiheit und Liebe eröffnen?

Der Nasse: Es wird hiermit nicht eine neue Kategorie Elementarwesen geschaffen. Es wird den Elementarwesen eine Möglichkeit gegeben, die Freiheit zu verstehen und sie dann nach und nach, in sehr langen Zeiträumen gerechnet, in ihr Sein zu integrieren. Es wird aber für elementare Wesen immer nur die sogenannte „Kleine Freiheit" sein. Mit Erreichen der kosmischen Freiheit wird die Freiheit aber für alle Hierarchiestufen zugänglich. Das bezieht sich auf die Engelreiche.

18. Abschnitt: Natur und Landschaft

Wald und Licht

Frage: Fast täglich gehe ich in den Wald (Dresdener Heide). Durch die Lektüre der Interviews hat sich meine Aufmerksamkeit etwas verändert. Ich erlebe den Wald jetzt als leidend, weil er nicht genug gepflegt wird. Kann ich etwas tun, was über das in FH 80 bereits Gesagte hinausgeht? Es gibt Lichtsituationen, in denen mir der Wald weniger leidend erscheint. Welche Bedeutung haben die unterschiedlichen Charaktere des Lichtes für den Organismus des Waldes?

Der Baumhirte durch Eichbine: Licht führt zur Erkenntnis. Auch den Wald. Gibt es Licht, welches den Wald gesünder aussehen läßt, so schließt es die Erkenntnis ein, daß er gesünder sein könnte bzw. daß auf einer anderen Ebene noch gute Gesundheit da ist.

Licht hat für den Wald die Bedeutung des Engelsehens. Wir Bäume filtern das Licht so, daß sich der Engel nicht mehr darin verstecken kann. Das wißt Ihr Menschen noch nicht. Die jetzige Zeit ist eine Zeit des Lichts, da der Erzengel des Lichts, St. Michael, der Zeitgeist ist. Jede Durchlichtung des Waldes hilft, ihn zu heilen, da das Licht die dunklen Kräfte verscheucht.

Versuche also, Lichtvolles mit in den Wald zu nehmen. Alles, was Dir einfällt und aus möglichst fröhlichem Herzen getan wird, ist gut. Fröhlichkeit ist licht!

In Deiner Dresdener Heide ist sehr viel Dünkel hindurchgetragen worden. Das hat sie verdunkelt, speziell im Bereich des Sauparks.

Umweltschutz

Frage: Welche geistigen Aspekte werden durch den Natur- und Umweltschutz sowie durch die bewußte Hinführung von Kindern zur Natur gefördert?

Der Nasse: Ein sehr wichtiger Aspekt ist der, die Umwelt als belebt zu erleben. Der Mensch kann nur dadurch die Erde schützen, wenn er das Wesenhafte vom Tier bis zum Stein erleben lernt. Da öffnet der Umweltschutz die Augen. Der nächste Aspekt ist das Erleben der Vernetzung aller Dinge, welche auch die Beziehung aufzeigt vom Menschen bis zum Stein und in den Himmel hinauf. Durch das gesteigerte Umweltbewußtsein treten auch die Egoismen der Menschen in den Hintergrund, und das Abgeben, speziell das „Abgeben“ von Bequemlichkeit, und das Liebhaben wird geübt.

Berg und See

Frage: An meinem früheren Wohnort hatte ich einen Berg, auf dem ich den Naturgeistern besonders nah war. An diesem Platz hat mir „Der vom Berg“ in Phasen körperlicher und seelischer Not sehr geholfen. Nun lebe ich etwa 120 km entfernt. Kann ich weiterhin mit „Dem vom Berg“ in Verbindung treten, oder ist dies aufgrund der räumlichen Entfernung nicht möglich? Was muß ich beachten?

Der Steinerne: Für uns hat Raum und Zeit eine andere Bedeutung gehabt gehabt als für die Menschen. Wenn Du es gekonnt haben wirst, wirst Du, gleich von wo aus, mit „Dem vom Berg“ in Verbindung getreten haben können. Ein Berg vergißt nicht. Wenn Du mit ihm gesprochen gehabt hast, wird er Dich über seine gesamte Dauer immer, wenn Du in der Materie gewesen gewesen sein wirst, erkennen. Du mußt es nur tun. Er wartet.

Frage: Zu dem Haus, in dem wir gegenwärtig leben, gehört ein Strandabschnitt des Bodensees, welcher für die Öffentlichkeit zugänglich ist. Da unser Haus lange Jahre unbewohnt war, hat sich am Strand ein ziemlicher „Wildwuchs“ von Menschen breitgemacht, die hier unter völliger Mißachtung der Natur ihre Feste feiern und dann Feuerstellen und viel Müll zurücklassen. Wir haben schon säckeweise Müll aufgelesen und zahlreiche Feuerstellen beseitigt. Wir haben beobachtet, daß nun wieder vermehrt Menschen den Strand besuchen, welche die Natur lieben und nicht nur konsumieren. Aber es kommen eben auch noch die anderen. Gibt es eine Möglichkeit, mit Hilfe der Naturgeister den Strand so zu schützen, daß diejenigen, die die Natur nur konsumieren, sich nicht mehr angezogen fühlen? Können wir innerlich eine irgendwie geartete Barriere aufbauen, welche nur die positiven Menschen durchläßt? Ist dies richtig und im Sinne der Naturgeister? Können wir noch mehr für den See tun?

Der Nasse: Wenn Ihr bereit seid, aus Eurer persönlichen Freiheit heraus, diese Entscheidung zu verantworten, könnt Ihr die Ortsgeister dazu ermächtigen, die Menschen zu vergraulen, menschlich ausgedrückt. Das geht. Unter vorgenannter Verantwortungsübernahme! Sie werden es tun, aus Eurer Freiheit heraus. Der See stört sich nicht so sehr an den Menschen, da sie ihn nicht sehen. Die Pflanzen-, Baum- und Bodenwesen im Strandbereich wären für eine lange Regenerationsphase sehr dankbar. Es sind dort viele, durch den menschlichen Egoismus kranke, Wesenheiten. Sie würden dadurch entlastet werden. Erwägt die Entscheidung wohl! Diese Wesen haben die Freiheit nicht. Sie übernehmen Eure Freiheit auch nicht. Es ist Eure Entscheidung!

Das Zeckige und Grasige einer Landschaft

Frage: Die Zeckenplage nimmt zu. Wie kann man eine Landschaft weniger zeckig machen? Die Zecken kompensieren den Mangel des „Zeckigseins" einer Landschaft. Was ist die Qualität der Zecken? Was könnte einer Landschaft das Zeckige geben, das die massenhafte Anwesenheit von Zecken kompensieren würde? Mit anderen Worten: Was ersetzt das massenweise Auftreten von Zecken in einer Landschaft? Die Anwesenheit von Löwen gibt einer Landschaft eine bestimmte Stimmung, man spürt das Löwige. Was gibt die Anwesenheit von Zecken einer Landschaft, oder was ist abwesend in einer Landschaft, wenn Zecken im Übermaß auftreten?

Der Grüne: Die Landschaft als Spaßraum zu verstehen, macht sie voller Zecken. Europäische Landschaft ist ein vom Menschen gestalteter Kulturraum. Viele jetzige Menschen empfinden Landschaft als spaßmachendes Verbrauchsgut und fordern eine leichte Erreichbarkeit fast jeder Stelle. Das macht die Landschaft „zeckig". Entzieht die Landschaft diesem Verbrauch, und die Zecken werden zurückgehen. Macht die Landschaft unerreichbarer. Entfernt Wanderwege, Parkplätze, Reitwege, Skilifte, Trimmpfade u.ä. Dann werden die Zecken weniger. Sie schützen.

Frage: Wie kann man das „Grasige" in einer Landschaft fördern, wie kann man ein Mangelgefühl des Grasigen in einer Landschaft erzeugen? Wie kann man bewirken, daß Gras sich wohl fühlt und gedeiht? Wie kann man das Gefühl in einer Landschaft erzeugen, das zum massenweisen Auftreten von Gras führt?

Das Wiesenwesen: Gras ist in Europa eine Kulturpflanze. Der ursprüngliche Bewuchs hier ist Wald. Wir Wiesen entstehen durch Herden. Herden brauchen Wiesen zum Grasen. Setzt Herden in die Landschaft, am besten Wanderherden, und das Gras wird kommen.

19. Abschnitt: Pädagogik

Naturerziehung

Frage: Wie kann man Kindern, die unaufhaltsam und immer mehr in die elektronische Welt geholt werden, die Natur wieder nahebringen. Können die Naturgeister da mithelfen? Die Natur scheint ab einem bestimmten Alter einfach nicht mehr spektakulär genug zu sein, im Vergleich zu den elektronischen Möglichkeiten scheinbar sogar zu langweilig.

Der Nasse: Nicht zu langweilig, sondern zu langsam! Ihr trimmt Eure Kinder, sobald es möglich ist, schnell zu sein. „Mach fix, trödel nicht rum, geht das nicht schneller..!“ Das ist das Hauptproblem. Natur ist spektakulär. Nimm einen Baum, am besten einen Obstbaum! Im Frühjahr mit voller Blüte, im Sommer im saftigen Laub, im Herbst mit vielen Früchten, im Winter kahl. Das ist spektakulär, nur sind die Übergänge sehr lang. Im Zweifelsfall hilft allerdings auch Wildwasserfahren als Augenöffner; vorzugsweise mit selbstgebautem Floß. Versuche, solche grandiosen Singularitäten nebeneinander zu stellen. *Wir* bemühen uns um jedes Kind! Ganz wichtig: Schalte den Fernseher ab und lebe es vor!!

Anthroposophie in der Waldorfschule?

Frage: Rudolf Steiner sagt, daß an Waldorfschulen keine Anthroposophie gelehrt werden soll. Sollte den Kindern nicht wenigstens Wissen über die Naturwesen vermittelt werden?

Der Nasse: Das Wissen über Naturwesen hat nichts mit Anthroposophie zu tun. Anthroposophie kann, wenn sie gut sein soll, nur aus persönlicher Freiheit heraus ergriffen werden. Aus diesen Gründen sind Wesen, die noch nicht persönlich frei sind, nicht aufnahmebereit für die Anthroposophie. Insofern ist es Unsinn, Anthroposophie unterrichten zu wollen. Was geschehen könnte, wäre, in den höheren Klassen auf freiwilliger Ebene so etwas als Neigungsfach anzubieten, ab 11. oder 12. Klasse. Aber nicht früher.

Auf drängenden Wunsch der großen Schüler wäre es denkbar, Unterrichtseinheiten auch in der normalen Unterrichtszeit zu diesem Thema zu halten. Aber lehrbar wie Schreiben und Rechnen sind diese Inhalte nicht.

Negatives in Waldorfschulen?

Frage: Welches Negative hat sich in den vergangenen Jahren und Jahrzehnten in die meisten Waldorfschulen eingeschlichen? Was sollte heute unbedingt verbessert und auch neu aufgegriffen werden?

Der Große: Man kann in die Waldorfschulen auch Negatives hineinreden! Aus Gründen der veränderten Kinder und der nicht veränderten Lehrer entsteht dort eine Diskrepanz. Diese liegt nicht in der Pädagogik, sondern in der Erwartungshaltung der Lehrer, daß die Kinder so und so zu sein hätten.

Es ist notwendig in dieser Zeit, daß die Teile der Pädagogik bei den Kindern angewandt werden, die zu den Kindern passen. Sie sind vorhanden, diese Teile. Die Verknüpfung pädagogischer Vorstellungen mit Altersangaben bei Kindern muß aufgelöst werden. Ein sinnvoller Ansatz könnte es sein, Kinder nicht unbedingt nach Jahrgangsgruppen zusammenzustellen, sondern nach den Alterszuständen ihrer Entwicklung. Dabei wäre das sogenannte biologische Alter der Kinder dann nicht mehr relevant.

Sternenkinder

Frage: Was kann ich in meiner speziellen ergotherapeutischen Praxis für die sogenannten Sternenkinder tun? Gibt es außer den Möglichkeiten, die im FLENSBURGER HEFT schon genannt sind, noch weitere, z.B. bestimmte Farben oder Therapiemittel, die ich nutzen kann?

Die Eichbine: Hüpfen. Am besten Bockspringen. Ganz gezielt, ganz intensiv. Dabei solltest Du sie mit satt gold-orangefarbigem Licht oder Farbtönen beleuchten. Das tut ihnen wohl.

Eine weitere Möglichkeit ist es, im Zwölferrhythmus eine einwärts-auswärts laufende Spirale zu laufen, zu zeichnen oder in der Luft gestalten zu lassen.

Das alles ist auch kombinierbar. Versuche, die Eltern zu motivieren, gold-orangene Vorhänge vor die Fenster zu hängen. Lasse Dir Übungen zur Zwölf einfallen! - Ehre die Eichen!

20. Abschnitt: Pflanzen und Gentechnik

Pflanzenschutz und Gentechnik

Frage: Wie können Pflanzen geschützt werden, die an ein Feld mit genmanipulierten Pflanzen angrenzen?

Das Wiesenwesen: Gar nicht. Die einzige Möglichkeit ist, einen möglichst großen Rand zum genmanipulierten Landstreifen zu lassen und alles, was darüber eingetragen wird, zu verbrennen. Uns tränen die Augen bei dieser Antwort, weil Pflanzen zu verbrennen eine verheerende Wirkung in der ätherischen Welt hat, besonders, wenn Samen verbrannt werden. Aber es ist der einzige Weg.

Eine deutliche Präparatespritzung als Abgrenzung oder Pufferzone ist auch ein Weg. Das ist eine gewisse Vergewaltigung der Präparate, weil sie normalerweise verbinden sollen, nicht trennen. Auch das Dreikönigspräparat von Hugo Erbe kann verwendet werden, was deutlicher ins Bewußtsein der biologisch-dynamischen Landwirtschaft zurückkehren sollte. Erbe hat einige gute Präparate entwickelt, die nicht angewandt werden, weil Erbe ein schwieriges Erbe hinterlassen hat.

Mehltau

Frage: Was kann ich tun, damit meine Balkonkübelpflanzen (Island- und anderer Mohn, Felsenbirnen, Hamamelis, Natterköpfe, Rittersporn usw.) nicht so stark von Mehltau und auch Spinnmilben befallen werden?

Der Grüne: Marienkäfer zu ihnen bringen. Spinnen tun es auch. Die fressen die Spinnmilben auf, und dann sie sind weg. Zusätzlich solltest Du die Pflanze von unten gießen und häufig oben herum besprühen. Das mögen die Spinnmilben nicht, sie haben es lieber trocken.

Wenn Du Spinnmilben hast, dann hast Du wohl den echten Mehltau. Der mag es nämlich auch trocken. Es hilft auch, die Pflanzen nicht auf die Blätter zu gießen und die befallenen Pflanzenteile zu entfernen oder sehr gründlich abzuwischen. Etwas Spiritus oder auch Alkohol ist sehr hilfreich. Auch hierbei ist eine Befeuchtung der Luft wirksam.

Große Hilfe erfahren Deine Balkonpflanzen, wenn Du sie regelmäßig nett ansprichst und lobst.

Gentechnik

Frage: Sollte der Mensch das, was durch Gentechnik erreicht werden kann, nicht durch eigene geistige Arbeit erreichen?

Der Nasse: Ja. Ein gutes Hilfsmittel auf diesem Wege, und gleichzeitig sein Ziel, ist das Wort. Die Möglichkeiten des gesprochenen menschlichen Wortes sind den Menschen noch kaum bewußt. Durch das Wort kann viel mehr erreicht werden als durch Elektronenmikroskope und Skalpelle.

21. Abschnitt: Politik und Zeitgeschichte

Kolonialpolitik

Frage: Warum hat sich Rudolf Steiner so wenig zum Kolonialismus und zu den europäischen Kolonialsünden geäußert?

Der Große: Weil die Menschen ihn dazu nicht klug befragt haben, weil die Kolonialisierung nicht im Bewußtsein der ihn umgebenden Menschen war und weil er genug zu beantworten hatte.

Tod durch Zyankali

Frage: Sind die Folgen eines Mordes oder einer Tötung mit Zyankali ähnlich furchtbar wie die eines Selbstmordes mit Zyankali?

Der Nasse: Ja. Die furchtbaren Folgen hängen mit der Substanz des Zyankalis zusammen. Das hat etwas mit dem chemischen Leib zu tun, welcher die höheren Leiber auffißt.

Der Mörder selbst kommt mit der Substanz Zyankali nicht direkt in Berührung. Allerdings wird es schuldverstärkend angerechnet, wenn er Zyankali nutzt. Die Schuld wird weiterhin verstärkt, wenn er auch noch über die weitreichende Wirkung des Zyankalis weiß und sie in Kauf nimmt. Im Regelfall wird er viele Leben benötigen, um dafür einen gerechten Ausgleich schaffen zu können.

Zyankali/Blausäure – Auslöschung des Ich?

Frage: Wieso läßt die Weltenlenkung so etwas Furchtbares zu wie eine Blausäurevergiftung, die, wie Steiner sagt, zur Explosion der höheren Wesensglieder, zu Tod von Geist und Seele führt?

Der Große: Es tut mir für die Menschen leid: Es ist notwendig, daß es das gibt. Würde die Weltenlenkung so etwas nicht zulassen, dürfte sie auch die Freiheit nicht zulassen. Freiheit bezieht sich nicht nur auf die Existenz im physischen Leib, sondern auch auf die Existenz der höheren geistigen Glieder. Folglich muß es auch eine Wirklichkeit geben, die dem freien Wesen Mensch ermöglicht, sich dieser höheren geistigen Glieder zu entledigen. Insofern waren die Schöpfergeister aus sich selbst heraus gezwungen, so etwas wie Blausäure möglich zu machen.

W.W.: Aber ein Mensch, der unter Umständen zu Blausäure greift, weiß doch nicht, daß er, wenn Steiner damit recht hat, Geist und Seele damit zerstört. Er denkt, er entledigt sich seines physischen Leibes. Wie kann die Weltenlenkung zulassen, daß Menschen sich unwissentlich auch Geist und Seele zerstören?

Der Große: Stelle Dir vor, Du seist Adolf Hitler. Nimm einmal an, daß es auch bei Hitler Augenblicke gegeben haben könnte, auch wenn Euch Menschen das undenkbar erscheint, in denen ihm klar wurde, daß er gewaltige karmische Schuld auf sich geladen hat. Kannst Du Dir vorstellen, daß unter diesem karmischen Druck in Dir das Bedürfnis entstehen könnte, Dich ganz auszulöschen, um dieser Schuld nie wieder zu begegnen? Kannst Du Dir das auch in Verbindung mit Judas vorstellen, der sich geopfert hat, ein Gotteswesen dem Tode zuzuführen?

W.W.: Ich weiß, was Du meinst. Aber die meisten Menschen wissen ja nicht um die Wirkung der Blausäure, können diese Wirkung also nicht bewußt herbeiführen.

Der Große: Das wiederum ist ein anderer Aspekt. Aber die Möglichkeit, es zu tun, muß es geben. Die Möglichkeit schließt dann den Mißbrauch durch den Menschen ein.

W.W.: Aber wie ist die wirkliche Folge? Seelisch und geistig? Werden die höheren Glieder tatsächlich ganz ausgelöscht?

Der Große: Du hast mit dem Wiesenwesen darüber gesprochen, daß das Ich einer Statue gleicht. Diese Statue wird zerstört. Ihre Existenz bleibt in der Akasha-Chronik vermerkt. Mehr nicht.

W.W.: Das Ich ist also ausgelöscht? Es kann sich nie wieder inkarnieren?

Der Große: Es ist sinnlos, von etwas zu sprechen, das nicht mehr da ist. Was nicht mehr da ist, kann sich auch nicht inkarnieren. Ein solcher Mensch hat sich vollständig zerstört.

W.W.: Also sind alle Juden, die mit Blausäure vergiftet wurden, auch als geistige Wesen ausgelöscht?

Der Große: Ja, als diese Individualitäten.

W.W.: Aber wie ist das möglich? Sie sind doch unschuldig umgebracht worden! Sie können doch nichts dafür!

Der Große: Nein. Sie können nichts dafür. Der Mensch, der dafür verantwortlich ist, muß das mit seinem Karma tragen. Aber auch er hat sich mit Blausäure umgebracht.

W.W.: Es wehrt sich alles in mir, das zu akzeptieren! Angenommen, ein Mensch will mich töten, so kann er mich mit Blausäure ganz und gar auslöschen? Mein Ich ist für immer und ewig zerstört?

Der Große: Auch, wenn es schwer zu verstehen ist: Der Unterschied liegt im Handelnden: Die Menschen, die Blausäure selber nehmen, zerstören sich ganz. Die Menschen, die es von anderen Menschen aufgezwungen bekommen, werden in Ätherleib und Astralleib bis hin zur Bewußtseinsseele zerstört. Da aber tritt der Schutzengel vor das Ich des Opfers. Er wird mit dieser Tat schwer geschädigt, die „Explosionsschäden" treffen auch ihn; aber er tut es, weil der Mensch nicht aus der Freiheit gehandelt hat. Wenn z.B. ein Kind eine Blausäurekapsel findet und sie einnimmt, tritt der Engel hinzu und schützt das Ich. In dem Augenblick aber, in dem es aus dem freien Willen des Menschen geschieht, auch wenn er die endgültige Wirkung der Blausäure nicht kennt, in diesem Augenblick also bleibt der Schutzengel dahinter stehen und rettet ihn nicht.

W.W.: Und was geschieht mit den Menschen, die unfreiwillig Blausäure genommen haben, im nächsten Leben?

Der Große: Sie müssen sich ganz neu aufbauen und fangen als junge Seelen wieder an. Sie müssen dabei von den alten Seelen, die sie umgebracht haben, darin unterstützt werden. Durch diese Förderung brauchen sie weniger Inkarnationen, um wieder in den normalen Zustand aufzusteigen. Es ist sehr schwer, dafür Worte zu finden, die bei Euch Verständnis erwecken.

Verena hatte eben Schwierigkeiten, meine Worte zu greifen, deswegen sage ich noch einmal: Es ist wichtig, ob der Schutzengel schützend vor dem Menschen oder ob er hinter dem Menschen steht. Es ist eine Frage der Schuld: Wer handelt? Über Willen und die Wirkungen des freien Handelns könnten wir sehr viel sprechen. Blausäure ist jedoch wirklich wie eine Explosion. Auch der Schutzengel wird geschädigt und verliert Leiber.

Nazi-Greuel

Frage zu den Nazi-Greueln: Kann man überhaupt den damals verantwortlichen Menschen helfen, die Konsequenzen ihres unsäglichen Tuns zu tragen?

Der Große: Du kannst den Menschen, die noch in der Existenz sind, durchaus helfen, indem Du für sie betest. Ein weiterer guter Weg wäre es, einem dieser Menschen gezielt geisteswissenschaftliches Wissen ins Nachtodliche nachzusenden.

Einige dieser Menschen haben allerdings darauf verzichtet, ihre Existenz in Zeit, Kosmos und Raum weiter zu behalten, indem sie sich und ihr gesamtes höheres Sein - beide Tode gleichzeitig - haben sterben lassen. Sie haben sich ausgelöscht. Ihnen kann nicht mehr geholfen werden. Ihre Schuld bleibt für die Dauer der Schlacken der Erde erhalten. Das ist sogar für meine Begriffe ewig. Mit der Auslöschung eines Menschen werden seine Taten im Tierkreis irreversibel.

Frage: Wie kann man dazu beitragen, daß aus dem schrecklichen und namenlosen Leid Segen für die Menschheit erwächst?

Der Große: Der beste Weg ist, Menschen zu erziehen, die nicht mehr in der Lage sind, so schreckliches Leid zu erzeugen. Ändert Euch und Eure Kinder dahingehend, daß sie kein Leid in dieser Form mehr ertragen können. Dann werden auch alle auflösbaren Teile dieses Leides aufgelöst sein. Das ist der beste Weg. Erzieht freie Menschen heran!

Bedrückende Stimmung im deutsch-polnischen Grenzgebiet

Frage: Ich lebe seit Jahrzehnten in Frankfurt (Oder). Seit dieser Zeit wird von mir und vielen Freunden und Bekannten eine bedrückende Stimmung empfunden, die sich scheinbar großflächig über unserer Region manifestiert. Sie ist schwer zu beschreiben: es fühlt sich wie eine bremsende Lähmung aller Initiativkräfte an. Sie ist bereits im Umkreis von 30-50 km zu spüren. Viele - vor allem jüngere - Menschen haben hier ihre Heimat verlassen und spüren es wieder, wenn sie zu Besuch zurückkommen. Viele angefangene Initiativen in dieser Stadt versiegen und werden aufgegeben. Es scheint, daß kein Segen über dieser Stadt liegt. Es fällt einem schon an dem allgemeinen Habitus der Menschen auf, insbesondere wenn man z.B. aus den alten Bundesländern zurückkommt.

Können uns die Naturgeister eine Erklärung dafür geben, daß wir die Ursachen erkennen und dadurch zur Überwindung befähigt werden, wo und wie wir anfangen sollten?

Der Nasse: Du hast viel Mut, Dir das für eine ganze Stadt vorzunehmen. Das an sich impulsiert schon gut.

Die Stadt leidet am Verlust ihres Vorlandes. Die Grenze in der Oder macht diese Stadt leiden, seit 1945. Die Stadt benötigt eine neue Identität, wie Ihr Menschen sagen würdet. Wir nennen das lieber Zukunft. Zur Zeit schaut sie nach Westen. Sie sollte lernen, der Sonne entgegen, nach Osten, zu schauen. Die nächsten großen, die Zukunft der Menschheit verändernden, Impulse kommen aus östlicher Richtung. Das Geistesleben der Stadt sollte sich dahin ausrichten.

Ein lebendiger Kultus, wie die Menschenweihehandlung der Christengemeinschaft, sollte möglichst häufig in ihr stattfinden; wenn es geht in russischer oder polnischer Sprache. Der Kultus öffnet die Stadt der Sonne. Dann kann wieder Liebe, und nicht nur Trennung, hinunterfließen.

Ein Gebetskreis ist auch ein guter Anfang. Diesen kann man schlimmstenfalls mit einem Menschen beginnen. Er möge die Sonne bitten, die Stadt wieder anzunehmen.

Wir schicken unsere guten Kräfte für Euer Tun.

Irak-Krieg

Frage: Was bedeutet die Zerstörung der babylonisch-assyrischen Kultur durch den Irak-Krieg für die Menschheit?

Der Große: Die Zerstörung der babylonisch-iranischen Kulturschätze hat Auswirkungen auf die Ernährungs- und Landbaukultur der Menschen. Während der Hochblüte der babylonischen Kultur wurde die Grundlage der menschlichen Ernährung geschaffen: das Getreide. Ein Widerhall dieses Schaffens in vergröberter Form entsprang dem südamerikanischen und nordamerikanischen Kontinent in der Schaffung des Mais durch die Eingeweihten der Inkas, Mayas und Azteken.

Durch die Zerstörung der babylonischen Kulturgüter wird es für die verbleibende Zeit dieser Kulturperiode wesentlich schwieriger werden, Früchte anzubauen, die den gesamten Menschen ernähren. Das kommt daher, daß die Stätten, von denen das Korn auf die Erde hereingeholt wurde, massiv durch ahrimanische Kräfte geschädigt worden sind. Durch die randalierenden Zerstörer sind zusätzlich starke negative astrale Kräfte in den Kulturraum eingeflossen, der die Getreidegrundlage des Brotes auf die Erde herabgeholt hat. Diese astralischen Kräfte sind rein egoistischen Charakters. Durch die Tatsache, daß die globale Kulturstätte der Getreideerzeugung mit diesen egoistischen Kräften besudelt wurde, ist die Ernährungsqualität weltweit herabgemindert worden. Es muß jeder Mensch persönlich, und besonders die Menschengemeinschaften müssen die Nahrungsqualität durch ihre kulturellen, schönen, künstlerischen und willensmäßigen Impulse aufbessern.

Ihr dürft aber nicht vergessen, daß die Zerstörung der babylonischen Kultur nicht nur die Ernährungsqualität erheblich mindert; sie mindert auch die Qualität dessen, was Ihr als Abendmahl feiert. Die Transsubstantiation ist gestört. Gemeinden und Priester müssen also jetzt die Kommunion intensiver begehen, damit dieser Schaden aufgehoben ist.

Friedensgebet des Großen

Frage: Was bedeutet das Friedensgebet des Großen anläßlich des Irak-Kriegs? Welche Wirkung hat es heute? Was bedeutet darin das „Oh Herr“? Ist Gott gemeint?

Der Große: Das Friedensgebet wirkt immer noch, indem es die guten Kräfte bindet und führt und dadurch Schild gibt und für die Abwehr der negativen Kräfte zur Verfügung steht: Wende die Lanze des Bösen von ihrem Ziel. „Herr“ ist für mich Christus.

22. Abschnitt: Praktische Alltagstips

Regenwassernutzung

Frage: Ich beabsichtige, das Regenwasser von zwei Hausdächern in einer Zisterne zu sammeln, um es für Garten und Haus zu nutzen. Da ich ja in den gesamten Prozeß des Wasserkreislaufes der Natur eingreife, wäre ich dankbar zu wissen, was ich dabei zu beachten habe. Gibt es schwerwiegende Bedenken?

Der Nasse: Im Gegenteil. Das Regenwasser ist ja eigentlich für den Boden bestimmt, auf welchem das Haus steht. Normalerweise, zumindest in Städten, landet es im Siel und steht für nichts mehr zur Verfügung. In Deinem Fall wird es an der Koordinate benötigt, für welche es abgeregnet ist, und heilt dadurch etwas die Bodenversiegelung, die dort ansonsten vorliegt. Du wirst bemerken, daß dieses Wasser besonders wohltätig sein wird, da es dort genutzt wird, wo es hinwollte. Du solltest einmal im Vierteljahr der Zisterne Rosmarinpotentiat in der Menge von ca. 1 % des Zisterneninhalts zusetzen, um die Einträge der Autoabgase zu neutralisieren. Das Potentiat sollte die Potenz D3 haben. Das entsteht, indem man Rosmarintee dreimal im Verhältnis 1:9 verdünnt und jeweils 3 Minuten verschüttelt. Gutes Gelingen!

Raumklima

Frage: Meine Frage bezieht sich auf ein gesundes Raumklima in leiblicher und geistiger Hinsicht. Liebe Naturwesen, Ihr sprecht davon, daß Roggenstroh den Elektrosmog abhalten kann. Könnte man das auch in Häusern mit Poroton- oder Kalksandsteinwänden erreichen? Wie könnte man das praktisch machen? Geht es auch für die üblichen Betondekken bzw. Fußböden? Muß das Roggenstroh eine bestimmte Qualität haben?

Der Herr vom Bruch: Der Roggen sollte gerne gewachsen sein. Das tut er zur Zeit vor allem auf Demeterböden.

Machen kann man das überall. Flechte Matten aus Roggenstroh und bringe sie an. Im Zweifelsfall, Ihr Menschen seid ja so, verkleide es mit Gipskarton. Der schadet nicht. Mein Freund Tom, der Torfige, behauptet, daß versponnener Torf den gleichen Effekt hat. Die Richtungsänderung der Torflage wird durch das Tun des Menschen verwandelt. Aber bitte nicht nageln, sondern schrauben. Nageln mögen die Hausgeister nicht. Sumpfige Grüße!

Torf und Stroh

Frage: Kann man sich durch Torffasern vor Elektro-Smog schützen? Wenn ja, dann wie?

Der Herr vom Bruch: Stroh ist besser. Torf ist aber auch dazu in der Lage, allerdings muß die Torfschicht eine beträchtliche Stärke haben, damit die reflektierende Wirkung ausreichend vorhanden ist. Der Torf selbst sollte nicht älter als ca. 8000 Jahre sein, und möglichst nicht aus trockenen Hochmooren stammen. Die schützende Torfauflage sollte 10–15 cm dick sein. Dabei ist zu beachten, daß Torf ungern in der Vertikalen ist. Ich erkläre: Wenn man flach liegenden Torf aufrichtet und an einer Wand befestigt, hat er seine Seinsrichtung um 90 Grad geändert. Das mag er nicht. Er ist seit Jahrtausenden gewohnt, horizontal zu liegen. Seine Oberflächenstruktur wird brüchig und verliert viele ihrer guten Eigenschaften, wenn man sie aus ihrer Lage bringt.

Sommer- und Winterzeit

Frage: Wie wirkt der Uhrzeitwechsel von Winter- auf Sommerzeit auf Mensch, Haustier und den Naturzusammenhang?

Der Nasse: Wenn Du nicht zufällig auf dem Stundenmeridian von Mitteleuropa lebst, auf welchem die Sonne genau mittags die Südlinie schneidet, verbindest Du sommers wie winters Dein Tageserleben mit falscher Uhrenzeit. Die Uhrenzeit ist eine Vereinbarung zwischen Menschen. Die tatsächliche Zeit richtet sich nicht nach mechanischen Werken. Nach einer kurzen Umstellungsphase ist also so gut wie nichts anders.

Wenn man seine Haustiere nach der gleichen Sonnenzeit füttert wie vor der Umstellung, macht ihnen das gar nichts aus. Anderenfalls benötigen sie zwei bis drei Tage für die Zeitumstellung. Ihr Seelenleben nimmt keinen Schaden.

Da sich die Natur nicht nach Uhren richtet, entgeht ihr der Wechsel vollständig.

Seife

Frage: Welche ist für Euch die verträglichste Art von Seife? Kannst Du Ratschläge zu unseren Wasch- und Putznotwendigkeiten geben?

Der Nasse: Kernseife. Wenn Du Dich wäschst, nimm welche mit Honig und laß diese unsinnigen Duschgels weg. Kräuter dürfen auch in der Seife sein.

Wenn Du putzt, nimm Seifenlauge mit Soda oder Spiritus oder Essig. Damit bekommst Du alles in den Griff, und wir haben keine Probleme. Putze, soviel Du magst, sauber ist es uns lieber. Dreck zieht die Fliegen an und ihren Herrn.

Strichcodes

Frage: Wie wirken die Strichcodes auf den Waren auf Mensch und Naturwesen? Welche Möglichkeiten gibt es, eventuell davon ausgehende schädliche Wirkungen zu umgehen? Reicht z.B. das Zukleben?

Der Nasse: Die Strichcodes haben nur dann eine negative Wirkung, wenn ein Mensch eine Bewußtheit dahintersetzt, wenn es also mit negativen Gedanken durch eines Menschen Hand gegangen ist. Wenn Du beim Anblick des Strichcodes ein negatives Bewußtsein aufbaust, solltest Du das Produkt nicht kaufen. In dem Moment geht von Dir ein negativer Kraftstrom aus. Der siegelt dann das Produkt mit lebenszehrender Kraft. Solange Du das Produkt, gleich welcher Art, einfach nur vom Regal an die Kasse und nach Hause nimmst, ohne den Strichcode zu belauern, geschieht nichts.

Biolampen

Frage: Machen die neuen Bio-Light-Leuchtmittel besseres Licht als die normalen Glühlampen?

Der Luftige: Ja und nein. Das Farbspektrum dieser Lampen entspricht in etwa dem Farbspektrum des Sonnenlichts. Es ist aber leeres Sonnenlicht, denn dem Sonnenlicht wohnt wesentlich mehr inne, als nur ein Farbspektrum. Die Christus-Qualität des Sonnenlichts wird durch diese Glühlampen nicht erreicht.

Der technische Aufwand um die Herstellung dieser Lampen ist wesentlich höher als bei normalen Glühlampen. Es werden spezielle isolierte chemische Elemente verwandt, welche im gewachsenen Erdzusammenhang nicht erscheinen. Dadurch wird zerschneidendes ahrimanisches Denken in die Lampen eingewoben.

Die anderen Lampen strahlen einfach. Du mußt aus Deiner Freiheit heraus entscheiden, was Dir wichtiger ist: Das sonnenähnliche Lichtspektrum oder die harmlosen herkömmlichen Glühlampen.

Mountainbikes und Wanderstöcke

Frage: Wieviel Schaden richten Mountainbikes und die modernen Wanderstöcke in Wald und Flur an?

Der Baumhirte durch Eichbine: Bedeutend weniger Schaden als moderne Erntemaschinen; zumal wenn sie von Kindern benutzt werden. Mountainbikes sind uns angenehmer, da sie nicht pieken, und sie machen etwa so viel Schaden wie ein Wildschwein. Damit kommen wir zurecht. Wanderstöcke pieken. Das entzieht uns Lebenskraft, auch wenn sie weniger offensichtlichen Schaden anrichten.

Wäre es für Eure Fortbewegung vernünftig, wäret Ihr mit angewachsenen Wanderstöcken geboren.

23. Abschnitt: Reinkarnation und Karma

Reinkarnation

Frage: Warum glauben so wenig Menschen an die Reinkarnation?

Der Große: Weil Mensch nicht an die Reinkarnation glauben kann. Die Überzeugung von der Reinkarnation ist an Erkenntnis gebunden. Erkenntnis muß Mensch sich erarbeiten. Geistige Erkenntnisarbeit setzt voraus, daß Mensch über sich selber nachdenkt, sich erkennt. Das ist für Menschen schrecklich. Auf einer bestimmten Stufe ist es für jeden einzelnen Menschen schrecklich. Dahinter ist es individuell verschieden, wie der Schrecken erlebt wird. Du mußt als Mensch aber zuerst mitten hindurch. Die Reinkarnation ist über den nicht-verstandesmäßigen Glauben nicht zugänglich.

Beide Widersachermächte legen großen Wert darauf, daß Selbsterkenntnis und Erkenntnis für Menschen unangenehm und unwillkommen sind.

Karmische Verbindungen

Frage: Laut Rudolf Steiner treffen wir karmisch mit uns verbundene Menschen nur vor dem 35. Lebensjahr wieder, nachher nicht mehr. Gilt das unbedingt für beide Menschen, oder darf einer von den beiden auch älter sein? Gibt es weitere Ausnahmen?

Der Große: Du solltest bitte die Karma-Vorträge von Rudolf Steiner noch einmal gründlich lesen. Rudolf Steiner führt da sehr klar aus, daß im Regelfall das Alter getauscht wird und karmische Begegnungen mit der gleichen Person zwingend in allen Lebensabschnitten durch die Inkarnationsfolgen geführt werden. Mensch ist im Regelfall nicht wieder mit den gleichen Altersstufen auf der Erde. Das hat seine vollständige geistige Richtigkeit, so wie es Rudolf Steiner ausgedrückt hat. Es gibt allerdings ein paar Ausnahmen, wie z.B. die Vorinkarnationen des Maitreya-Buddhas oder die Dauerinkarnation des Dalai Lama.

Freiheit im Kamaloka?

Frage: Entsteht nach dem Tod im Kamaloka durch das übergeordnete Bewußtsein eine unbedingte Einsicht in die Fehler, Versäumnisse und Lieblosigkeiten? Und wirkt in dieser Situation diese Einsicht so stark, daß ein fester Entschluß zur Wiedergutmachung entsteht, der die menschliche Freiheit überspielt, der aber allerdings in der nächsten Inkarnation neu geprüft wird?

Kann ich mich auch im Kamaloka der Verantwortung für meine Taten entziehen, weil ich als Mensch frei bin?

Der Große: Nein, Du kannst Dich im Kamaloka nicht der Verantwortung für Deine Taten entziehen! Diese Möglichkeit besteht nur hier auf der Erde. Das kann durch das Vergessen geschehen. Das Vergessen ist allerdings die Voraussetzung für das Ergreifen und Gestalten der Freiheit.

Du wirst aber in der geistigen Welt nicht nur für Dein Tun, sondern auch für Dein Lassen Verantwortung tragen müssen. Nur durch den zweiten Tod, den Seelentod, kannst Du Dich ganz und für immer aus der Verantwortung stehlen.

Vorgeburtliche Geschlechtsberatung

Frage: Was hält die geistige Welt davon, wenn aus der Kenntnis der kosmischen Gesetzmäßigkeiten Eltern hinsichtlich ihrer Wünsche über das Geschlecht des künftigen Kindes beraten würden?

Bekannt ist ja der Zusammenhang zwischen Mondphase und Geschlecht, der entwickelt werden könnte. Die Alternative der Chemie ist nicht gemeint und auf jeden Fall ungeeignet zur Lösung dieser Aufgabe.

Der Große: Ich halte den Menschen noch nicht für fähig, in dieser Hinsicht zu entscheiden. Erst wenn die Menschen zu einem klaren Erkennen ihres Karmas und der ihnen darin gestellten Aufgaben kommen, sollten sie beginnen, auf das Geschlecht ihrer Kinder Einfluß zu nehmen. Jedes andere Vorgehen kann zu höchst bösartigen karmischen Entwicklungen führen. Nutzt Eure menschliche Freiheit für Besseres als dieses. Erst im Lichte der Erkenntnis solltet Ihr Eure Freiheit in diese Bereiche vordringen lassen.

Christus in Euch!

24. Abschnitt: Religion / Hellsehen / Ideenbildung

Christentum früher und heute

Frage: Hatte es einen Sinn, daß das spirituellere iro-schottische Christentum in Europa durch das weniger spirituelle, mehr sinnlichkeitsfeindliche römisch-katholische Christentum verdrängt worden ist?

Der Große: Es hat einen Sinn. Das iro-schottische Christentum war ein eher aristokratisches Christentum. Es war durch seine hohe Spiritualität dem einfachen Menschen nicht zugänglich.

Das römisch-katholische Christentum war ein einfaches Christentum. Es ist in diesem Sinne nicht sinnlichkeitsfeindlich. Das wurde es erst mit dem Erwachen der Bewußtseinsseele und mit der dann entstehenden evangelisch-calvinistisch-hugenottischen Form des Christentums. Dies entsprach der Kälte der Bewußtseinsseele, die sich erst dem Ego zuneigt.

Eine Neubesinnung auf die Sinne und ihre Wahrnehmungsmöglichkeiten vielfältigster Art ist eine Aufgabe der jetzigen Zeit. Die Farbe sollte wieder erscheinen im Christentum. Das Schwarz der Reformation ist zu überwinden. Es ist jetzt auf der Erde eine Zeit des Lichts. Und Licht ist voller Farbe.

Christus und andere Religionen

Frage: Wie würdet Ihr zu anderen Menschen als den jetzt Anwesenden, z.B. zu Muslimen, Hindus, Buddhisten, über den Christus sprechen können, ohne daß dies durch die Bezeichnung negative Gefühle bei Andersgläubigen hervorruft?

Der Große: Bei vielen Menschen sprächen wir von Emanuel. Dieser Name ruft keinen Haß hervor. Bei anderen Religionen, Hindus und Buddhisten, sprächen wir vom Bringer der Freiheit. Das ist dort im Osten zu verstehen. Die östlichen Weltanschauungen enthalten keine persönliche Freiheit, kein Ich-bin. Vielfach wird gerade das als kontraproduktiv empfunden, da das zu erreichende Ziel das Nicht-Wollen ist. Ich-bin will ich. Dies ist in dieser jetzigen Erdenzeit der weiseste Ansatz, Egos zu erreichen.

Beten und Zweifel

Frage: Liebe Naturgeister, ich wäre sehr dankbar, wenn Ihr mir meine Zweifel betreffend das Beten etwas nehmen könntet: Wie muß man beten, daß es wirklich bei Gott ankommt? Ich habe gelesen, man sollte sich vor dem Beten in die Ruhe versenken und gewissermaßen die Telefonverbindung zu Gott herstellen. Andererseits las ich einmal, man könne jederzeit mit Gott sprechen, so, als ob er an unserer Seite ginge. Oft spüre ich den Wunsch, aus Freude Gott spontan für etwas zu danken oder aus einer schwierigen Situation heraus um Hilfe zu bitten. Auch wenn ich für einen andern Menschen bete, bin ich unsicher, ob es in dieser einfachen Weise etwas nützt. Was denkt Ihr darüber?

Der Große: Alles, was direkt aus dem Herzen kommt, erreicht die göttliche Welt. Es ist für spontane Dankgebete nicht wichtig, irgendwelche vorgegebenen Texte einzuhalten. Die innere Überzeugung und Dankbarkeit sind dabei das Wesentliche. Lasse Dein Herz sprechen, es wird gehört werden!

Für Bittgebete für ein anderes Wesen gilt das gleiche. Die innerliche Herzlichkeit ist die Öffnung zur göttlichen Welt.

Wenn Du vorhast, regelmäßig betend Kontakt mit der geistigen Welt zu haben, dann solltest Du Dir ein Deinem inneren Wesenskern gemäßes Gebet suchen, z.B. das Vaterunser, und versuchen, dieses aus einer inneren Versenkung heraus zu sprechen. Aus diesem Geschehen heraus wird sich dann für Dich eine große innere Kraftquelle erschließen können.

Hellseherische Erlebnisse

Frage: Zunehmend werden Berichte von Menschen veröffentlicht, die erste hellseherische Erfahrungen haben. Wie kann der gewöhnliche Mensch unterscheiden, ob das reale objektive geistige Erlebnisse oder Täuschungen sind?

Der Große: Wenn Du die Wesenheit des Christus hindurchspüren kannst, sind es keine Täuschungen. Bei schwarzmagischer Hellsicht ist die Verkettung zu Ahriman oder Luzifer zu spüren. Auch bei hellsichtigen Menschen anderer Kulturkreise leuchtet das Sonnenwesen hindurch.

Hellseherische Erfahrungen/Dröhnen

Frage: Ich fühle mich durch das Dröhnen (oder Brummen, wie ich es bisher immer genannt habe) verunsichert und auch gestört. Ich würde sicher besser damit umgehen können, wenn ich wüßte, welchen Zweck die Naturgeister mit dieser Form der Kontaktaufnahme verfolgen. Was oder wer soll dadurch in welche Richtung beeinflußt werden? Ich wäre zu einer Kooperation bereit, wenn ich wüßte, wobei ich kooperieren soll.

Der Luftige: Wir Luftwesen können erkennen, wenn Menschen beginnen, ihre ätherischen Organe auszubilden. Jeder Mensch, welcher ätherische Wesen sehen oder hören möchte, muß die dazu notwendigen Organe in seinem ätherischen Leib hervorbringen. So wie bei Menschenkindern die physischen Organe auch noch nicht gleich reif sind, so ist das auch bei diesen Organen, nur daß ihr Reifungsprozeß wesentlich länger dauert als bei physischen Organen. Wie lange, ist individuell sehr verschieden. Die geistige Reifung der Menschen ist inzwischen abhängig von dem Anteil an bewußter Arbeit am ätherischen Sein. Zur Gestaltung der ätherischen Organe ist vor allem künstlerisches Tun günstig. Für das Dröhnen ist das die Musik, allerdings nicht elektronisch wiedergegebene. Das Dröhnen selber ist die Aufforderung, bewußt die Gestaltung der inneren Organe anzugehen. Dadurch wird es dann möglich sein, mit uns in Kontakt zu treten.

Begriffsentwicklung und Erinnerung

Frage: Ein einmal gefaßter Gedanke wird vergessen und später wieder erinnert. Erzeugt man bei der Erinnerung ein Neues, oder begegnet man dem ursprünglich erzeugten Wesen?

Der Luftige: Man begegnet dem ursprünglich erzeugten Wesen. Es wird dabei aber verändert, in einer gewissen Weise wiedergeboren. Das geschieht dadurch, daß Uhrenzeit und Weltenzeit dazwischen vergangen ist. Weltenzeit kann man umschreiben mit dem Begriff der Entwicklung von Dingen. Eure ungeschmeidige Sprache mit viel zu wenigen Zeitformen gibt das nicht besser her.

Frage: Ein erfinderischer Gedanke, eine Idee, der mir während meiner wissenschaftlichen Arbeit gekommen ist, jedoch noch verschwommen und nicht fest konturiert, wurde in der nachfolgenden Zeit immer klarer, nach einer - meist längeren - Zeit aussprechbar und später sogar mit einem Kurzbegriff unter Kollegen „griffig". Wirkt bei diesem Prozeß immer das gleiche erstmals erdachte Wesen mit? Wächst dieses während der fachlichen Präzisionszeit mit? Helfen dabei Wesen aus anderen Hierarchien mit? Kann man die Existenz des Wesens eines fehlerhaften Gedankens (z. B als Lösungsansatz), so man das erkennt, beeinflussen, löschen?

Der Luftige: Gedanken kann man nicht löschen. Man kann ihnen aber ein Gegengewicht geben, so daß ihre Summe und Wirkung gegen Null gehen. Der andere Prozeß, welchen Du beschreibst, ist die geistige Entwicklung eines Begriffs. Dabei sind auch die fehlerhaften Gedanken notwendig, um die Haut des Begriffswesens, also die Grenzen des Begriffs, zu gestalten. Wenn dem Begriff eine Idee vorangegangen ist, waren sehr hohe Mitglieder der Hierarchien beteiligt. Es gibt qualitativ sehr unterschiedliche Ideen und Begriffe, je nachdem ob sie geistiger, seelischer, ätherischer oder sogar materieller Art sind.

Aus materiellen Ideen können Maschinen materiell vorhanden hervorgehen. Das ist dann gleichzusetzen mit dem Begriff der Idee. Ätherische Begriffe und Ideen entsprechen in etwa dem züchterischen, aber auch dem Nahrung schaffenden Bereich der Menschen. Seelische und geistige Begriffe erklären sich für Menschen eigentlich von selbst.

Schutz vor schlechten Gedanken und Ideen?

Frage: Eine wichtige Frage wurde in den bisherigen Gesprächen nicht schlüssig beantwortet: Inwieweit kann ein wacher, geistbewußter Mensch für falsche Gedankenwesen ein Gegengewicht bilden? Ist es nicht wie in der Homöopathie: eine Substanz, die im Einklang mit spirituellen Gesetzen steht, wirkt potenziert stärker? Konkret: Wiegt ein guter Gedanke, der durch eine bewußte Handlung unterstützt wird, nicht als Ausgleich für viele falsche und leichtfertige Gedanken?

Der Nasse: Ein kräftiger guter Gedanke kann einige schwache Gedanken aufwiegen. Das ist schon richtig. Aber löschen kann er sie nicht. Er kann sie nicht einmal „abhaken". Das kann nur ein Gedanke, der diesen anderen Gedanken hinterhergeschickt wird. Das heißt: Einen schlechten Gedanken kann nur ein direkt auf diesen schlechten Gedanken bezogener guter Gedanke aufwiegen. Gedanken sind generell nicht löschbar. Man kann sie eben nur ausgleichen.

Frage: Ich habe als Heranwachsende die Hitlerzeit bewußt miterlebt und weiß, wie die idealistische Substanz junger Menschen mißbraucht werden kann. Ich selbst hatte durch Elternhaus und Anthroposophie ein Gegengewicht. Wie wirkt sich das aber bei jungen Menschen aus, die manipuliert werden, ehe sie fähig sind, eigene Einsichten zu haben. Ist das eine Situation, die durch die Christussphäre bereinigt wird?

Der Große: Die Christuswesenheit schützt alle Wesen, welche noch nicht des eigenen Handelns Herr sind. Junge Menschen tragen für ihre Taten nicht die gleiche geistige Verantwortung, wie erwachsene Menschen.

Nach dem 21. Lebensjahr besteht für jeden nicht geistig behinderten Menschen im mitteleuropäischen Kulturraum die Möglichkeit, selber vollständig Herr über die eigenen Gedanken und Taten zu werden. Falls Beeinflussungen der Widersachermächte während der Jugend vorgelegen haben, lassen das Christuswesen und die Schöpfermächte diesen Menschen besondere Kräfte zukommen, aber sie müssen vom einzelnen Menschen selber ergriffen werden. Dann wird kräftig geholfen.

25. Abschnitt: Spiritismus und Sekten

Christian Science

Frage: Die Religionsgemeinschaft „Christliche Wissenschaft“ (Christian Science) beruft sich in ihren Statuten auf das Evangelium und folgt dabei der Lehre einer Mrs. Eddy. Rudolf Steiner führt dazu in einem Vortrag aus, daß die Christian Science sich nicht christlich nennen dürfte, da sie u.a. mit der Leugnung der Materie dem Geist des Christentums widerspreche.

Welche Aufgabe hat diese Sekte in unserer Zeit, und wie ist dieser Widerspruch zu bewerten, daß einerseits eine umfassende Kenntnis der Evangelien- und Bibeltexte vorliegt (und diese auch in täglichen Ritualen gelesen werden) und andererseits Sünde, Schmerz und die Leiblichkeit des Menschen als Wahngebilde des unvollkommenen menschlichen Denkens dargestellt wird?

Der Große: An diesem Fall wird etwas sehr Wichtiges deutlich: Die reine Beschäftigung mit den Evangelien schützt nicht automatisch vor Einflüsterungen der Widersacher. Das Evangelium läßt sich auch, und zwar gleißend hell, im Lichte des Luzifers betrachten. Dabei geht durch die gleißende Helle die Möglichkeit verloren, die Dunkelheit überhaupt zu erkennen. Der Mensch ist geblendet.

Luzifers großes Anliegen ist es, die Menschen die Erde vergessen zu lassen. Sie werden dabei aus sich herausgeführt und sind zu grandiosen Taten fähig. Licht kann auch in der übersteigerten Form noch heilen.

Erkennen kann man luziferischen Einfluß relativ leicht daran, daß nur von Jesus und nicht vom Christus gesprochen wird. Dieses Übersehen des Prinzips des Christus, der mit der Jordantaufe zur Erde kommt, ist wesentlich im Nichterreichen des Prinzips der Freiheit. Mensch Jesus und Gottes Sohn Christus traten in Freiheit zusammen in ein Haus, in den Körper des Jesus. Nur dadurch konnte der Christus im Tode mit Jesus den Tod überwinden, die Freiheit irdisch machen.

Hüte Dich vor Unfreiheit in Verbindung mit den Evangelien.

Eine Aufgabe allerdings der „Ersten Kirche Christi Wissenschaftler“ ist es, das Prinzip des Heilens außerhalb des Materialismus zu zeigen. Zum Zeitpunkt des höchsten Materialismus zeigte Mary Barker Eddy Heilung ganz ohne Medikamente, Geräte o.ä. Das ist ihre andere Aufgabe.

Luziferische Lichtarbeit

Frage: In Berlin hat sich eine Gruppe gebildet, die sogenannte „Lichtarbeit mit Schwertern" verrichtet. Wenn sie Menschen treffen, von denen sie meinen, daß diese Hilfe benötigen, wird diesen Menschen ungefragt gedanklich ein Lichtschwert durch den Kopf in den Körper gesteckt, um ihn zu heilen. Anfangs hieß es auch, daß der Seelenleib des erkorenen Menschen durch das Lichtschwert zerstückelt wird. Der „behandelte" Mensch weiß von alledem nichts.

Das ist mir nicht geheuer, weil dabei an dem Unbewußten des Menschen herummanipuliert wird. Laut dieser Gruppe soll die Arbeit mit dem Lichtschwert bewirken, daß dem Menschen dann die dunklen Seiten aus dem Unterbewußtsein heraufkommen und er anschließend an sich arbeiten kann.

Das gleiche wird von dieser Gruppe mit Gebäuden gemacht. Wenn ein Gruppenmitglied dunkle Wesenheiten in oder um das Gebäude sieht, werden diese mit dem Lichtschwert bekämpft. Angeblich soll der Hamburger Michel von dunklen Wesenheiten besetzt sein?

Ist das wirklich so, daß man Menschen und die Welt auf diese Art und Weise heilen kann? Liege ich mit meiner Vermutung, daß diese Gruppe von den luziferischen und ahrimanischen Wesenheiten getäuscht wird, richtig?

Der Große: Du liegst sehr richtig. Allerdings sind es mehr luziferische Wesen. Luzifer wird aufgrund seiner strahlenden Helle leicht von Menschen für ein göttliches Wesen gehalten und angebetet.

Diese Arbeit mit dem Lichtschwert ist im höchsten Grade verdammenswert, da sie die Freiheit des anderen Menschen vollständig mißachtet. Heilung kann nur mit der Freiheit des Menschen erfolgreich sein (daher wirken so viele Therapien nicht richtig). Die Arbeit dieser Menschen versklavt in gewisser Weise die Angegriffenen. Es ist kaltes Licht, welches sie nutzen.

Jede Kirche, die eine Weihung auf den Namen St. Michael hat, steht in der persönlichen Obhut dieser Wesenheit. Da die jetzige Zeit unter dieser Führerschaft steht, ist die Präsenz dieser Wesenheit deutlich in diesen Kirchen. Es ist ein Hinweis darauf, daß diese Menschen dem Geist Luzifers folgen, wenn sie ausgerechnet den Erzengel des Lichtes als dunkle Wesenheit wahrnehmen. Als Antlitz der Sonne ist dieses Licht warm.

Ich danke Dir, daß Du diese fehlgeleiteten Menschen durchschaut hast. Das hilft ihnen mehr, als Du denkst.

Scientology

Frage: Stehen die Asuras hinter der Scientology-Church? Wie groß ist die Gefahr für die Iche der Menschen, für die Entwicklung der Erde?

Der Große: Hinter der Scientology-Church steckt die Habgier. Der Herr der Habgier ist Ahriman. Er bevorzugt Menschen, welche maschinenwesenartig sind. Das setzt voraus, daß die Iche dieser Menschen in den Hintergrund gedrückt werden. Des weiteren werden die niederen Seelenkräfte als Hauptantrieb des Handelns gefördert. Der Körper wird als Werkzeug maschinenhaft gerne Führern zur Verfügung gestellt. Gedanken sind nicht frei, aber hochintelligent. Die Denkgebäude brillieren in glänzender Klarheit, nur Liebe wirst Du darinnen nicht finden. Liebe ist eine Kraft des Ich.

Die Asuras werden erst in anderer Form auftreten. Ihr Auftreten ist nicht durch Habgier und brillante Gedanken gekennzeichnet.

In Verbindung mit dem Wesen des Christus werdet Ihr Menschen sie erkennen können.

Pendel und Rute

Frage: Bei einem der letzten „Gespräche mit Naturgeistern" antwortet der Nasse auf Fragen nach dem Pendeln (FH 80, S.170). Unklar bleibt: Welche Wesen bewegen eigentlich Pendel oder Rute? Ist es immer dasselbe Wesen? Gibt es individuelle Unterschiede? Oder bewegt je nach Fachbereich der Frage ein anderes Wesen das radiästhetische Instrument? Wie weit spielt dabei das Material (Metall, Holz, Stein) eine Rolle für die Richtigkeit bzw. den Wahrheitsgehalt des Ergebnisses? Was geschieht beim radiästhetischen Erspüren mit der bloßen Hand? Ist das Pendel genauer? Genügt allein ein Höchstmaß an Konzentration, um irritierende Kräfte, die sich an Pendel oder Rute hängen können, abzuwehren? Irritationen entstehen erfahrungsgemäß schon, wenn Gegenstände (z.B. Brillen, Schmuck, Uhrenarmbänder und dergleichen), die der Radiästhet an sich trägt, „belastet" sind, d.h. ihnen etwas anhängt.

Der Nasse: Die Sylphen bewegen das Pendel, solange es sich in der Luft befindet. Der Sauerstoff ist der Träger des Ätherraumes, dadurch fällt dessen Darstellung in den Bereich der Sylphen. Im Wasser wären es Undinen.

Geprägt werden die Kraftlinien durch die materiellen Stoffe, durch welche sie verursacht werden. Dadurch sind an der Ausformung der Kräfte auch alle anderen Fakultäten beteiligt.

Das Gerät sollte dem Menschen angepaßt sein. Das ist viel wichtiger als das Material.

Wenn der Mensch am besten mit der bloßen Hand erspürt, ist das auch am genauesten.

Irritationen sind generell kaum zu bewerten. Es können genausogut Störungen von außen, wie von innerhalb des Menschen sein. Wenn es größere ätherische Wesen sind, welche stören, kann sich der Radiästhet noch so sehr konzentrieren, es hilft ihm nichts.

Es ist kein Zeichen von Professionalität, wenn der Mensch selber störende Gegenstände trägt. Das zeugt eher von Dummheit.

Matrix

Frage: Der Kultfilm „Matrix Reloaded" enthält verzerrte Analogien aus dem Christusleben, z.B. von der Bergpredigt und dem Abendmahl. Wirkt durch dieses Medium der Antichrist?

Wenn dem so ist, wie rüsten wir Menschen uns zum Standhalten in einer möglichen realen Begegnung? Gibt es dazu einen notwendigen Zusammenhang zu der Wiederkunft Christi im Ätherischen? Wie können Menschen, die diesen Kräften verfallen sind, wieder in die Lebenswirklichkeit (z.B. durch Naturerlebnisse, echte Begegnungen in Gemeinschaften) geführt werden? Ein Zusammentreffen mit Jugendlichen ergab nur scheinbare Begegnungen in ihrer virtuellen Welt am PC; kritische Fragen zu den Matrix-Helden kamen nicht an.

Der Große: Selbstverständlich enthält der Film Analogien aus dem Leben Christi; sogar sehr deutlich. Auch ist er als Triptychon ausgelegt, welches immer eine Analogie zur Trinität ist. Der Grundgedanke des Films ist die Befreiung von Menschen aus einer Bindung an die Materie, hier versinnbildlicht durch die Maschinen. Der Film ist entstanden durch die Impulse, welche die Wiederkehr Christi im Ätherischen ausgelöst hat. Er trägt, auf merkwürdige Art verzerrt, eine Heilsbotschaft in sich, die sich durchaus auch in dem Namen Zion ausdrückt.

Er ist nicht dem Antichrist zuzuordnen, allerdings ist für eine abschließende Beurteilung des Gesamtwerks erst der dritte Film abzuwarten. Im eigentlichen Sinne stellt der Film sogar die virtuelle Welt am PC in Frage.

26. Abschnitt: Steine

Heilen mit Steinauflegen und Medikamenten

Frage: Was macht das Heilen mit dem ganzen, nicht verletzten, nicht zerstörten Stein so viel schlechter als herkömmliche Mineraliengaben?

Der Steinerne: Du hast Dir viele Gedanken gemacht gehabt über uns Steinwesen. Du hast aber übersehen gehabt, daß wir nicht die Freiheit gehabt haben werden. Ein Steinwesen kann nicht entscheiden, was es nach dem Auflegen tut. Damit wird entfallen gewesen sein die Möglichkeit, nicht gewirkt zu haben mit unserer Energie.

Wenn Du das, was Du negative Energie nennst, dem Stein wieder abgenommen haben willst, so hast Du diese Energie dann selber in Dir gehabt. Der Stein wird nicht gehandelt gehabt haben. Das tut der Mensch, und das wird das Ziel bestimmt gehabt haben. Im Tun des Menschen liegt die Bestimmung der Materie!

Es ist für uns ein sehr großer Unterschied gewesen, ob wir mit Menschen oder Tieren zu tun gehabt haben. Tiere belasten uns nicht. Sie werden unsere Kraft gebraucht gehabt haben, um ihre Ich-Welt gestaltet gehabt haben zu können.

Salze sind keine Steine. Salze sind Essenzen, Ausdrücke von Ich-ordnenden Kräften im Materiellen. Sie sind wasserlöslich und daher lebenskörpergestaltend, individuell.

Medikamente sind durch die Hände der Menschen gegangen gewesen. Das Zerreiben macht Sandwesen, nicht Steinwesen. Die Energie, welche das Auflösen verursacht gehabt hat, wird mit Hilfe des Heilenden Geistes zur Heilung eingesetzt gewesen sein. Heilung mit Mineralien ist erst nach Pfingsten möglich gewesen gewesen. Pflanzen haben es davor übernommen gehabt gehabt, Heilprozesse getragen gehabt zu haben.

Sehr wichtig wird es gewesen gewesen sein, wie die Form des Steins, welchen Du einsetzt, entstanden gewesen gewesen ist. Maschinengebrochen (maschinengebrochene Steine), ahrimanisiert geworden zu sein, wird uns böse gemacht gehabt haben. Bedenke, nur durch den Tod der Materie nach oben kann das Neue Jerusalem gebaut werden. Nach unten schafft tote Materie.

Frage: Beuten wir die Erde mit dem laufend vermehrten Mineralabbau vollkommen aus, schaden wir ihr und letztlich uns selbst damit, oder ist es für den Erdenkörper egal, ob sich ein Stein (oder gar ein Kristall mit seiner Information) innerhalb oder oberhalb der Erdkruste befindet?

Der Steinerne: Die Wahrheit wird in der Mitte gelegen gehabt haben, so wie sie immer in der Mitte liegt. Information kann nicht verloren gegangen sein. Sie ist woanders und mag dadurch der dunklen Seite genützt gehabt haben. Die Verwendung des Materials der Erde ist in die Freiheit der Menschen hineingestellt worden durch die Tat auf Golgatha. Wenn Ihr Euer Tun aus Gier beginnt, so wird mehr als Gier daraus entstanden gewesen sein. Wer Wind gesät hat, wird Sturm geerntet haben, sagte der Christus.

Wenn Ihr Schönheit gestaltet gehabt habt, habt Ihr mehr Licht hinein gebracht gehabt in die Materie. Das wird uns Steine leichter gemacht haben. Durchsichtiger. Lies die Offenbarung des Johannes, und Du wirst am Ende erfahren gehabt haben. Das Neue Jerusalem ist aus durchsichtigen Steinen gebaut gewesen sein.

Hast Du mich verstanden gehabt? Mit Christus!

Albbohnen

Frage: Wer macht die Albbohnen? Sie sehen so aus wie vollgesaugte Schneckenleiber, auberginenfarben glänzend, oben auf der Erde liegend entstehen sie klein und größer. Wie entstehen diese schönen oft tetraedrischen Formen?

Ich habe immer Eisenmangel. Könnte man die Klümpchen in einem Glas sammeln und dann trinken?

Der Steinerne: Wenn Du kohlensäurehaltiges Wasser genommen gehabt haben wirst, um die Albbohnen aufzugießen, dann wird es gut funktioniert gehabt haben. Sie werden enthalten gehabt haben etwa 40 % Eisen. Sie sind gemacht geworden von den Albzwergen als Spielzeug für die Undinen, wenn diese gestaut geworden gewesen sind von den Mergelschichten. Je nachdem, wie lange gespielt geworden ist mit diesen Bohnen, so rund sind sie geworden gewesen.

27. Abschnitt: Tiere

Leid der Tiere

Frage: Rudolf Steiner sagt in GA 120/2, daß die einzelnen Tiere von ihrem Leid nichts haben, da sie sich nicht reinkarnieren. Können denn wenigstens die Gruppenseelen der Tiere aus dem Leid ihrer Einzeltiere ähnlich etwas haben wie die Menschen, die ja am Leiden wachsen können? Können Menschen den Tiergruppenseelen vielleicht dabei helfen, daß ihr Leid Sinn findet?

Der Große: Die Gruppenseelen der Tiere nehmen das Leid ihrer Einzeltiere zwar wahr, sie entziehen diesen Einzeltieren auch Kraft, um das Leid zu mildern, es führt aber nicht direkt zu einem Wachsen dieser Seelen, sondern hauptsächlich zu einer Verhärtung. Es gebiert sich dadurch Härte gegenüber den Menschen.

Der Mensch allerdings kann den Gruppenseelen der Tiere sehr gut helfen, er kann zum einen durch seine Liebe und seine Gebete zu den Tieren den Braunen sehr viel Kraft geben, er kann zum anderen durch seine Freundschaft und sein Miterleben zu Einzeltieren hohen Geistwesen, den harmonischen Elementarwesen, zur Geburt ins Sein verhelfen. Diese unterstützen die Gruppenseelen in vielfacher Art und Weise. Dazu kann jeder Mensch durch freundlichen, achtungsvollen Umgang mit den Tieren und durch besondere Gefühlszuwendungen an sie seine Karmaschuld am Tier, und bis zu einem gewissen Grade auch die generelle Verschuldung des Menschen am Tier, abtragen.

Vogelgesang

Frage: Ich habe den Eindruck, daß dieses Frühjahr (2003) die Vögel in besonderer Weise schön singen. Worauf ist das zurückzuführen, oder höre ich es nur anders? Was kann man aus dem Vogelgesang hören, verstehen oder lernen? - Im Märchen und in Sagen wird von der Sprache der Vögel berichtet. Was ist das?

Der Braune: Die Sprache der Vögel ins Menschliche übersetzt, ist die Inspiration. Folglich können Menschen, welche die Sprache der Vögel verstehen, die Sphäre der Gedanken hören.

Bewirkt wird der andere Vogelgesang der jetzt angebrochenen Zeit durch die Wanderung des Planeten Uranus vor die Lichtregion des Wassermanns. Dort kann der Planet des gewandelten Lichtes besonders intensiv wirken. Die Sternbildwechsel des Uranus sind sehr langsam. Ein Menschenleben erlebt höchstens einen Wechsel (Rückläufigkeiten dabei ausgeschlossen).

Vögel und Sylphen

Frage: Stört es die Vögel nicht, wenn die Sylphen sie zwar tragen, aber nicht mögen? (siehe FH 79, S.92)

Der Luftige: Ganz im Gegenteil. Die Vögel sind, von einer Seite betrachtet, so etwas wie materiell gewordene Luftwesen. Folglich ist die Bindung zwischen uns und dem Vogel so eng, daß wir sie zwar nicht mögen, sie uns aber, quasi durch die Umstülpung, verehren. Sie flögen gerne so leicht wie wir. Wir *sind* das Fliegen, die Vögel fliegen nur.

Die Graue hat mir gesagt, daß folgendes Bild nicht falsch ist: Die Luftwesen sind die Götter der Vögel.

Für uns überwiegt das Schwere in den Vögeln.

Frage: Wie erleben die großen Sylphen die Vögel? Inniges Anschmiegen nach Rudolf Steiner oder unangenehmes Ich-Erleben nach FLENSBURGER HEFT? Bitte kläre auf!

Der Luftige: Sowohl als auch. Das Wesen der Sylphen als solches ist vollkommen umschmiegend, sonst könnte Luft nicht sein. Dieses Umschmiegen ist nur dann vollständig, wenn wir Sylphen es aus uns heraus gerne tun. Das nennt Ihr Menschen innig. Diese Innigkeit entsteht durch den Lichtanteil der Luft, welcher durch die Sonne ein dem Christuswesen entspringender Impuls ist.

Andererseits versinnbildlichen die Vögel die losgerissenen Köpfe, d.h. Gedankenkräfte des individuellen Menschen. Diese stehen dem Anschmiegsamen abrupt hart gegenüber und setzen den kosmisch umfließenden Geist ständig zurück. Im Anschmiegen stoßen wir uns also ständig an den Egokräften der Vögel. Gleichzeitig erleben wir darinnen die schmerzhafte Abgrenzung: so wären wir im physischen Leib.

Dies ist das Erleben einerseits der Sylphe als Ursubstanz und andererseits der Sylphe als Persönlichkeit.

Artgerechte Tierhaltung

Frage: Mein Mann und ich lesen gerade Ihr Buch „Was die Naturgeister uns sagen". Wir wohnen alleine mit unseren Tieren auf einer Hallig im nordfriesischen Wattenmeer und sind sehr naturverbunden. Wir betreiben aus Überzeugung artgerechte ökologische Tierhaltung, wobei uns nur die Anzahl der Tiere vorgeschrieben ist. Würden wir keine eigenen Tiere halten, müßten wir „Pensionsvieh" rübertreiben lassen aus Küstenschutzgründen. Wir halten uns für sehr tierlieb und haben viele alte Tiere „auf Gnadenbrot". Früher wurden die Rinder und Lämmer aufs Festland zum Schlachter gefahren, und weil sie dabei Angst hatten und lange unterwegs waren, holen wir für die beiden 1½ jährigen Rinder jetzt einen Schlachter im Herbst zur Hallig, wenn der Stall zu eng wird, und die Lämmer schlachten wir selber. Die Tiere sind ganz zahm und haben keine Angst vor uns. Blütentage meiden wir dazu, weil wir gehört haben, daß die Seele dann nicht erlöst wird. Wir wollten jetzt gerne von Ihnen bzw. dem Braunen hören, ob diese Art der Tierhaltung vertretbar ist oder nicht.

Der Braune: Ich kenne Eure Tierhaltung. Sie ist völlig in Ordnung. Wenn alle Menschen so mit ihren Tieren umgingen, hätte ich kaum Sorgen. Es ist sehr liebevoll von Euch, einen Schlachter kommen zu lassen. Rinder sind nicht gerne auf dem Wasser, obwohl sie gerne im Wasser sind. Wenn sie durchs Watt gehen könnten, wäre das auch in Ordnung.

Der Mensch, welcher Euch gesagt hat, nicht an Blütentagen zu schlachten, hat keine Ahnung. Die Lichttage und die Wärmetage sind die besten, denn dann kann die Seele gleich wie gezogen zurück hinauf zum großen Tier. Wassertage sind ungünstig, sie strengen die Seele auf der Gefühlsebene zu sehr an. Erdtage sind neutral.

Ich spreche hier über die Tage nach der Darstellung von [Maria Thun, Aussaattage, M.Thun Verlag, Biedenkopf]. Es ist viel günstiger, das Fleisch der Tiere zu essen. Diese Tiere sind in ihrer jetzigen Form, um gegessen zu werden.

Zur Rechenschaft gezogen werdet Ihr, wenn Ihr die Tiere bewußt oder aus Profitgründen quält. Tiere, welche artgerecht gehalten und schnell und sauber getötet werden, sollten mit Freude gegessen werden. Natürlich nur, sofern das Fleisch es zuläßt.

Einen großen Gefallen tut Ihr den Tieren, wenn Ihr Stroh für sie habt. Ich weiß, daß das sehr aufwendig ist.

Wale

Frage: Wir haben von Greenpeace erfahren, daß Wale Ohrenschmerzen durch Schiffsverkehr haben. Ich habe schon eine gute Vorlage dazu, aber leider fand ich bis jetzt nichts gegen diese Lärmbelästigung - haben sie schon Schutz genug, oder möchten sie noch Hilfe?

Der Nasse: Wale brauchen alle Hilfe, die überhaupt möglich ist. Die Aufgabe der Wale ist noch nicht erfüllt. Jeder gute Gedanke hilft den großen Walen. Dem Walwesen wäre es hilfreich, wenn man Musik, möglichst Geigenmusik, für es machte. Wenn es nicht möglich ist, sie direkt zu machen, solltet Ihr versuchen, Geigenmusik für die Wale zu denken und/oder zu meditieren. Des weiteren könntet Ihr das Meer bitten, möglichst viele Luftblasen zu enthalten. Diese schlucken den Krach der Schiffe. Viel Erfolg dabei!

Delphine und Wale

Frage: Warum kommen immer öfter Wale und Delphine an die Küsten und sterben dort?

Der Nasse: Die Wale und Delphine werden in ihren Zügen durch die Satellitentechnik gestört. Diese durchtrennt die Verbindung zu ihrem Kosmos. Die Wesen versuchen, diesen Kosmos wieder zu erreichen und schwimmen dorthin, wo sie sterben müssen. So können sie dorthin gelangen.

Mit anderen Worten: Der Große Wal ruft sie zurück, da sie auf dieser Erde ihre Aufgabe nur richtig erfüllen können, wenn sie guten Kontakt mit ihm haben. Leider ist es so.

Tierschutz

Frage: Sind Tierschutz und Tierrechts-Bemühungen um Verbesserung der Situation der Tiere - also gewaltlose und aufklärerische Maßnahmen - aus geistiger Sicht erwünscht, bzw. wie werden sie angesehen?

Wie wichtig ist es demgegenüber, das Animalische im Menschen selber zu beherrschen?

Der Braune: Die Menschen sind die geistigen Führer der Tiere. Daher ist es aus geistiger Sicht sehr wichtig, wie Menschen mit Tieren umgehen. Jede liebevolle Bemühung um die Tierwesen formt diese im Sinne einer höheren Moral. Genauso wirkt die Massentierhaltung unter grausamen Bedingungen im Sinne einer niederen Moral. Die Verantwortung des Menschen für die Tiere hat jetzt, während der Ich-Stufe des Menschen, begonnen. Wie Ihr der Verantwortung gerecht werdet, ist in Eure Freiheit gestellt, aber entledigen könnt Ihr Euch dieser Verantwortung nicht. Die Tiere werden nicht von Euch genommen, in Eurer Zukunft.

Je deutlicher Ihr selber in einer höheren Moral lebt, Euch beherrscht, Herr seid über die Tiere in Euch, desto sauberer, nachahmenswerter ist Eure Lehrer-Rolle gegenüber dem Tier. Nur der kann richtig Lehrer sein, der das, was er lehrt, ganz durchdrungen hat.

Hund

Frage: Was will das Wesen des Hundes in Wirklichkeit vom Menschen, dem er sich so nah angeschlossen hat? Wie fördert der Mensch den/seinen Hund am besten?

Der Braune: Geliebt werden. Das Wesen des Hundes entbrennt in tiefster Liebe zu seinem Herrn. Genau diese Liebe möchte der Hund zurückbekommen, allerdings geläutert, von der Hundeliebe zur Menschenliebe erhoben. Wenn der Mensch Vorbild ist, gerade in der Beherrschung seines inneren Hundes, dann fördert er den und auch seinen Hund, allerdings nicht seinen Schweinehund, am besten. Der Hund ist eine Wesensart, die ohne die menschliche Nähe nicht sein kann. Das Schlimmste, was man einem Hund antun kann, ist, ihn auszusetzen. Das verletzt nicht nur den einzelnen Hund, sondern die ganze Hundewesenheit dahinter. Dadurch kann sie dann bissige Hunde aus sich heraussetzen.

Dackel beim Friseur

Frage: Wie empfinden sich dackelbeinige Tierzüchtungen, Schoßhunde, wie fühlt sich ein Dackel beim Friseur?

Der Braune: Ein Dackel beim Friseur fühlt sich sehr schlecht, da sein primäres Wahrnehmungsorgan, die Nase, schmerzhaft durch die massiven chemischen Ausdünstungen beeinflußt wird.

Schoßhunde fühlen sich so, wie ihr Mensch sie behandelt. Sie fühlen sich nicht grundsätzlich schlecht. Sie sind durch menschliche Züchtung dorthin gebracht worden und empfinden sich richtig in der Welt, wenn sie gut behandelt werden.

Ähnlich erleben das auch dackelbeinige Züchtungen, es sei denn, die Verzüchtung ist so groß, daß Beeinträchtigungen schmerzhafter Art vorliegen. Dann entwickelt sich ein Groll im großen Tier, welcher nur durch karmische Sühne aufgelöst werden kann.

Pferde

Frage: Bei den mir anvertrauten Pferden unseres Reiterhofes konnte ich viele Gesundheitsbeeinträchtigungen dank homöopathischer Mittel heilen bzw. lindern. Welche Ratschläge können mir die Naturgeister geben, damit ich besser erkennen lerne, welches Mittel in welcher Potenz zu wählen wäre?

Der Braune: Du mußt berücksichtigen, daß Pferde eine andere Leiberkonfiguration haben als Menschen. Das Ich der Pferde ist ein Gruppen-Ich und ist noch nicht auf der Erde angekommen. Allerdings haben sie eine gefühlsbetonte Seele, da sie ihre Intelligenz den Menschen geschenkt haben. Dies ist bei den Potenzen zu berücksichtigen. Du kannst hier also vielfach mit Potenzen über D30 heilen, bis hinauf zu D1000. Ferner solltest Du alle tierischen Substanzen meiden und Dich auf pflanzliche und mineralische Substanzen beschränken.

Pferdemägen sind sehr empfindlich. Genau die Pflanzen, die Pferde nicht als Futter vertragen, sind sehr gute Ansätze für die Heilmittelfindung.

Pferde leiden sehr deutlich unter dem Nährstoffverlust des Grases und des Getreides, daher ist für qualitativ hochwertiges Futter zu sorgen. Gutes Stroh ist wegen seiner stark mineralisierenden Wirkung für die Pferdegesundheit unverzichtbar.

Eine weitere große Gesundheitsbeeinträchtigung für die Tiere ist Langeweile.

Marder

Frage: Wir haben wieder einen Marder auf dem Dachboden. Er ist so ab halb fünf am Morgen sehr aktiv und poltert und springt dort herum. Da schon vor ein paar Jahren einer dort war, weiß ich, daß er länger verweilt, und mit unserem Schlaf wird es, wenn er sich wieder einnistet, schlecht stehen. Heute Nacht werde ich essiggetränkte Tücher aufhängen. Das war beim letzten Mal das letzte Mittel nach zehn verschiedenen Methoden und das einzige, das half. Hoffentlich klappt es. Ansonsten wäre ich dem Braunen oder den Menschen in der Mühle dankbar für einen Rat.

Der Braune: Liebe Freundin, Essig ist eine gute Möglichkeit. Er verfliegt aber ziemlich schnell. Länger anhaltenden Erfolg hast Du, wenn Du getrocknete Lavendelblüten und Gewürznelken und Eisenkraut mischt und in luftdurchlässige Säckchen füllst bzw. dort ausstreust. Aber spare nicht an der Menge, es muß schon etwa ein Backblech voll sein. Mehr ist hier einmal besser.

Bienensterben

Frage: Könnt Ihr etwas dazu sagen, warum das Bienensterben im letzten Winter (2003) so enorme Ausmaße annahm, selbst bei den Imkern, die ihre ganze Hingabe daran setzen, die Bienen wesensgemäß zu pflegen?

Der Braune: Der Planet Erebos läuft auf eine ganz besondere Stellung in diesem Jahr zu. Diese Stellung beeinträchtigt die Sonnenwesen der Bienen durch ihre extreme kosmische Kältewirkung. Wenn die Sonnenwirkungen den Bien nur gestört erreichen, dann kann er seine äußeren Teile nicht mehr genügend schützen. Diese sterben dann ab.

Der Mensch kann den Bien unterstützen, indem er versucht, ihm den Sonnenrhythmus besonders deutlich zuzuführen. Dazu ist die Stellung der Planeten im Zusammenwirken mit der Sonne zu berücksichtigen für Fütterungs-, Reinigungs- und Züchtungstätigkeiten.

Frage: Wie kann man den Bienen helfen, daß sie mit der Varroa-Milbe besser fertigwerden?

Der Luftige: Über die Eindämmung tierischer Schädlinge hat Frau Maria Thun sehr viel Besseres geschrieben, als hier in dieser Kürze mitgeteilt werden könnte. Meine Menschen werden Dir einen Hinweis geben.

[Maria Thun, Aussaattage 2003, M. Thun - Verlag, Biedenkopf, S.29]

Der Feurige: Brennesseltee als Beigabe gibt den Bienen Kraft, mit der Milbe fertigzuwerden. Gleichzeitig sollte so früh wie möglich mit der

Zucht begonnen und das Schwärmen gefördert werden. Eine weitere große Hilfe ist ein möglichst vielfältiges Trachtangebot mit Waldtracht. Die spezielle Art der Honiggewinnung im Walde ergibt eine Art Impfung gegen die Milbe. Brennesseltee!

Bienenbeutenkäfer

Frage: Bezüglich der Bienen wurden bereits einige Fragen gestellt, und ich danke für die Antworten. Ein bisher noch nicht angesprochenes Problem ist der Bienenbeutenkäfer, der sich zur Zeit weltweit ausbreitet und wahrscheinlich in nächster Zeit in Europa auftauchen wird. Was können die Imker tun, wie sollen sie mit dem Bienenbeutenkäfer umgehen?

Der Braune: Die Imker müssen zusehen, daß sie bei der Zucht von der Ertragsorientierung wegkommen. Sie müssen im Zuchtbetrieb hauptsächlich die Gesundheit des Volks berücksichtigen. Dazu gehören ein ausgeprägter Putztrieb, der Kampftrieb sowie der Schwärmtrieb. Das sind die besten Möglichkeiten, dem Kleinen Bienenbeutenkäfer vorzubeugen.

Wildbienenvölker sind in der Lage, mit diesem Käfer fertigzuwerden. Es gibt Vogelarten, welche ihn sehr gerne verspeisen, wie z.B. die nordafrikanische Schwalbe.

Bienenvölker, welche nur auf Ertrag gezüchtet wurden, sind innerlich schwach und wehren sich nicht gegen den Käfer.

Es ist sehr wichtig, die Kulturbiene zu erhalten. Wenn sie von der Erde verschwindet, wird es Probleme beim Aufbau und Leben der Venuserde geben. Die Biene ist eine Vorausnahme der Venuserde. Sie bereitet im Erdensein einiges für diese Erdeninkarnation vor.

Hast Du kräftige Bienenvölker mit Kampfgeist, können sie sich gegen diesen Käfer wehren.

Schnecken

Frage: Wenn ich händeweise Schnecken absammle, die meine Kürbisse schon ganz vernichtet haben, ist es gut, sie im Glas hinter den Bahndamm zu bringen und sie dort wegzuwerfen? Kommen sie nicht wieder? Was soll ich tun?

Der Grüne: Wenn man Schnecken schon absammelt und wegbringt, sollte man sie sehr weit wegbringen, mindestens 2 km, sonst kommen sie wieder. Viel besser ist es, wenn man viele Nacktschnecken hat, Schnekken mit Haus zu sammeln, und diese in den Garten zu bringen. Die Hausschnecken fressen mit Begeisterung die Gelege der Nacktschnekken, und so wird ganz natürlich der Schneckenbefall reduziert.

Bremsen und Zecken

Frage: Nun ist wieder die Zeit der blutsaugenden Insekten wie Schnaken, Bremsen, Zecken usw. Woran liegt es, daß manche Menschen von diesen Insekten als „Zapfstelle" bevorzugt werden und andere nicht. Gibt es etwas, was der betroffene Mensch tun kann, um nicht mehr von diesen Plagegeistern belästigt zu werden, ohne sich in Giftwolken hüllen zu müssen?

Der Braune: Giftwolken sind unnütz. Nelkenöl hilft. Menschen, welche besonders oft gestochen worden sind, haben zumeist ihre niederen Sinne nicht völlig mit ihrem Bewußtsein durchdrungen. Erweitere Deinen Sinnesbereich auf diese niederen Sinne, dann lassen Dich diese Insekten zumeist in Ruhe.

Es gibt aber auch Fälle, in welchen Bezüge zu vorhergehenden Inkarnationen zugrunde liegen. Diese dünsten dann einen Lockstoff aus, welcher woanders erworben wurde. Auch hier hilft Nelkenöl.

Blutsaugende Insekten

Frage: Welche Bedeutung haben Parasiten, wie z.B. Zecken, Bandwürmer, Bremsen, Milben, die nach meiner Beobachtung anderen Geschöpfen nur Leid, Qual und Schmerz zufügen? Kann man das Wesen dieser Tierarten als böse bezeichnen, bzw. stehen sie den dunklen Mächten nahe?

Wir Menschen können uns aufgrund unseres Ichbewußtseins und dem bewußten Umgang mit Schmerz und Leid weiterentwickeln. Doch wie ist das für ein von solchen Parasiten befallenes geplagtes Tier, das als Einzelwesen sichtbar leidet, sich andererseits aber nur in der Gruppenseele seiner Gattung wiederfindet? Kann ich kranken Haustieren durch mein Mitfühlen in ihrem Leiden helfen und den Heilungsverlauf positiv beeinflussen?

Der Braune: Blutsaugende Insekten und Parasiten stehen den dunklen Mächten nahe. Sie sind aber auch Ausdruck unbewältigter Gedankenkräfte der Menschen. Für Tiere die Bezeichnung „böse" zu verwenden ist sinnlos. Erst Wesen, welche entscheiden können, können wahrhaft böse werden. Die Mächte dahinter allerdings sind so richtig bezeichnet.

Solange Mißgunst, Neid, Raffgier und alle diese ekligen Egoismen der Menschen in der Welt sind, wird es blutsaugende und parasitäre Tiere geben. Auch die intellektuellen sarkastischen Sticheleien und Spitzen drükken sich in der Astralwelt durch solche Tiere aus.

Die davon befallenen höheren Tiere lassen den Menschen dadurch in ihre Schuld kommen. Der Mensch ist ein Führer der Entwicklung der Tiere. Plagt er sie mit so etwas, wird er in Zukunft daran arbeiten müssen, es auszugleichen, als Menschheit.

Die Gruppenseele des Tieres weiß um diese Zusammenhänge und schickt uns Braune, um die Tiere zu trösten. Dein Mitgefühl kann daher sowohl dem einzelnen Tier helfen, als auch beginnen, einen Ausgleich gegenüber der Tierheit zu leisten. Das ist schön. Ehret die Tiere!

Viren und Bakterien

Frage: Sind alle Lebewesen, die bei der Zersetzung von organischer Materie tätig sind, ahrimanisch, also Viren, Bakterien, Asseln, Schnecken, manche Insektenlarven? Lassen die Elementarwesen Ätherkräfte für sie übrig? Haben sie eine Gruppenseele?

Der Nasse: So ausschließlich kann man das nicht beantworten. Einige sind deutlich ahrimanischer Art, andere, wie die Schmetterlingslarven, sind ganz anderer Art. Sie sind alle notwendig, sonst ertränke die irdische Welt in Unrat. Die ätherische Welt wertet nicht auf menschliche Art in Gut und Böse. Wir arbeiten mit diesen grauen Wesen aus der Notwendigkeit heraus problemfrei zusammen.

Sie haben eine Gruppenseele, jede Sorte für sich.

28. Abschnitt: Verschiedenes

Homosexualität

Frage: Was hat die Homosexualität für eine Bedeutung (Hintergrund) und deren starke Zunahme in unserer Zeit?

Der Große: Aus geistiger Sicht gibt es keine starke Zunahme. Der Anteil homosexueller Menschen ist ziemlich konstant. Was variiert, ist der soziale Raum, der sie mal deutlicher, mal weniger deutlich zeigt.

Die Homosexualität ist meistens eine Auflösung schwieriger karmischer Prozesse. Bei ihr begegnen sich in einer gewissen Weise zwei gleichartige Lebens- und Wirkensprinzipien.

Als Bild könnte man sagen: Wenn der sichtbare Leib dem einen Prinzip angehört, ist der nächsthöhere geistige Leib von dem anderen geistigen Prinzip durchdrungen, damit ein Ausgleich stattfindet. Bei den Homosexuellen ist diese Regel durcheinandergeraten. Dadurch können Überschüsse eines Prinzips aus Vorinkarnationen ausgeglichen werden.

Dies sei eine bildhafte Darstellung des Normalfalles. Verschiebungen im Einzelfall sind möglich.

Persephonespiel

Frage: Ich gehöre zu der Arbeitsgruppe und zu dem Ensemble des kleinen Mysterienspiels „Persephone", verfaßt von Ita Wegman und W.J. Stein. Darin geht es um die Verbindung mit den Naturgeistern für die neue anthroposophische Heilkunst; eine Botschaft an Mensch und Naturwesen. - Ist Euch dieses Spiel bekannt? Das Papierwesen kennt es bestimmt. Habt Ihr es in Eurer Mühle wahrgenommen?

Haben es Eure Freunde, die Naturwesen, an dem Orte, wo die Vorlesungen und Aufführungen stattfanden, wahrgenommen und verständlich gefunden, z.B. in Eckwälden (bei der Firma WALA), in Braunschweig (im Waldorfkindergarten) und vor allem auch bei Ephesus (in Artemision und in der großen Höhle, die vermutlich ein altes Demeter-Heiligtum ist)? Können Eure Freunde, die Naturwesen, von dort berichten, wie sie es erlebt haben?

Das Papierwesen: Ich kenne das Mysterienspiel. Es ruht auf mir. Durch die Aufführungen ist es aber auch in den Weltenäther sowie in den Genius loci des Aufführungsortes eingeschrieben worden. Die Laren werden es an den Orten bewahren.

Durch Euer Bemühen haben wir es hier in der Mühle nicht nur wahrgenommen, sondern es wurde uns auch von vielen Angesprochenen hierher gespiegelt. Sie haben sich mit der Mühlengruppe besprochen. Dadurch haben sie vieles besser verstehen können. Diese Erklärungen sind die Aufgabe der Mühlengruppe.

Die Naturwesen in Griechenland haben Euch als zu nordisch erlebt. Die Wahrheit sollte in ihren Empfindungen weniger enthüllt in Erscheinung treten. Dort schwebt noch einiges aus den alten Seelenzuständen. Eure Bilder haben den Wesen dort gezeigt, daß der klassische Humanismus auch in Mittel- und Nordeuropa im Seelen- und Naturerleben nicht mehr gepflegt wird.

Für die nördlicheren Orte klang wiederum der südliche verschleiernde Seelenzustand heraus. So wird es überall verschieden erlebt. Die Seelenstimmung des Spiels ermöglicht den Naturwesen, sich mit den Kulturräumen der Menschen und ihren Seelenstimmungen besser auseinanderzusetzen und sie dadurch besser zu verstehen.

Wichtig wäre es, überall dort Kontinuität zu schaffen und die Orte, wenn schon nicht äußerlich, so wenigstens innerlich regelmäßig aufzusuchen. Versucht, dieses Spiel nicht nur zu punktuellen Ereignissen werden zu lassen.

Sei geduldig!

Dorfgemeinschaften

Frage: Stimmt mein Eindruck, daß Dorfgemeinschaften Orte der Versöhnung und des Ausgleichs sind bzw. sein können? Wenn ja, wie kann dieser Prozeß gefördert werden? Was hindert diesen Prozeß?

Der Große: Dorfgemeinschaften sind Orte der Versöhnung. Sie werden häufig durch Opfertaten einiger Menschen getragen.

Behindert werden die Prozesse durch die Überlastung der beteiligten Menschen, und da gäbe es eine Möglichkeit, durch Entlastung viel zu fördern. Das Problem ist klar: es fehlen Mitarbeiter, die dazu bereit sind. Langfristig betrachtet wird eine allgemeine Sozialpflicht wenigstens teilweise Abhilfe schaffen können in diesem Bereich.

Frage: Was können Menschen, insbesondere Menschen in solchen Lebensgemeinschaften wie der unsrigen, tun, um hier zu helfen?

Der Große: Warum in die Ferne schweifen? Unterstütze im Nahbereich ganzheitlich arbeitende Betriebe, Bauern und andere Initiativen. Die heilenden Erdenkräfte, welche von diesen ausgehen, helfen weit besser, auch Schäden in ferneren Erdengebieten zu heilen, als Ihr Menschen gemeinhin annehmt. Wenn die Naturwesen hier nicht so krank gemacht werden, sondern Hilfen bekommen, kann die Mutter Erde ihre Kräfte viel einfacher in fernen Gebieten einsetzen. Es ist eigentlich ganz einfach!

Kornkreise

Frage: Was hat es mit den Kornkreisen auf sich, die in den letzten Jahren gehäuft in vielen Teilen Europas aufgetreten sind?

Der Nasse: Es gibt Kornkreise, die ohne technische Hilfsmittel hergestellt werden, durch die Tänze der Luftwesen. Es gibt aber auch Kornkreise, welche entstanden sind durch die Sensationsgier einiger Menschen, welche dazu die technischen Hilfsmittel benutzen, die Du Dir vorstellen kannst.

Zu den Kornkreisen der ersten Art: Die Luftwesen schreiben ihre eurythmischen Figuren in die Felder. Sie treten nicht auf Pflanzen, daher ändern diese ihre Wachstumsrichtung. So wie man eine eurythmische Figur ausdeuten kann, kann man das mit diesen Formen auch tun. Der Engel der Winde zeichnet sie vor.

Die ätherische Welt wird zur Zeit dichter durch die Wiederkehr des Christus. Dadurch ergeben sich deutlichere Einwirkungsmöglichkeiten von Naturwesen in die wachsende Materie. Lernt Ihr sie lesen, lernt Ihr viel über das Licht. Korn ist eine besondere Pflanze!

Kinesiologie/ Shin-tai

Frage: Wie kann ich mir Kinesiologie erklären? Sind hier andere Wesenheiten beteiligt? Ist Shin-tai (eine Fragetechnik, in der der Fragende die Frage still formuliert und die Antwort an der Körperreaktion seines Gegenübers abruft) eine Art Kinesiologie, und ist diese Technik zeitgemäß? Welchen Gefahren unterliegen Menschen, die sich solcher Techniken bedienen?

Der Grüne: Shin-tai bedeutet auf Deutsch: Gott-Körper oder Götter-Körper und stammt aus dem Japanischen. Es bezeichnet den heiligen Gegenstand eines japanischen Shinto-Schreins.

Die Übertragung eines heiligen Begriffs auf amerikanische Heilverfahren ist eine Anmaßung, welche auch auf die damit gemeinte Technik übergeht. Das ist kein guter Umgang mit religiösen Traditionen. Das ist auch keine zeitgemäße Art, außer man blickt aus ahrimanischer Richtung.

Die Kinesiologie arbeitet mit Befindlichkeitsstörungen, welche im Moment der Behandlung relevant für die seelische Befindlichkeit des Patienten sind. Das Verfahren greift über das Rückenmark in die Aufrichtekräfte des Menschen ein. Damit werden die Fähigkeiten des Menschen, sein Karma zu tragen, verändert.

Wenn der Arzt in der Lage ist, das zu überblicken, kann er dort lösend eingreifen, ohne selber karmisch schuldig zu werden an diesem Menschen. Jeder Eingriff in dieser Richtung verändert grundlegend, und damit ändert sich auch das Krankheitsbild grundlegend. Wenn der Arzt die störenden karmischen Zusammenhänge erahnen kann, ist diese Methode natürlich menschengemäß, aber nur dann. Hart gesagt: Möglicherweise macht Kinesiologie die nächste Inkarnation nur noch schwieriger.

Sternenkinder

Frage: Mich beschäftigen die Sternenkinder. Sind die Beschreibungen über die neuen Begabungsprofile, die die Kinder mitbringen, wie sie in den Büchern von Lee Carroll, Henning Köhler u.a. beschrieben werden, stimmig? Läßt sich behaupten, daß die Mehrzahl der heutigen Kinder durch ihre körperliche Verfassung und ihr Begabungsprofil der geistigen Welt näherstehen als die Generationen vor ihnen?

Die Eichbine: Die Mehrzahl der heutigen Kinder ist geistig sehr viel offener, als ihre Eltern es waren. Es gibt immer mehr unter ihnen, welche geistige Wesen und Dinge schauen können. Meistens fehlen ihnen jedoch die Begriffe zur Beschreibung ihrer Schauungen, da ihre Eltern und ihr Umfeld sie ihnen nicht geben können.

Wegen dieser anderen Weltwahrnehmung wirken diese Kinder auf ihre Eltern sehr unruhig und unkonzentriert. Bei einem sich ändernden Verständnis der Marskräfte können jedoch auch Ruheimpulse in und um diese Kinder sein.

Die beiden von Dir genannten Bücher hat unsere Menschin nicht gelesen. Daher kann ich Dir hier nichts darüber sagen.

Kryon

Frage: Wer steht hinter der Wesenheit des Kryon? Welchen Gefahren sind Menschen ausgesetzt, die sich mit Texten, die in diese Richtung gehen (New Age), auseinandersetzen?

Der Große: Lies im Neuen Testament den Brief des Paulus an die Römer, Kapitel 16, Vers 17ff. Dann erfährst Du soviel, daß Du beurteilen kannst, wer hinter dieser Wesenheit steht. Auch der zweite Teil Deiner Frage wird sich dadurch klären. Es ist noch anzumerken, daß immer, wenn Wesenheiten durch Menschen hindurch sprechen, Vorsicht geboten ist. Das Hindurchsprechen setzt die Freiheit des beteiligten Menschen außer Kraft, und ohne seine Ich-Bin-Kräfte kann der Mensch nicht zwischen Hell und Dunkel, und speziell im Dunkel zwischen Heiß und Kalt, unterscheiden.

Feng Shui

Frage: Ich habe Bücher über Feng Shui - die chinesische Lehre der Harmonie und der Umwelt - gelesen. Die Autorin schreibt in einem ihrer Bücher, daß sie selbst nicht wisse, wie Feng Shui funktioniere, aber es funktioniere. Sie gibt genaue Anweisungen, wie z.B. das Schlafzimmer gestaltet werden sollte, damit die besten Energien fließen könnten und der Mensch sich dort am wohlsten fühle.

Welche Wesen sind bei diesen Prozessen beteiligt und speziell in meiner Wohnung: Welche Wesen würden bei mir tätig werden, wenn ich nach Feng Shui-Anweisungen z.B. meine Wohnung farblich usw. gestalte?

Der Luftige: Dies ist eine sehr alte chinesische Kunst, welche sich an den Bedürfnissen der Gruppenseelen der Menschen ausrichtet. Es umschließt nicht das individuelle Sein des Menschen. Anders ausgedrückt, es schafft Harmonie, aber keine persönliche Harmonie. Getragen werden die Kräfte durch mich und meinesgleichen.

Schwarzmagisch ausgebildete Menschen, sowie auch höhere Eingeweihte, müßten und würden die gestalteten Räume ändern, da sie anecken. Das ist bei Deiner Wohnung nicht anders. Wenn Du Dich mit dieser

Gestaltungsart wohlfühlst, ist es Deine persönliche Entscheidung. Es schadet nicht, und uns ist es angenehm, da wir Harmonie bevorzugen.

Pendeln

Frage: Welche Wesen helfen mir beim Pendeln? Ist das Pendeln für mich richtig? Warum sagen Anthroposophen, Pendeln sei atavistisch und nicht zeitgemäß? Stimmt das? Warum bedienen sich Staatsanwälte und Polizisten nicht der Pendelei, wenn es um sehr schwierige Gerichtsprozesse geht?

Der Nasse: Beim Pendeln werden die Kraftlinien des Ätherraumes nachgebildet. Der Ätherraum ist sehr komplex aufgebaut, und auf eine gewisse Art sehr „voll". Mit dem Pendel werden die Kraftlinien und Störungen des Untersuchungsobjektes dargestellt. Das, woran der Pendelnde denkt, bzw. was er sucht, wird dargestellt. Daher sind bei breitbandigem Suchen, wenn also irgend etwas Unbestimmtes gesucht wird, die Pendelausschläge nur schwer, oder auch gar nicht zu deuten.

Das Pendeln muß immer gedeutet werden, und wenn der Pendelnde abgelenkt ist, erpendelt er vielleicht etwas, was gar nicht gesucht wurde.

Die Interpretation der Ergebnisse ist schwierig und verlangt eine große Intuition von ihrem Benutzer. Als Wasserwesen behagen mir diese Geräte nur in den Händen von hellfühligen Menschen. Dann sind sie eine sehr genaue Möglichkeit, Fragen zu beantworten. Da die meisten Menschen den Pendelnden nur schlecht einschätzen können, besteht die Möglichkeit, daß dieser Pendelergebnisse deutet, die nichts mit der Fragestellung zu tun haben.

Dadurch treten sehr oft Verstärkungen der Probleme auf.

Eben Gesagtes erklärt, warum Anthroposophen dem Pendeln skeptisch gegenüberstehen. Zur Zeit ist eine objektive Beurteilung des Pendelnden noch nicht gegeben, da weder in der geistigen noch in der irdischen Welt Maßstäbe dafür geschaffen wurden.

Das Pendel führen Luftwesen. Es ist Deine persönliche freie Entscheidung, ob Pendeln für Dich richtig ist.

Parfum

Frage: Gibt es außer Patschuli noch weitere Parfüme, die die menschliche Seele vergiften, also pflanzliche, tierische oder synthetische Duftstoffe?

Der Luftige: Ganz so ist es nicht. Patschuli *kann* die menschliche Seele vergiften. Genügend gefestigte Seelen sind in der Lage, sich diesen Einflüssen zu entziehen.

Es gibt einige Duftstoffe, die ähnliche Prozesse im Menschen auslösen können, da sie die gleichen Komponenten enthalten, wie Patschuli. Der menschliche Geruchssinn ist sehr unbewußt und alt und deshalb leicht zu manipulieren. Im Bereich der schwarzmagischen Einweihungen werden bewußt solche Duftstoffe verwandt.

Informationen auf Papier

Frage: Werden die Informationen, die z.B. auf ein Blatt Papier gekritzelt sind, auch bei der nächsten Erdumwandlung nicht gelöscht?

Das Papierwesen: Das kommt auf die Information und das Papier an. Eine nur papierene Information kann sich auflösen, wenn Papier zu existieren aufhört. Gekritzel ist meistens so ein Fall. Andere Informationen, wie z.B. das Wort Gottes, bleiben in ihrer Gesamtheit bestehen, auch wenn Papier nicht mehr ist. Eins allerdings bleibt ganz generell erhalten: das ist die Fähigkeit, Information zu speichern, um den Geist zu entlasten. Diese Entlastung ist notwendig wegen der menschlichen Fähigkeit, zu vergessen. Nur Menschen vergessen.

Petrus im Rheinland?

Frage: Es gibt ein Buch von einem Herrn Wienand, worin beschrieben ist, daß Petrus im Rheinland gelebt und gewirkt hat. Kannst Du darüber etwas Auskunft geben?

Der Große: Dieses Buch, welches sich mit der Stadt Köln hauptsächlich beschäftigt, greift eine der Legenden dieser Stadt auf. In den ersten Jahrhunderten des jungen Christentums war der Name Petrus der häufigste Taufname. In Köln wirkten große Persönlichkeiten dieses Namens, welche in der Legende zusammengefaßt wurden zu Petrus als Simon Petrus. Eine dieser Persönlichkeiten trug den Beinamen Petrus Capesius und prägte das christliche Leben in Köln entscheidend. Simon Petrus hat zu Lebzeiten das Rheinland nicht erreicht.

Dag Hammarskjöld

Frage: Was ist Dag Hammarskjöld für ein Mensch?

Der Große: Dag Hammarskjöld wird leider immer noch nicht von sehr vielen Menschen verstanden. Je weiter die Geschichte voranschreitet, desto deutlicher wird er als Meilenstein in ihr stehenbleiben.

Bezeichnend an ihm ist, daß er fast vollständig hinter sein Werk zurücktritt. Ich meine damit, seine persönliche egoistische Gestalt ist nur ganz schwach im Hintergrund seines Tuns zu ahnen. Er bezieht diese Fähigkeit aus der gelebten Nachfolge des Christus. Er ist übrigens nicht verunglückt, sondern folgt auch da seinem großen Vorbild im Hingeopfertwerden für die Welt.

So plötzlich und willkürlich sein Tod Euch Menschen zur Zeit noch erscheinen mag, so sorgfältig ist er hineingewoben in den Welten-plan.

Wichtig ist es jetzt, daß sich Menschen finden, die ihn aus ihrer Freiheit heraus als Vorbild und humanitären Führer erkennen lernen und dann seinen Idealen zu folgen versuchen. Das ist kein leichter Weg.

Versuche, in seinem Leben die Parallelen zum Leben des Jesus Christus zu finden, und Du wirst erstaunt sein, wie sehr das Dir helfen wird, seinen Lebensweg zu verstehen.

Tempelritter

Frage: Wen verehrten die Tempelritter wirklich? Die Jungfrau Sophia? Christus? Und was will sich im Baphomed ausdrücken?

Der Große: Hier kommt es etwas darauf an, welche der Tempelritter Du meinst. Die Führer der Tempelritter waren zum Teil hohe Eingeweihte, während es natürlich auch viele einfache Ritter gab, welche zwar Schulungen erhielten, aber keinen Einweihungsgrad. Durch das Vorhandensein des Wissens der Mysterien kannten die Templer den Zusammenhang der drei großen Religionen Christentum, Islam und Buddhismus. Diese wurden jeweils durch ein Gesicht dargestellt. Die drei zusammen dargestellten Gesichter der drei Religionen nannten sich Baphomed. Auf diesem Baphomed gründeten sie ihre Eide und Flüche, und sie verehrten, was hinter allen drei Religionen stand.

Die einfacheren Tempelritter stellten sich das im Bilde der Sophia dar. Die Fortgeschrittenen drangen bis zu den Ideen dahinter vor. Es war keine reine Verehrung des Christus, auch wenn er als die Zentralfigur, der mittlere der drei Köpfe, angesehen wurde.

Dieses aufgedeckte Geheimwissen war den Religionsführern sowohl im Islam wie auch im päpstlichen Christentum sehr unrecht. Dadurch gerieten die Templer zwischen alle Mächte und wurden vernichtet.

Sri Aurobindo

Frage: Der indische Yogi Sri Aurobindo beeindruckt mich sehr. Er hat einen Schulungsweg beschrieben, der einige Parallelen zum anthroposophischen Weg aufweist. Verschiedene Stufen der Verwandlung des Denkens bis zum Erleben des Geistigen durch dieses Denken werden beschrieben. Er bezeichnet diesen Weg ausdrücklich als neu. Ist es möglich, etwas darüber zu erfahren, wer er war und was seine Aufgabe war? Ist er in seiner Bedeutung als Eingeweihter mit Rudolf Steiner zu vergleichen? Kann man seinen Weg als michaelisch bezeichnen? Hatte er ein Verständnis von Christus?

Der Große: Akroyd (Aurobindo) Ghose war ein Zeitgenosse Rudolf Steiners. Er hat diesen um einige Jahre überlebt. Folglich ist es nicht verwunderlich, daß sein Schulungsweg Parallelen zum anthroposophischen Schulungsweg aufweist. Er ist etwa zeitgleich aus der geistigen Welt in der irdischen Wirklichkeit manifestiert worden.

Nach dem Tode Rudolf Steiners zog sich Akroyd Ghose vollständig aus dem öffentlichen Leben zurück und verkehrte nur noch schriftlich mit seiner Umwelt.

Es zählte zu seinen Aufgaben, die alten indischen Yogawege zusammenzufassen, mit europäischem Denken zu durchleuchten und niederzuschreiben. Dadurch konnte die westliche Welt in einer ihr verständlichen Form auf dies alte Wissen zurückgreifen. Aus diesem Gesichtspunkt heraus war sein Weg neu.

Akroyd Ghose ist nicht mit Rudolf Steiner direkt zu vergleichen. Das ist daran abzulesen, daß er den Titel „Meister" annahm. Er ging mit diesem Titel in die Geschichte ein und nicht mit seinem eigenen Namen. Desweiteren hat er einen personengebundenen, auf ihn und die sogenannte Mutter ausgerichteten Schulungsweg initiiert. Dieser Schulungsweg kann dadurch nicht vollständig bis zur eigentlichen menschlichen Freiheit führen. Das zeigt sich auch darin, daß er dem Christuswesen keine Bedeutung beimaß. Er sah es nur als Gründer einer kirchlichen

Institution und nicht als Gotteswesen, welches sich für *alle* Menschen geopfert hat.

Durch die Abwendung von der Wesenheit des Christus kann sein Weg nicht als michaelisch bezeichnet werden. Dies gilt allerdings in dieser Form erst ab ca. 1926.

Der michaelische Weg führt niemals zu einer Selbstüberhöhung.

Goethe und Faust

Frage: Hat Johann Wolfgang von Goethe in den Texten von Faust I und II etwas verschlüsselt überliefert?

Der Nasse: Natürlich hat er. Generationen von Literaturwissenschaftlern beschäftigen sich damit. Goethe hat nur eine Kleinigkeit übersehen: Es gibt zwei dunkle Herren. Ahriman und Luzifer. Aus diesem Grunde sind manche seiner Verschlüsselungen mit Vorsicht zu betrachten.

Harry Potter

Frage: Welche Wirkung haben die Harry-Potter-Bücher auf die Kinderseelen? Sind sie empfehlenswert? Wie ist die große Verbreitung zu erklären?

Der Nasse: Harry Potter erfüllt die Sehnsucht der jungen Menschen nach Tiefe im Alltag. Die jetzt heranwachsenden Menschen beziehen vielfach von keiner Seite Informationen über Dinge, welche hinter der Materie sind. Bei Harry Potter werden ein nichtmaterielles Sein und nichtmaterielle Kräfte einfach vorausgesetzt. Desweiteren wird klar und sehr deutlich aufgezeigt, daß diese Kräfte im Menschen einer langen und aufmerksamen Schulung bedürfen. Diese Kräfte können auch der dunklen Seite zur Verfügung gestellt werden. Die helle Seite ist ausgestattet mit Menschen, welche sich in Freiheit in ihre Strukturen einstellen. Diese Tatsachen bestätigen den jungen Menschen ihre Ahnungen und Erwartungen. Ihr sonstiger Alltag läßt sie in einer gewissen Weise innerlich ständig frösteln.

Ein weiteres Gutes dieser Bücher ist, daß sie zumeist vorgelesen werden und dadurch ein Miteinander erzeugen. Nachteilig ist, daß das Böse nicht differenziert wird und die gegensätzlichen Strukturen des Bösen nicht zum Tragen kommen.

Nessie und Yeti

Frage: Gibt es Loch Ness und den Yeti, oder handelt es sich hier um Mythen und Legenden?

V. Staël v. Holstein: Ich habe mir in Loch Ness schon meine Füße gewaschen, es gibt Loch Ness also mit Sicherheit. Wahrscheinlich meinen Sie Nessie.

Jetzt stellt sich hier jemand Neues vor. Er nennt sich Cristallo, der Kalte.

Der Kalte: Guten Tag, ich bin Cristallo, der Kalte. Es gibt Wesenheiten, die in abgelegenen menschenleeren kalten Gegenden wohnen und die quasi körperlich sind. Sie haben aber einen nichtphysisch-materiellen Leib und sind Darstellerinnen der Kräfte der Kälte. Durch das Entstehen des Nordpols und das Erleben der Kälte und des Fast-Erfrierens hat das menschliche Bewußtsein damals eine Erweiterung erfahren. Es konnte und kann die Kältewesen und Kälteriesen in einer Art Spiegelung wahrnehmen. Diese Wesen haben in diesen Gegenden ihre Rückzugsgebiete. Dort ist der Thron der großen Kälteriesen. Sie werden von Menschen, auch von dort lebenden Menschen, nur gesehen, wenn diese kurz vor dem Tod durch Erfrieren sind, was nicht bedeutet, daß dieser Tod auch eintreten muß. Dies ist das Nordpolerlebnis. Insofern gibt es Yeti. Sie sind aber nicht das, was die Filmindustrie aus ihnen macht. Ich bin Cristallo. Haltet Euer Eis rein!

Der Nasse: In den Bereichen der nordschottischen Gegenden ist die ätherische Welt noch wesentlich sichtbarer als im südmitteleuropäischen Raum. Die Betonung liegt auf *noch*. Dadurch sind dort Wesen noch sichtbar, die woanders nur noch in unsichtbaren Formen vorkommen. Ähnliche Erlebnisse kann man in Norwegen und Irland haben, weil dort der Vorhang dünner ist. Der seidene Faden ist dünner. Man kann dort leichter hinter den seidenen Faden gelangen. Und es ist nicht mehr als ein seidener Faden.

29. Abschnitt: Wasser

Kläranlage

Frage: Ich bin Leiter eines Entsorgungsamtes und beschäftige mich hieraus mit Abfällen und Abwasser. Zum Amt gehört eine Großkläranlage. Am Ende des „Gebrauchs des Wassers", an dieser Schnittstelle zur Natur, wird besonders deutlich, wie unser Wasser als Transportmittel mißbraucht wird.

Ist es möglich, gerade an dieser Stelle mit den Geistern des Wassers Kontakt aufzunehmen - hier, wo es am meisten geschunden ankommt - , um vielleicht neben den physischen Möglichkeiten, die hier zur Anwendung kommen, weitere Hilfe für das Wasser zu leisten? Ich denke insbesondere an das Gedächtnis des Wassers, an eingetragene negative und irreversible Informationen. Oder kann man ganz allgemein helfen?

Der Nasse: Wasser enthält keine irreversiblen Informationen, dazu ist es zu lebendig.

Von den vielen Möglichkeiten, die Du hättest, möchte ich einige herausgreifen. Du kannst unser Gedächtnis entlasten, indem Du uns Gutes tust, indem Du dem Wasser in Deinen Umwälzanlagen und Klärteichen gute Worte bringst. Das kann ganz einfach gestaltet sein. Sage dem Wasser freundlich „werde schön sauber!". Schön wäre es, wenn dies regelmäßig geschieht. Das ist enorm hilfreich. Wenn Du dies ins Leben gerufen und zur Dauer gestaltet bekommst, hast Du wirklich eine große Tat vollbracht! Es schadet nicht, im Gegenteil, wenn es nicht gleich so gelingt. Jedes gute Wort hilft!

Eine etwas merkwürdige Idee: Vielleicht ist es möglich, Lesungen oder Musik im Rahmen des Klärwerkes zu organisieren. Das würde die positive Wasserreinigungsenergie des Ortes enorm erhöhen!

Jetzt zu den einfacheren Dingen: Gib regelmäßig Rosmarintee in die Faulteiche. Das stärkt die Lebenskräfte der dort arbeitenden Undinen. Das kann bei Deinen Wassermengen ein Liter sein, aufgeteilt auf alle Anlagen, denen Du es zusetzen möchtest. Am wichtigsten sind die Faulteiche!

Weiterhin wird das Wasser stark belebt, wenn es nach der Reinigung durch lichtdurchflutete Spiralen fließt. Möglichst Sonnenlicht! Dies verzehnfacht etwa die Revitalisierung des Wassers. Von Ferne kann Deinem

Wasser geholfen werden, wenn Du ihm jeden Tag um die gleiche Uhrzeit ein, der Jahreszeit entsprechendes, gutes Wort gedanklich sendest. Es darf auch ein Satz sein.

Du hast auch die Möglichkeit, Deinem Wasser eine Äolosharfe zu bauen. Dir wird die Stelle klar sein, und die Luftigen dort werden sie zu spielen wissen. Sie wird gute Töne machen!

Energetische Wasseraufbereitung

Frage: Es gibt mittlerweile viele Systeme zur energetischen Aufbereitung von Wasser. Mir ist eines davon, nämlich das REFI-System, gut bekannt, da ich es selbst nutze und aufgrund meiner positiven Erfahrungen damit auch anderen anbieten möchte.

Nach Angaben des Herstellers kann das System das Wasser in drei aufeinanderfolgenden Ebenen energetisieren, um so eine langsame Steigerung der persönlichen Gesundheit in Körper, Organen und Drüsen je nach persönlicher Ausgangssituation und Bedürfnissen zu ermöglichen.

Dürfen diese Systeme, nach vorhergehender radiästhetischer Ermittlung der passenden Komponenten für den vorgesehenen Einsatzfall, dauerhaft in der Trinkwasserversorgung der Menschen gefahrlos eingesetzt werden, oder gibt es hier Einschränkungen oder besondere Hinweise bei der Anwendung?

Ist eine gesundheitliche Verbesserung oder Verhinderung von Krankheiten (z.B. Keime, Bakterien im Wasser) mit diesem System machbar? (Wäre gerade für ärmere Länder interessant.)

Was kann an dem System für eine Anwendung im Gesundheitsbereich noch verbessert werden?

Der Nasse: Das REFI-System ist meiner Menschin nicht bekannt. Daher kann ich nur allgemein Stellung nehmen.

Energetische Wasseraufbereitungssysteme könne problemlos dauerhaft in das Wassersystem der Menschen eingebracht werden. Dabei ist aber darauf zu achten, daß sie nicht unsauber sind. Unsauberkeit kann auch ein solches System nicht ausgleichen. Anders ausgedrückt: Gülle wird dadurch nicht zu Quellwasser.

Viele Wasserversorgungen sind durchgängig mit belastetem Wasser beschickt. Folglich ist ein kontinuierlicher Ausgleich aus der menschlichen Freiheit heraus wünschenswert.

Je nach System besteht die Möglichkeit, daß auch Keime und Bakterien reduziert werden. Alles, was strudelt, geht in diese Richtung. Die Sylphen helfen sehr beim Reinigen. Jede spiralförmige Bewegung verbessert das Wasser hin zum Gesunden, gleich wie es vorher schon behandelt worden ist. Es nimmt dadurch kosmische Heilkräfte auf. Gesunde Flüsse mäandrieren.

Gekochtes Wasser

Frage: Frisches, lebendiges Wasser hat eine schön geordnete Kristallstruktur. Wir haben in unserem Haus eine Wasserbelebungsanlage einrichten lassen, die aufbereitetes und über weite Strecken transportiertes Trinkwasser beleben kann. Da ich nicht gerne kühles Wasser oder Boilerwasser trinke, koche ich das Wasser vor dem Trinken. Verliert es dadurch seine Kristallstruktur und somit auch seine Lebendigkeit?

Der Nasse: Etwas. Durch das Kochen machst Du das Wasser wieder weich. Die Belebungsprozesse gehen allerdings nicht ganz verloren.

Warum stellst Du Dir nicht Wasser in einer Karaffe in die Wohnung und trinkst es dann wohnungswarm? Falls Dir das noch zu kalt sein sollte, erwärme es, aber koche es nicht! Der Siedeprozeß sollte noch nicht eingesetzt haben. Dieser verändert das Wasser.

Wasserkraftanlagen

Frage: Nach dem Lesen der Gespräche mit den Naturgeistern bewegt mich, daß mein Freund im Vogtland Wasserkraftanlagen betreibt. Die Anlagen wurden über Jahrhunderte betrieben, gerieten in Vergessenheit und wurden von ihm wiederbelebt. Er hat sehr liebevoll die alten Mühlengräben saniert und ist voller Achtung vor der sorgfältigen Arbeit, die bis heute Bestand hat. Ich finde, wir pflegen, soweit es uns möglich ist, einen ganz guten Kontakt zu den Wesen vor Ort, wir wissen um sie, sprechen sie an, bauen so sorgsam es geht, reden mit Bäumen, schaffen neue Wasserflächen, sorgen dafür, daß das Wasser sprudeln und spritzen kann.

Wir erzeugen Strom mittels Turbinen und Generatoren. Die Erzeugung regenerativen Stroms ist aus ökologischen Gründen zweifellos sehr sinnvoll. Aber auf der Ebene der Naturgeister, in deren Welt richtet sie ja wohl (auch) Schaden an. Deshalb meine Frage: Können wir vor Ort etwas tun (und bei künftigen Anlagen), um das Wasser, seine Wesen, den Fluß, das Fließen nicht zu stören, dem nicht zu schaden?

Der Nasse: Ihr könnt eine ganze Menge tun und habt es auch schon getan. Wasserwesen spielen gern. Sie spielen gern mit Rädern. Wenn Ihr neue Anlagen plant, plant sie mit vielen kleinen Rädern. Turbinen haben wir nicht so gerne, da wir gequetscht werden, und das ist unangenehm für uns. Allerdings ist es besser, eine Mühle läuft, als daß sie nicht läuft.

Stromerzeugung über Drehbewegungen, welche von ätherischen Wesen angeregt wurden, ist zur Zeit in beiden Welten einer der besten Wege der Stromerzeugung. Die Feuerwesen werden entlastet, und es wird qualitativ guter Strom erzeugt durch den im submolekular energetischen Raum fast opferfreien Energietransfer.

Frage: Und in diesem Zusammenhang: „Auf" fließendem Wasser zu schlafen, ist schwierig. Es arbeitet sich wunderbar und kraftvoll, man findet aber keine Ruhe. Gibt es hier Abhilfe?

Der Nasse: Baustahlmatten. Legt sie unter Eure Betten, und Ihr werdet sehr viel ruhiger schlafen.

Überschwemmungen und Wasserknappheit

Frage: In FH 80 auf S.167 sagt der Luftige, „die Lebenskräfte der Erde werden durch die Kriege, speziell durch die eiskalten Hintergründe der Kriege, so stark belastet. Einer der Gründe für die Wasserzeit, denn Wasser ist Leben". Ich verstehe diese Sätze so, daß Wasser(-knappheit) ein Grund für Kriege mit seinen belastenden Folgen ist.

Nun hat Viktor Schauberger in einer seiner Schriften geschrieben, daß unter Anwendung der von ihm gefundenen Prinzipien mit Hilfe von Maschinen mit minimalem Aufwand (damit meint er wohl an Geld und Energie) an jeder beliebigen Stelle der Erde fast beliebig viel Wasser erzeugt werden könne.

Meine Fragen hierzu: Wenn ja, hat diese Erzeugung von Wasser negative Auswirkungen auf die Erde als Organismus oder auf einzelne Naturreiche/Naturgeister? Ich habe den Eindruck, daß damit wieder Opfer von einzelnen Naturwesen verlangt werden. Wäre es möglich und sinnvoll, durch solches mittels Maschinen erzeugtes Wasser Wüstengebiete neu zu beleben? Haben die Naturgeister hieran ein Interesse, oder würde das dem göttlichen Plan entgegenlaufen? Wäre das so erzeugte Wasser überhaupt für Menschen, Tiere und Pflanzen bekömmlich, da es ja noch nicht den von Viktor Schauberger beschriebenen Reifeprozeß im Innern der Erde durchlaufen konnte?

Müssen - besonders im Sozialen - bestimmte Bedingungen erfüllt sein, bevor solch eine Maschine erfunden werden kann? Welche persönlichen Voraussetzungen muß der Erfinder einer solchen Maschine erfüllen, damit er diese Erfindung machen kann? Muß er z.B. auf jedes persönliche Gewinnstreben im Zusammenhang mit dieser Maschine verzichten? Hängt eine solche Maschine nicht auch eng mit der freien Energie zusammen?

Der Luftige: Ich habe mich mit diesen Sätzen, welche Du zitierst, nicht (!) auf die Wasserknappheit bezogen, sondern vielmehr auf die Überschwemmungen und Verheerungen durch das Wasser. Die Lebenskräfte der Erde werden durch die Überschwemmungen gestärkt. Deswegen finden diese Überschwemmungen vorwiegend in Gebieten mit starkem Managertum statt.

Der Nasse: Die künstliche Erzeugung von Wasser hat negative Auswirkungen auf die Erde. Wasser ist Leben, und das Leben wohnt im Herzen. Wenn Wasser künstlich erzeugt wird, müssen die Herzenskräfte des erzeugenden Menschen mit ausfließen. Diese werden aber nicht reichen können. Folglich entsteht etwas, was man mit totem Leben bezeichnen könnte. Destilliertes Wasser ist sehr ähnlich. Überall dort, wo es hingelangt, spült es die Essenzen aus. Wüstengebiete sind nicht eigentlich lebenslos. Sie entsprechen kosmischen Sonnenständen. Ihre künstliche Begrünung würde als Rückkopplung die kosmischen Rhythmen stören und, verkürzt ausgedrückt, den hohen Hierarchien und ihren Willensaussendungen sehr viel Last bedeuten.

Zur Erfindung solcher Maschinen sind die Anfänge der mechanischen okkulten Fähigkeit notwendig. Es gibt und gab Menschen, wie z.B. Viktor Schauberger, welche sie besaßen und besitzen. Die Eigenenergie des Wassers ist ausreichend, um den Energiebedarf dieser Maschinen zu befriedigen. Wenn diese Maschinen auf der Jupitererde nett sein sollen, sollten sie vollkommen ohne Gewinnsucht gebaut werden.

Die Menschheit wird in naher Zukunft lernen müssen, dem Wasser mit Achtung zu begegnen, sonst nimmt sich das Wasser die Achtung!

Viktor Schauberger

Frage: Viktor Schauberger hat bei seinen Flugscheiben (sind die wirklich geflogen?) die sogenannte „Forellen-Turbine" verwendet. Mit welcher Energie arbeitet diese? Hat die Nutzung dieser Energie schädliche Wirkung auf den Erdorganismus, oder schadet sie den Naturwesen?

Der Luftige: Sie ist geflogen. Sie ist gut geflogen. Wir spielen sehr gerne mit ihr. Sie nutzt die Spielkraft der Sylphen. Wenn sie uns zu sehr ermüdet, das bedeutet, wenn sie in zu großer Anzahl, ohne Harmonie, gebaut würde, schädigte sie uns, und damit auch den Erdorganismus. Hält der Mensch Maß, harmonisiert sie die Luft, weil der Spieltrieb und auch die Zerstörungslust der Windgeister befriedigt werden kann.

Ätherleib und Baden

Frage: Welche Beziehung hat der menschliche Ätherleib zum Wasser? Stimmt es, daß er durch das Baden geschwächt wird? Rudolf Steiner erwähnte so etwas - Säuglinge betreffend. Sollten wir also weniger baden? Was ist mit medizinischen Bädern?

Der Nasse: Säuglinge haben den Ätherleib noch nicht vollständig in ihr Wesen eingegliedert. Deswegen sollte zu häufiges (tägliches) Baden bis zum Zahnwechsel vermieden werden, da sich sonst der kindliche Ätherleib zu sehr an den irdischen Gesamtätherleib anknüpft.

Nach dem siebten Lebensjahr stülpt sich die Tatsache um, und gute Bäder helfen, den Ätherleib zu kräftigen.

Wasser ist Leben! Der Ätherleib in seiner deutschen Bezeichnung ist der Lebensleib, der Träger des menschlichen Lebens. Wasser ist der Träger des gesamten irdischen Lebens und aller seiner Vorgänge. So, wie die Lebenskräfte den menschlichen Ätherleib durchfließen, umhüllt und umfließt der Wasseräther die Erde. Der Wasseräther besteht aus den umgestülpten Ergebnissen der Mondeninkarnation der Erde. Dort hinein gewoben ist das Neue, was die Engel durch die Entwicklung ihrer Ich-Stufe erarbeitet haben.

Zahl des Wassers

Frage: Was ist die Bedeutung der Zahl des Wassers (22), und was hat dies mit den 22 Tugenden Christi zu tun?

Der Nasse: Nichts. Die Zahl des Wassers ist 20 und nicht 22. Sie wird im mitteleuropäischen Raum durch die Rune LAUKR dargestellt. Sie entspricht auch dem Mond als dem großen Beweger des Wassers.

Eine weitere Zahl des Wassers ist 6. Das wußten auch die alten Chinesen. Das kannst Du ganz einfach nachprüfen, indem Du eine Schneeflocke, kristallines Wasser also, mit der Lupe betrachtest. Du wirst sehen, sie hat 6 wunderschöne Strahlen.

In der 20 hast Du den Bezug zu den Menschen durch die Anzahl seiner Finger und Zehen. Es ist die duale 10.

Deswegen haben die 22 Tugenden Christi so direkt nichts mit der Zahl des Wassers zu tun. Du kannst Deiner Wasseraufbereitung sehr helfen, wenn Du die Rhythmen der 20 suchst.

Versuche es auch einmal mit der Zwiebel. Weiterhin viel Erfolg bei der Verbesserung des Wassers!

Index

FH 80

A

B

C

F

G

H

I

J

M

N

O

P

T

U

V

W

Z

Index

So 22

A

C

H

I

J

L

M

N

O

P

Q

R

S

V

W

Y

Z